本书是教育部人文社会科学青年基金项目

"课程政策变革的权力生态研究：国际比较与本土经验"(编号：10YJC880114)的研究成果

课／程／政／策／与／课／程／史／研／究／丛／书

顾问　钟启泉
　　　田正平
主编　刘正伟

屠莉娅　著

从概念化到审议：
课程政策过程研究

山东教育出版社

图书在版编目(CIP)数据

从概念化到审议:课程政策过程研究/屠莉娅著.
—济南:山东教育出版社,2012
(课程政策与课程史研究丛书)
ISBN 978－7－5328－7484－2

Ⅰ.①从…　Ⅱ.①屠…　Ⅲ.①课程—教育政策
—研究—中国　Ⅳ.①G520

中国版本图书馆 CIP 数据核字(2012)第 219473 号

从概念化到审议:课程政策过程研究

屠莉娅　著

主　管:山东出版传媒股份有限公司
出版者:山东教育出版社
　　　　(济南市纬一路 321 号　邮编:250001)
电　话:(0531)82092664　传真:(0531)82092625
网　址:www.sjs.com.cn
发行者:山东教育出版社
印　刷:山东新华印务有限责任公司
版　次:2015 年 3 月第 1 版第 1 次印刷
规　格:787mm×1092mm　16 开本
印　张:17.25 印张
字　数:260 千字
书　号:ISBN 978－7－5328－7484－2
定　价:45.00 元

(如印装质量有问题,请与印刷厂联系调换)
印厂电话:0531－82079130

丛书编委会

顾　问　　钟启泉　田正平
主　编　　刘正伟
编　委　　（以姓氏笔画为序）
　　　　　王文智　刘正伟　刘　徽
　　　　　岳刚德　屠莉娅　潘洪建

总　序

一

　　课程研究是一个充满活力、面向未来的研究领域，无论是课程概念的发展，还是课程理论体系的建构，抑或是课程的实践改革，课程领域的专业工作者对课程理论和实践的重审、批判与建构从来都没有停息过。他们深知，"若要在价值日渐多元的社会形势下担负起价值整合和理想重建的使命，就必须成为理性的行动者"①，而要成为理性的行动者，就需要将课程同儿童幸福、社会进步与人类文化的发展联系起来，不断地更新关于课程理论与实践的认识，构建一个开放而常新的领域。这就意味着，课程不可能是某种社会规定的固化结构、某种外在于学习者的存在，而必须根植于学习者所生存的社会情境，并作为历史的产物给学习者提供一种不断变化的、能够被理解和超越的现实。

　　从 16 世纪开始，以科技革命为先导的社会革新与发展就从未停息过，从蒸汽机到电力的广泛应用，再到新能源和信息技术的革新，人类社会经历了从前工业社会到工业社会再到后工业社会的变迁。科学技术的发展带来的不仅仅是生产方式与生产关系的变革，更带来了人类认知方式的变革。从传统社会中口耳相传、偶发式的学习，到现代工业社会中的集体授课、系统批量的学习，再到后工业社会中合作对话、注重参与和生成的学习，人类学习的方式不断演化，尤其是新媒介的发展，公共的、虚拟的、互动的信息传播与沟通方式的出现，促使"人的思维从实体思维进入关系思维"。人们开始关注事物之间的关系，"关心人的存在方式、存在状态及其相互关系，而不只

---

　　① 施良方：《课程理论——课程的基础、原理与问题》，教育科学出版社 2011 年版，第285 页。

是在普遍的理性抽象中去探寻某种永恒的、客观的本质或规律"①。这就意味着,学习不再是对封闭的实体文化的被动复制或适应,而是一个在共同关系中拥有、体验、分享和创造新文化的过程,学习者和教学者的身份与关系被重新塑造。因此,科学技术的革命通过改变人类生活方式与相互关系,间接地塑造着学校课程与教学的内涵。

社会分工的扩大化和精细化促使知识进一步分化,学科门类不断增加。一方面,在层出不穷的新领域和新知识面前,斯宾塞的"什么知识最有价值"、杜威的"什么经验最有价值"成为学校选择与组织课程时重要的价值依据;另一方面,有关教育和学习的研究也分化为专业性更强的领域,尤其是20世纪50年代以来脑科学、神经科学和心理学的发展,促使新的认知理论、智力理论和学习科学的研究向纵深发展,不仅加深了人类对自身的认识,也更新着教育理论与实践的科学依据,改变了教与学的理念与方式。与此同时,儿童研究成为专门的领域。人类社会从"没有儿童""儿童成人化"和"童年消逝"的时代,进入到"发现儿童"的时代。② 学校课程也告别了以知识为本位、以客体化了的学习对象为中心的时代,步入了真正关心和尊重学习者的时代。

迅速变更的社会现实也带动着文化的多维发展,从前现代文明关注系统内部的完整、稳定与内在平衡,到现代文明的注重理性、逻辑、科学与效率,以及后现代文明对丰富性、开放性、多元性、对话与体验的追求,都推动着课程形态与文化的更迭。从最初学会与自然相处,到如今需要学会与更为复杂的社会文化相融,再到构建与他人、与自然共生的关系,从关注传统的"3R"的读、写、算等基础能力,到"3C"的"关怀、关心、关联",③以及数字时代对视觉和信息素养、跨文化能力和全球意识的关注,学校课程被赋予了更多的职责。当下真正能够践诺并推进社会历史进程的人,是需要关心变化与革新、能够反思自我、不断学习与创造、敢于发现、敢于批判、乐于合作、勤

---

① 靳玉乐、罗生全:《课程论研究三十年:成就、问题与展望》,载《课程·教材·教法》2009年第1期。

② 〔美〕尼尔·波兹曼:《童年的消逝》,吴燕莛译,广西师范大学出版社2012年版,第161、301页。

③ 钟启泉:《开发新时代的课程——关于我国课程改革政策与策略的若干思考》,载《全球教育展望》2001年第1期。

于实践，同时具有道德感、审美情趣、社会责任感与使命感的自主的人，要体现这种社会价值观念的转型无疑需要新的课程体系的支撑。

因此，作为社会变革敏锐的感应器，在不断变迁的社会现实中，课程研究必须与时俱进，不仅要直接地反映特定社会阶段人才培养的现实要求与具体条件，更要不断地建构社会发展的理想形态与未来价值。从这个意义上说，课程研究的领域自新具有重要的意义。

首先，作为一个独立的学科研究领域，课程研究同其他学科领域一样，都是"以特定的学术知识作为通向社会的通道"，进而理解并建构其结构与关系。从最早的运用知觉经验和哲学思辨方法来认识课程问题，到实证分析的范式、实践探究范式，以及人文理解的范式和社会批判的范式，课程探究在方法论上的突破不断地打破思维界限和理论疆域，促使我们能够运用不同的信念、理论和方法，提出不同的课程问题，以特定的方式进行审视和解读。因此，从学科发展的内在规律来看，课程研究这个领域自身的理论疆域和研究方法处在不断演进之中。其次，课程研究还是一个现实的社会领域，它不仅关注当下人才培养的问题，也关心如何为未来培养社会公民的问题，需要在不断变迁的社会现实中做出"为什么教""为什么学"的价值判断，将社会现实与人的发展相互关联。因此，从社会演进的现实来看，课程研究总是要对现有社会的价值选择进行反思，重新塑造能够引领社会发展的课程观念与体系。最后，课程研究更是一个具体的实践场域，正因为我们都有学校，都需要教学，也因此会去思考"学什么""怎么学""如何评价"等基本的课程问题。课程研究总是同现实的学校教育相关联的，课程问题也是在实践中不断生成和创造的，是一个动态变更的实践领域。因此，课程研究是一个需要不断发展的领域，它需要我们关注课程领域的过去、现状以及可能的未来。

二

课程研究作为独立的学科领域真正进入研究视域始于 20 世纪初，并在博比特等人倡导的"课程科学化运动"中得到发展壮大。从那时起，课程的理论和实践就经历着研究视域和向度的不断拓展。首先，在实践领域，从 20 世纪 50 年代开始，发端于英美、波及全球的"新课程运动"带来了课程领域的系统变革。无论是 20 世纪 50 年代末到 60 年代末以"教育内容现代化"为主旨的课程改革运动,还是 60 年代末至 70 年代人本主义的课程改革运动,抑或是 80 年代以后新学科主义课程改革运动,以及世纪之交关于人的全面发展的国际课程变革,都推动着课程实践不断从"数量上的渐进的改革"(incremental reform)向"重建运动"(restructuring)乃至"系统变革"或"整体变革"(system-wide changes)发展,促使我们对课程的思考从传统的结构性、功能性和局部性理解发展到从一个系统或者一种文化的角度去思考课程变革的整体意义。其次,在理论建构层面,以西方发达国家为代表的课程研究在经历了科学化的课程开发阶段、课程概念重建阶段以后,开始进入课程研究的国际化和学科化发展的阶段。在这个过程中,课程研究也从传统的强调课程体系的规范组织、目标达成与效率控制的科学实证主义的取向发展到多元主义和多学科研究的阶段,从功能实证主义的理论假设转向解释性、批判性、激进人文主义的理论范型。应该说,从课程开发、课程实践走向课程理解与课程批判的学科建构路径,代表了课程研究取向的多样化,也拓展了课程研究的空间与方法,促使课程研究从"指令性、规定性、程序性的科学语言"走向"诗性语言"和"社会语言",更为关注描述性、阐释性、情境性和体验性的课程理解,探索从政治的、种族的、性别的、现象学的、审美的、神学的、人文的、存在的、制度的、社会学的等多元的视角进行课程问题与现象的诠释与反思,同时关心课程的政治与社会属性,"将课程理论化同课程的社会基础结合起来"①。

正是伴随着课程实践的丰富和理论的多元发展,以及课程研究同社会现实的紧密相关,课程研究正日益成为一个重要的学术领域。特别是当课程研究已经进入到一个高度自由、创造性发展、多元化发展和多学科整合的阶段时,继续关注这个领域的持续创新和突破,保持课程研究内在的科学性、批判性、连贯性和清晰度,成为新时期课程研究确立其合法化地位、回应课程领域中理论和实践危机的重要课题。也就是说,在课程研究极大丰富和疆域不断拓展的过程中,如何在课程研究异彩纷呈的局面背后寻找课程研究未来发展的内核,赋予课程研究以新的内涵与方向,变得至关重要,其中有几个重要的向度是值得我们关注的。

4

---

① 〔美〕艾伦·C.奥恩斯坦、费朗西斯·P.汉金斯:《课程:基础、原理和问题》,柯森主译,江苏教育出版社 2002 年版,第 146 页。

一是联结课程研究中的历史视角与现实观照。学科领域的建构与发展必然是建立在对该领域的一些基本事实的共识之上，如果丢弃了一个领域的历史，那么任何多元化的发展都是缺乏根基的，是将现实与历史相分割的散漫的研究。因此，无论在国内还是国外，当下的课程研究特别注重对课程学术史和实践史的追溯，在强调课程问题的当下情境的同时，注重将课程现实与过去建立联系，希望通过了解过去来获得对现在的更好理解。要把课程研究"当作是一个回归性的过程，确立对过去的不间断的关注"①，把课程体系的建构看作是一个连续关联的过程，把课程研究的过去和现在视为共同的基础。

二是关注课程研究的本土建构与国际对话。任何的课程研究都置身于具体的文化、政治与社会现实之中，并不存在某种抽离社会历史情境和具体关系的课程研究。随着课程理论与实践在具体情境中的扎根与发展，那些一开始以吸收与借鉴发达国家课程研究体系为主要模式的国家与地区，也开始发出在国际课程领域中摆脱依附性的研究身份和确立本土化学科体系的诉求。从本土传统与现实出发，结合课程实践的需要，确立原生性的课程理论体系，积累独特的课程实践经验，以此打破同一性的课程话语体系，在国际课程研究中确立自己的身份。一方面，课程研究的本土建构是进行平等的国际课程对话和交流的基础，只有认识了自身课程研究的特质与价值，才能在课程的专业对话中立足本土、彰显个性；另一方面，凭借课程研究的本土品性的发展，才能真正促成多元的思维体系、价值取向与实践经验的相互碰撞与融合，在相互比较与激励中实现对本土课程研究的批判与反思，更好地理解所在国家和地区课程研究的过去、现在和未来，也同时尊重他国的课程历史、现实与价值。

三是注重课程研究中的多学科的会通与整合。课程研究发展到今天，对课程的探究与理解已经不可能仅仅依托某种单一的模式或方法，而是进入了"需要具有多样的概念和理论的工具箱，寻求一元化和复杂化之间的多元化发展"②的阶段，综合不同的哲学基础、理论范型、方法体系和学科依据，

---

① William F. Pinar. *Intellectual Advancement through Disciplinarity：Verticality and Horizontality in Curriculum Studies*. Sense Publisher，2007，13—14.

② S. J. Ball *Politics and Policy Making in Education：Explorations in Policy Sociology*. London：Routledge，1990，43.

发展出课程的多元化认识,突破研究的思维定势与习惯,为课程研究提供新的洞察力与深刻性。一方面,课程研究不断超越传统的哲学、心理学、社会学的学科视角,从更广泛的政治学、文化学、语言学、人类学、艺术等多学科和跨学科的维度出发研究课程问题,一些研究甚至"做到同时运用几个不同的理论视角"①;另一方面,在研究范式的选择和方法的应用上,课程研究也主张确立开放的边界,寻求"应然与实然的谋和",整合"实证分析""实践探索""人文理解"和"社会批判"等不同的研究取向。应该说,课程研究的多学科和跨学科的特性,已经成为课程领域学科建构过程中的重要特征。正如比彻姆等人所说的那样,人类行为领域中优秀的理论不管它怎样坚定地扎根于一门学科之中,它必然是跨学科的。② 也正是在这个意义上,课程研究是一个开放的领域,依据这个领域发展的自然规律、学科传统和具体处境,不断拓展新的研究空间和方法,而不是人为地限制研究的潜在可能。这种开放的学科建构的框架,已经成为课程研究综合化发展的一种重要趋势,将课程研究引入到更为细致和深刻的层次。

四是强调课程研究与实践的联结。马克思说,"哲学家只是用各种方式解释世界,而问题是要改造世界"。课程研究同课程实践具有天然的联系。一方面,课程研究是建立在课程现实与实践的基础之上对课程内在规律的探索;另一方面,课程研究又是以解决现实的课程问题、引领课程实践发展为使命的。课程研究的实践观照及其对实践的规范,一直是课程研究发展中的重要课题。在当下,课程研究同实践的关联尤为密切,主要表现为以下几个方面。其一,以课程改革为焦点的课程研究大量出现。世界范围内的课程改革浪潮,掀起了对课程体系的系统反思和整体变革,也推动了同改革相关的课程研究的发展,为优化改革实践、探索改革规律提供了重要的理论依据。其二,为了弥补课程政策研究缺位、课程政策运作缺少有效引导的不足,开始加强课程政策的基础性研究,以提升对政策运作的预见、调整与修正的能力,使课程政策成为联结课程理论与课程实践的有效媒介。其三,强调课程活动的社会建构性,关注课程在"广义的政治、经济、社会和文化过程

---

① 〔美〕保罗·A.萨巴蒂尔:《政策过程理论》,彭宗超等译,生活·读书·新知三联书店 2004 年版,第 3 页。

② 〔美〕乔治·A.比彻姆:《课程理论》,黄明皖译,人民教育出版社 1989 年版,第 10 页。

中的运作"①,也同样关注课程研究的情境性与复杂性,强调从课程发生的现场出发、从课程运作的情境与脉络出发、从现实的课程问题出发,注重个体的意义阐释与认识的解放。最后,当下的课程研究超越了课程本身的技术性或功能性的意义,特别注重检视课程的道德意义、社会价值、伦理与精神的内涵,彰显课程作为个体和社会的文化引导与价值规范的意义。从这个角度说,课程研究不仅在微观组织的层面上,更在广义的公共领域对现实产生影响,体现着同实践具体而实质性的关联。

总而言之,随着课程研究的自身发展以及课程改革实践的逐步深化,课程研究已经从关注外显的现象形态走向聚焦内部过程与本体特征,从事实性分析走向价值的追索和规范的探讨,从发现问题走向问题分析和问题解决,研究不断趋向深入。无论课程研究发展到什么阶段,如果一个学科没有对领域发展历程和未来走向的深入认同,没有对它植根其中的社会文化情境的深切体验,没有对其他学科丰富学术资源的开放态度,没有对它所服务的相关实践活动的责任担当,就无法获得成功。

三

面对 21 世纪世界范围内的课程与教学革新的挑战,以及中华民族伟大复兴的机遇,如何在新的历史起点上实现教育的可持续发展,需要我们在系统的理论研究与实践探索的基础上,追本溯源,立足现实,放眼未来,为中国课程改革与发展、课程领域的建构与国际身份的确立提供平台与支点。《课程政策与课程史研究丛书》体现的正是这样的努力。丛书包括《危机与变革:民族主义与近代课程改革》(刘正伟)、《颠覆与重构:现代学校德育课程变革》(岳刚德)、《概念的寻绎:中国当代课程研究的历史回顾》(刘徽)、《从概念化到审议:课程政策过程研究》(屠莉娅)、《多重记忆:美国课程史学的话语变迁》(王文智)和《致知与致思:课程改革的知识论透视》(潘洪建)等六个分册,主要遵循狄尔泰人文科学研究的逻辑,在历时性和共时性视域内对课程与教学问题展开历史、理论与实践的多维度研究,从政治、文化、学术、政策和哲学的视角对领域内的重点与难点问题进行深度探究与系统思考,

---

① 谢少华:《试论教育政策研究分类的理论基础》,见《教育政策评论》,袁振国主编,教育科学出版社 2001 年版,第 297 页。

以寻找课程领域未来发展的新路向和支撑点。

研究秉持了一以贯之的历史关怀。历史探究已经成为课程领域最重要的研究方式之一,对共同历史的认同是研究多样化发展的基础。尤其在当前的中国语境里,源自西方的理论在课程改革实践中的适用性遭受着质疑,课程专业工作者普遍意识到需要提防不顾社会文化情境简单"移植"西方理论的倾向。该丛书尝试将理论研究的新取向与新观点放置在具体的社会历史脉络之中把握,并尝试反映理论探索与政策实践等不同场域当中"鲜活"的中国经验,在历史研究提供的纵深中挖掘掩藏于课程变革背后的社会动因和文化价值。

这样的研究反映了本土学科建构的迫切愿望。研究带着广阔的国际视野和开放的研究思路,着力对中国的课程经验和特征进行探讨。对国外前沿研究及改革实践进行的系统梳理和提炼,均源自于对本土问题的反思。研究关注中国课程改革与发展的内在动力、本体矛盾、结构性要素和复杂性关系等问题,强调研究内生化特征和本土意义,寻求国际化与本土化之间张力的平衡,探索本土课程研究话语创生和理论建构的可能路径。

无论是《危机与变革:民族主义与近代课程改革》从文化分析视角对我国近代以来课程改革在思想理论、经验教训上的回顾与总结,《颠覆与重构:现代学校德育课程变革》对学校德育课程的现代化历程中历史逻辑特征的提炼与概括,还是《概念的寻绎:中国当代课程研究的历史回顾》以课程概念史的视角追溯改革开放三十年来课程思想史的变迁,《多重记忆:美国课程史学的话语变迁》对美国课程史研究发展历程和演变趋势所作的整体把握,抑或是《从概念化到审议:课程政策过程研究》在理论分析和跨文化比较的基础上对新时期我国课程政策过程的一般框架和本土意义的提炼与建构,以及《致知与致思:课程改革的知识论透视》以知识论分析为依据为课程开发所确立的理论基础和实践策略,都从不同向度拓展了课程研究的领域空间和认识视域,联结了课程理论与实践,打通了课程变迁的历史与现实,展望了课程发展的未来可能与趋向。

诚然,作为一个开放的领域,课程研究如何有效地整合研究的学术性、前沿性和应用性,实现当前与未来课程理论与实践的永续发展,不仅是本土的研究课题,也是国际课程领域发展的重要方面,需要每一个有责任感的课程专业工作者和对此感兴趣的人们共同为这个领域的智力突破和实践优化做出勇敢而务实的努力。

《课程政策与课程史研究丛书》是在山东教育出版社的组织策划下问世的,钟启泉先生、田正平先生慨允担任丛书顾问,他们对丛书的编撰提出了许多重要建议及支持。2011年4月,山东教育出版社与教育部浙江大学基础教育课程研究中心联合举办丛书专题研讨会,田正平、肖朗、刘力、张文军等教授出席了研讨活动,并提出了许多宝贵意见,为丛书体例的确立与内容的修改提供了重要参考,在此一并表示由衷的感谢!

刘正伟

2014年10月7日于浙江大学西溪校区

Contents

目 录

引 论

课程政策过程:一个值得关注的领域

世界范围的课程改革浪潮,不仅推进了各国课程的系统变革,也使得原本相对纯粹的课程改革的专业活动牵扯了越来越多的国家和政府的政策安排与行动。课程政策的层出不穷和政府的全面参与,促使人们更多地从政府政策运作的视角关注课程改革,并日益强调课程改革作为政策运作过程的科学性、合法性、民主性、规范性和公开性。在这样的背景下,追踪课程政策发生发展的动态过程,探讨课程政策运作中的现象、问题和本质,审视课程政策过程的内在机制、文化特征和意义内涵,就成为政府、专业研究者和公众共同关注的话题。对课程政策过程的关注,不仅是加强课程政策基础性研究的需要,也是引导课程政策实践,防止政策行动的经验性与随意性的现实需求,更是提高公众有关课程政策的认知与参与水平,推进政策运作公开化与民主化的重要前提。从这个意义上而言,对课程政策过程的探讨理应成为课程研究中不容忽视的重要领域,是课程研究理论拓展和课程实践优化的现实需要。

第一节 聚焦课程政策过程:弥补理论与实践的空缺

"教育是带来更好的时代、更好的文明、更好的男子和更好的妇女的唯一方法"[1],教育不仅仅是我们寻求衣食保障的职业,更是一项致力于社会发展和人类进步的事业。教育与社会之间的天然联系,使得任何社会中的变

---

① 〔美〕雷劳伦斯·阿瑟·克雷明:《学校的变革》,单中惠、马晓斌译,上海教育出版社 1994 年版,第 94 页。

革,都直接地反映在教育改革上。也正因为如此,在当今这个变革的时代,我们也经历着新旧教育结构与实践的更替与变革。纵观20世纪百年教育发展史,"教育领域所经历的三次大的变革都是从课程领域开始的"①。特别是20世纪80年代以来的世界范围的课程改革浪潮,更是掀起了对课程体系的系统反思和整体变革。随着课程改革不断从"渐进的改革"向"重建运动"乃至"系统整体变革"推进,②有关课程改革的规划、设计和组织实施等活动也越来越多地牵动了政府的参与。各国政府纷纷从国家层面做出政策安排,出台有关课程改革的研究报告、课程改革方案、法律和政策文件,全面规划并引领课程改革,使得课程改革从一种局部的专业行为发展成一种全局的政府行为。在这样的背景下,课程改革活动不仅仅是课程领域内的专业问题,更成为重要的政策问题。因此,有关课程政策的研究被提上日程,人们开始关注课程政策发生发展以及政策运作过程中的系列问题。比如,具体的课程政策究竟是如何产生并被制定的;课程政策的运作包含哪些基本的流程,遵循什么样的运作机制,使用了哪些主要的策略和方法;课程政策运作中存在哪些主要的力量、影响要素和关键关系,它们之间如何相互制约、如何具体决定政策的基本内容和发展方向;特定时期的课程政策反映了何种社会、政治或文化的内涵或意义等。应该说,从政策维度对课程改革及其运作过程进行解读,成为政府参与课程变革背景下课程领域新的研究焦点。

然而,现实的情况是,无论在政策研究领域还是在课程研究领域,课程政策研究一直是备受冷落的薄弱环节。特别在政府广泛参与课程改革运动以前,课程政策的概念常常被混淆在"课程设计和开发""课程实施""课程政治"等概念之中,被模糊而随意地使用。而在中国,由于长期以来习惯了课程由中央统一管理,课程政策的制定、开发、实施和评价(课程政策过程)被看作是集中划一的行政性活动,是"少数人研制、多数人被动实施"的一种确定性活动,③人们只是默认对课程政策的服从与执行,而鲜有人去质疑或反思课程政策运作的基本程序、权限与规范,课程政策也很少被纳入专业研究

---

① 姬秉新、苟正斐主编:《基础教育课程改革的历程与趋势》,首都师范大学出版社2003年版,第5页。

② 〔美〕吉纳·E. 霍尔、雪莱·M. 霍德:《实施变革:模式、原则与困境》,吴晓玲译,浙江教育出版社2004年版,第29页。

③ 钟启泉:《中国课程改革:挑战与反思》,载《比较教育研究》2005年第12期。

的范畴,人们"从未把课程政策问题当作一个学术的领域来对待"①。在这样的背景下,我们对课程政策是(或应该)如何构思、如何制定和设计、如何组织实施和评价等政策运作的公共性和程序性问题并不关心。无论是公众、专业研究者还是教育行政管理者,都尚未发展出规范的课程政策意识,也缺少"运用科学手段处理政策问题和进行政策过程研究的能力"②。在这样的现实中,课程政策作为传达革新性课程理念、反映课程领域现实问题和推进课程改革的重要中介性和工具性力量,并没能随着课程研究的学科化发展而受到足够重视,其积弱已久的事实,不仅使得课程政策研究缺乏系统性和专业性,成为课程研究领域中的弱势项目,更是直接对应了课程政策实践中的随意性和经验主义,形成了课程理论研究、课程政策和课程实践相脱节的"三张皮"的问题,③影响着课程决策及其实践的科学性和规范性。

一方面,由于缺乏系统的有关课程政策及其过程的理论准备,现有的课程政策研究难以实现对课程政策实践的有效引导。人们关于课程政策在运作中要遵循什么样的程序和规范,要注意哪些特殊的问题和因素,要发展何种工作制度和常规,要如何应对突发的问题和矛盾等,没有较为成熟的认识依据,致使在实际的课程政策运作中,暴露出很多具体的问题。比如,课程政策研发缺乏体系性和连贯性;课程政策决策存在相当的个人意志和经验色彩;课程政策运作中缺少重要的规范性程序;课程政策实施中弥漫的官僚主义和科层主义,缺乏必要的监督、评价和问责机制等,都成为课程政策运作朝着科学化、规范化和合法化方向发展的重要障碍。如何规范课程政策实践,保障课程政策运作的程序正当和机制合理,成为课程政策实践发展中迫切而现实的问题。

另一方面,随着政治民主化程度的日益提高,公众参与课程决策、监督课程政策运作已经成为根本的趋势。而公众对课程政策的广泛参与首先要以对政策过程的认识和理解为前提,这就要求课程政策运作打破原本的相对隐秘的黑箱状态,以一种更为公开的姿态呈现在公众面前。显然,这不仅

---

① 胡东芳:《我国课程改革政策制定的理论障碍及其消除》,载《教育发展研究》2007年第18期。

② 郑敬高:《政策科学》,山东人民出版社2005年版,第1页。

③ 黄甫全:《简析课程论的主要任务、研究对象和基本内容》,载《课程·教材·教法》1997年第12期。

需要依托政府的政策信息的公开,更需要通过加强对课程政策及其过程的研究,全面地揭示课程政策运作的内在过程;不仅要对课程政策过程的基本流程和组织结构进行清晰的构造,还要对课程政策过程的内部组织机制和权力关系进行分析与判断,更要对课程政策过程运作所反映的文化特征、问题根源和内在矛盾进行挖掘与阐释。只有透过政策过程的现象形态深入政策过程的内在本质,才能激发公众对课程政策及其运作的现实反思和批判,真正有效地参与并监督课程政策的运作。

可见,无论从加强课程政策基础性研究、拓展课程研究的学科范畴来看,还是从课程政策实践的规范化发展,或是公众民主参政议政的现实需求来看,加强课程政策尤其是课程政策过程的研究,显然已经成为弥补课程理论空缺和课程实践缺陷的重要方面。聚焦课程政策过程,并不仅仅是为了发展有关课程政策过程运作的一般机制与规范的认识,更是试图对课程政策运作所反映的社会、政治、经济、文化的意义和内涵进行解读,发现并解决真实课程政策运作情境中的现实问题,推动课程政策实践朝着科学、规范、合理、民主和公开的方向发展。

第二节　探究课程政策过程:政策的视角和课程的视角

众所周知,课程研究作为独立的学科领域真正进入研究视域始于20世纪初,并在博比特(Franklin Bobbit)等人倡导的"课程科学化运动"中得到发展壮大。但是,课程政策研究并不是一个天然的领域,它并不是伴随着课程研究的科学化发展而成长起来的。课程政策这一概念"在20世纪50年代以前很少被使用"①。早期的课程研究者所关注的是课程设计与开发的理论基础、原理和技术模式,关心的是"为什么要教""教什么""如何教"以及"如何评价"等课程设计、开发、实施与评价中的专业技术性问题,并不关心课程组织与运作中牵涉的权力分配问题和政治社会过程。这种科学取向的课程研

① Frey K. *Curriculum Politics*, in Lewy A. ed. *The International Encyclopedia of Curriculum*. Dergamon Press,1999,116—117.

究仅仅把课程的发生发展看作是"一个理论和实践的问题"，并没有把课程的规划、开发、实施与评价看作是"一个政策问题"。① 课程研究中的这种认识局限直到 20 世纪中叶才被打破。因为从 20 世纪 50 年代开始，发端于英美，波及全球的"新课程运动"带来了课程领域的系统变革，这些系统的课程变革带来了课程权力关系的重新分配，也让人们发现了课程改革作为社会杠杆的价值。从那时开始，课程研究中"对由谁来做出课程决策的关心超过了对教什么的关心"②，课程不仅作为专业问题，更作为政策问题的重要性被予以强调，人们开始从政策取向对课程问题与课程发展进行关照，课程政策研究也开始从行政系统进入学术研究的视域，成为课程研究中的重要部分。从这个意义上而言，课程政策研究是在特定的社会条件下，受实践中的情境与外力驱动而形成与发展起来的研究领域。

正因为如此，课程政策研究"并不是一个组织良好和界限清晰的研究领域"，"而是有大量的不同来源的研究组合而成的"，③总是松散地分布在课程研究和政策研究的不同范畴之中。一方面，课程政策研究是课程研究的重要方面。如奥斯特（Allan C. Ornstein）等人在《当代课程问题》中就指出"课程与哲学、课程与教、课程与学、课程与教学、课程与管理、课程与政策等六个方面"是课程研究的主要领域；④日本学者天野正辉也指出，"课程政策研究、学校课程设计的研究和每个教师的课程实施问题的研究"是当代课程研究的三个层面。⑤ 另一方面，课程政策也是国家公共教育政策的重要组成部分，"是一个国家教育改革与发展的基本教育政策"⑥。课程政策研究既归属于课程研究，也同时归属于一般的教育政策领域。因此，我们不仅能够在公共政策或教育政策研究中找到有关课程政策的论述，也能够在课程研究中

5

---

① 钟启泉、张华主编：《世界课程改革趋势研究：课程改革专题研究》，北京师范大学出版社 2001 年版，第 1 页。

② 沈兰：《课程权力再分配：校本课程政策解读》，载《教育发展研究》1999 年第 9 期。

③ Elmore F. R. & Sykes G. *Curriculum Policy*, in Jackson P. W. ed. *Handbook of Research on Curriculum: A Project of the American Educational Association*. New York: Macmillan, 1992, 208.

④ 孙传远：《当代美国课程研究之域——当代课程问题的检视》，载《外国中小学教育》2008 年第 8 期。

⑤ 钟启泉、李雁冰主编：《课程设计基础·总序》，山东教育出版社 2000 年版。

⑥ 陈永明、胡东芳等：《比较教育行政》，华东师范大学出版社 2005 年版，第 42 页。

找到运用多学科的方法对课程政策组织及其运作展开的分析。艾尔摩和塞克斯（Richard F. Elmore & Gary Sykes）曾对这两类研究进行过概括：一类研究是运用政策研究的思路对教育领域中的课程政策进行研究，被称为政策维度的课程研究；另一类是运用课程研究的理论与方法探讨课程问题的政策意义和内涵，被称为课程维度的政策研究。① 从这个意义上而言，课程政策的研究就是由政策维度的课程研究和课程维度的政策研究共同构建而成的。

依据课程政策研究的这两条线索，有关课程政策过程的分析也发展了两条不同的路径：一类研究继承了公共政策和教育政策研究中关于政策过程分析的一般框架和理论线索，也就是从政策研究的维度探究课程政策过程；另一类研究则以课程探究的一般理论范型为分析依据，从课程研究的维度探究课程政策过程。

一、从政策研究的维度探究课程政策过程

从政策研究的维度探究课程政策过程，是把课程政策过程研究看作是公共政策研究或教育政策研究中的特定领域，主要运用一般政策过程分析的理论与方法，来分析课程领域中的政策运作过程。由于教育政策研究一直以来都深受公共政策研究的影响，往往遵循一般公共政策研究的方法与规范，正如彼得森（Paul E. Peterson）所说的那样，"没有令人折服的理由说明教育政策有如此显著的特征和区别，以至于他们的研究需要特殊的分析、特殊的概念，或者特殊的方法"② 。因此，在这里做一并讨论。

众所周知，现代意义上的公共政策研究是二战后在美国率先发展起来的综合性、应用性的研究领域，它以拉斯韦尔（Harold D. Lasswell）和拉纳（Daniel Lerner）的《政策科学：范围与方法的新近发展》（*The Policy Sciences: Recent Developments in Scope and Method*）一书的出版为标志，

① Elmore F. R. & Sykes G. *Curriculum Policy*, in Jackson P. W. ed. *Handbook of Research on Curriculum: A Project of the American Educational Association*. New York: Macmillan, 1992, 185.

② 〔美〕斯图亚特·S.那格尔编著：《政策研究百科全书》，林明等译，科学技术文献出版社 1990 年版，第 442 页。

宣告了"政策科学从传统政治学中脱离出来，成长为一门新的学科"①。从它的学科定位来看，公共政策研究"是以政策及其政策活动的规律"为研究对象，"重点不在于研究某项政策，而是研究制定和执行政策的一般规律"，②是"运用政治学、社会学、经济学、统计学、心理学等学科的知识，集中分析研究政策制定、实施及其评价的学问"③。它打破了 20 世纪 50 年代以前，受政治学和行政学制约的形式主义的政策研究传统，将研究的重心从政策的制度规范、外在形式与组织构造的"国家中心和行政机关中心的话语模式"④转向对政策运作过程的多学科的阐释与解析。因此，从 20 世纪 50 年代现代政策科学的兴起开始，政策过程一直都是政策研究中的核心领域，并一度成为研究拓展的主要线索，发展了用于理解政策过程的多元理论及模型。

（一）政策过程的图式分析法

由于政策研究是一个跨学科、综合性的研究领域，从政治学、经济学、社会学和心理学等不同的社会科学研究框架出发，可以对公共政策产生及其运作过程做出迥然相异的分析和解释。图式分析法，就是为了解释政策过程而发展的特定的分析框架、理论和模型，"将其具有内在逻辑和功能的理论图式运用于整个政策过程"，以此获得有关政策过程的"一些系统的认识规则和洞见"。⑤ 虽然这些分析框架并不能囊括政策过程的全部复杂要素及其关系，但是每一种不同的分析框架却都具有其"特定的分析单位和进行理论建构的一般方法"⑥，具有基本的结构体系和理论假设，因此能够分别聚焦政策过程中的不同因素，抽象出这些关键变量的关系，从而避免政策过程各种复杂要素的纠结与混淆，一定程度上为我们提供了理解政策过程的特定视角。

常见的用于政策过程分析的主要图式框架或理论模型有制度分析与发

---

① 钱再见主编：《公共政策学新编》，华东师范大学出版社 2006 年版，第 1 页。
② 王福生：《政策学研究》，四川人民出版社 1981 年版，第 5 页。
③ 宋锦洲编著：《公共政策：概念、模型与应用》，东华大学出版社 2005 年版，第 8 页。
④ 刘复兴：《论我国教育政策范式的转变》，载《北京师范大学学报》（社会科学版）2004 年第 3 期。
⑤ 张金马主编：《政策科学导论》，中国人民大学出版社 1992 年版，第 14 页。
⑥ 〔加拿大〕迈克尔·豪利特、M. 拉米什：《公共政策研究——政策循环与政策子系统》，庞诗等译，生活·读书·新知三联书店 2006 年版，第 31 页。

展框架、多源流分析框架、支持联盟解释框架、间断平衡框架、政策创新和传播模型、国家主义理论、新制度主义理论、多元主义理论、政策网络理论、公共选择理论、博弈理论、系统模型等，这些分析框架或理论模型从不同维度对政策过程进行解析，在一般的公共政策和具体的教育政策过程的分析中都有广泛的运用。

在我国，由于教育政策的科学分析起步较晚（改革开放以后），而且在发展的最初阶段具有较强的政府导向，更多地关注宏观决策和应用性取向的研究，关于教育政策过程的基础性研究并不多。直到 20 世纪 90 年代，教育政策研究的学科建构的取向逐渐加强，开始关注研究的学理性和基础性。尤其是 1999 年第一届"教育政策分析高级研讨会"的召开，对加强教育政策过程研究达成了一致，提出"对教育政策的过程研究，即研究从确定课题—调查研究—政策的确定到文本的规范化—政策的执行—政策的评估—政策的延续或废止"①，开始深入教育政策运作过程的内部。从那时开始，有关教育政策过程及其机制的系统研究才逐步发展起来，也出现了运用一般政策研究中的图式分析框架和多学科的理论模型对教育和课程政策过程进行分析的研究，但是数量十分有限。（见表引论－1）②

---

① 胡东芳：《拓展教育研究，走向教育政策分析：全国首届"教育政策分析"高级研讨会综述》，载《教育发展研究》1999 年第 9 期。

② 代表性的如期刊论文《教育政策分析的制度伦理视角》（张烨，2005）、《教育政策社会学：一种新范式》（闫引刚，2005）、《中国教育政策过程中的策略空间：一个对政策变迁的解释框架》（林小英，2006）、《制度分析方法与教育政策执行研究》（胡春梅，2007）、《教育政策：一个结构主义的分析视角》（邵泽斌，2007）、《课程政策的决策模式评析》（何杰，2007）、《教育政策研究：议论批判的视阈》（曾光荣，2007）等，以及论著《利益表达与整合：教育政策的决策模式研究》（祁型雨，2006）、《政策中的制度逻辑：美国高等教育政策的制度基础》（魏姝，2007）、《教育政策执行研究：一种制度分析的范式》（邓旭，2010）、《理解困境：课程改革实施行为的新制度主义分析》（柯政，2011）等。

表引论－1　常见的政策过程图式分析框架和理论模型

分析图式	基本假设	基本观点	主要特点或问题
制度分析与发展框架	新古典经济学中经济人的假设和新制度主义经济学制度在经济生活中作用的理论	关于规则、自然和物质条件以及共同体属性如何影响行动舞台的结构、个体所面对的激励及其结果产出，是应用范围极其广泛的框架	聚焦于制度规则如何改变物质自利原则推动下的理性的个人行为
多源流分析框架	政策制定在模糊性条件下发生，实际决策环境是流动和非线性的	问题流、政策源流（政策共同体的意见主张）和政治源流（国民情绪、压力集团的斗争、政权的更换）的结合决定政策能否提上议事日程	解释了在模糊性条件下政策议程的建立和具体化过程，提供了基于时间概念的复杂分析框架，看重解释胜于预测
支持联盟解释框架	政策过程在于系列行为者的个体信念结构和学习的变迁	行动者组成支持联盟，共享统一的信仰体系，通过无争议的合作活动推动政策变迁和目标达成	着重考察个体信念结构，把认识和环境变化作为联盟形成、维持和破裂的主要力量
间断平衡框架	政策过程是稳定性和流动性（间断性）的逻辑的整合	小规模和大规模的政策变迁都来自于政治子系统与行动决策的互动，几乎所有时期都有某种政策间断的发生	能够从较长阶段的政策变迁中，分析出系统层次的政策稳定性和间断模式，但无法对特定政策问题做出预测
政策创新和传播模型	政策创新受政策传播过程的影响	解释政府在政策发展过程中的诸多不同的源起或传播模式，指出政策创新不仅受政治体制的特点影响，也受不同政策传播过程的影响	强调政府政策创新中外部传播作用与政府内部特征的关系，提出不同类型的政策传播模式
制度理论	公共政策是政府制度运行的结果，具有不同制度特征的政府输出的政策具有差异	从政府机构或者体制的层面看制度的结构性模式对政策的影响，侧重对政策运作中组织和行为人的行为进行分析	制度本身难以产生独立影响，更多取决于其社会和经济的力量，制度结构与政策的真实关系有待证实

从概念化到审议：课程政策过程研究

10

分析图式	基本假设	基本观点	主要特点或问题
新制度主义理论	强调制度（正式和非正式的结构）在政治生活中的决定性作用	拓展旧制度主义的观点，把持久的制度结构（包括宏观和微观制度）视为社会和政治活动的结构单元，认为市场、统治集团和官僚机构是促成交易成本最小化的社会组织	打破了以个体和群体为基础的理论解释限制，提供了有关政策过程面临的种种制约的多样化的解释
国家主义理论	国家是自主的行动主体，有能力设计和实现自己的目标	将国家视为社会的领导机构和政策过程的主要部门，使用权力重新安排和构建社会关系	以强势方式存在的国家主义是不现实的，在政策过程中，需要考虑国家的边界以及政府以外的因素
多元主义理论（团体理论）	政治过程中利益集团居于优先地位，由利益相同的个体组成的不同群体	公共政策是利益团体斗争结果的合法化表现，政策制定的任务就是对团体的压力做出反应，寻求平衡	"利益集团"的概念划分标准很模糊；政府在政策过程中的角色不清晰，忽视国家在政策形成和执行中的角色
社团主义理论	利益集团之间的相互作用在国家内制度化，并由国家来仲裁	公共政策由国家和被国家许可的利益集团之间的相互作用或者利益集团之间的相互作用形成	考虑了国家在政策过程中的作用，但是有关国家与利益集团之间的边界仍相对模糊
政策网络理论	国家和社会的边界是模糊的，国家政策主体结构的分权化和社会去中心化形成了政策网络	用来理解和解释在政策过程与公共治理中国家与社会的关系模式，不同的公私组织在资源交换中通过协商途径形成共享政策利益的结构关系，并对政策后果产生影响	聚焦于特定政策领域集体行动的政策过程，以及国家与社会之间正式与非正式的关系，关注利益团体、国家能力和自主性的整合
公共选择理论	政治行动主体如同经济行动主体，为了利益最大化（满意度）而理性行动	政治行动者个人被自利的动机所引导而选择对其最有利的行动方案。在公共政策过程中，人们出于共同的利益需要在政治上走到一起，并通过契约扩大个人收益	这种在市场中促进公共利益最大化的机制，由于拒绝政府干预社会事务是不符合现实经验的

分析图式	基本假设	基本观点	主要特点或问题
福利经济学理论	在市场失灵的情况下,政府可以取代市场做出最优决策	最优化社会结果非纯粹个人决策产生,政府需要敏锐地解救市场失灵,寻找最有效的办法	未考虑政府失灵的情况,忽略了政治的多样性以及政策选择的政治性和制度约束
传统理性模型	政策抉择活动是非常理性的,制定者能够做出最佳选择	理性主义活动贯穿整个政策过程,通过科学评估选择能最大限度实现目标或价值的方案	做出具有最大效益和价值的完全理性决策在现实生活中几乎无法达到
有限理性模型	决策者不是经济人,而是有限理性的行政人	受价值取向、目标等多元因素制约,以及行政人的知识水平和能力影响,决策在于寻找满意的解决方案	对理性模型的突破和改进,一定程度上反映了政策决策的现实
博弈理论(竞争力论)	假设人们在竞争性的决策环境中的理性选择	在两个或更多参与者的决策环境中,个体无法自行做出最优产出,受到他人抉择的影响	是运用于竞争性环境中的理性决策模式的分析
精英理论	政策反映的是精英的偏好、价值观和利益	关心政策运作中领导人物的作用,认为精英集团对社会制度的基础准则拥有共识	忽略公众作用和能力,简化精英内部关系
系统模型	公共政策过程是政治系统"输入、决策、输出、反馈"的过程	注重政策过程中环境(政治系统外部条件与状况)与政治系统(对社会价值分配具权威作用的机构及其运行过程)的相互作用和社会反映	从宏观角度对政策过程进行分析,但对"政治系统"这一黑箱缺少解析,无法解释政策决定的具体形成过程
渐进模型	公共政策并非"完全理性"的选择,而是动态发展的结果	政策发展是基于过去经验的修正,是目标与方案的相互调试	从宏观上提供了政策发展的实践模式,却无法解析政策形成的内在过程

应该说，政策过程的图式分析为我们提供了理解政策过程的多元路径。不同的分析框架所关注的政策运作的阶段不同（或关注政策过程的特定阶段、或关注政策过程的全程、或关注政策间的嬗变）、分析的基本单位不同（或以行为者个体为分析单位、或以群体或团体为基本单位、或以机构或组织的制度为分析单位）、聚焦的政策问题的层次不同（或关注宏观层面的政策系统及其变迁、或关注中观层面的政策网络与关系建构、或关注微观层面的个体决策与实践）、问题解析的理论视角不同（从政治学、经济学、社会学等不同学科维度对政策过程进行阐释），如同钻石切割的多维切面，对政策过程中各种变量的一般性关系进行抽象，展示了政策过程的复杂性，也为政策过程分析提供了普遍性的认识基础。

然而，需要反思的是，作为对政策过程的抽象和简化，政策过程的图式分析仅仅是人们对现实政策过程的主观建构，"是人为地创造的一种认识世界的方法，它们虽然来源于人类经验，但是却从看似并不存在的程序的现实中提炼出一种程序"①。它不是政策实践的再现，而是在整合了人们的理论认识、价值观念和个人信仰的基础上对客观现象的再建构。因此，当我们应用不同的图式分析框架来解释具体领域中的政策过程时，一方面，必须清楚模型与现实的差距，需要将一般的分析框架放到具体的政策过程情境之中，进行实际的证伪；另一方面，还需要根据特定的研究目的，选择具有适用性的分析图式，寻找能够揭示政策运作实际变量关系的分析框架，因为不同的分析图式都有其特定的指向性和领域适用性。

（二）政策过程的阶段分析法

一般政策研究中对政策过程最具影响力的分析框架当属政策过程的阶段分析框架，又称为"公共政策过程阶段论""阶段启发框架""政策周期模型"，通常将政策发生发展的过程划分为彼此关联的阶段，分阶段对政策运作的机制及其影响要素进行分析。虽然政策周期（policy cycle）的概念在 20 世纪 70 年代才出现，但是从 20 世纪 50 年代政策研究兴起开始，有关政策过程的阶段分析就一直没有间断。20 世纪 70 年代中期以前，政策研究的重心在于协助政策制定者进行科学决策、提供政策咨询，对政策过程阶段的分析偏重于政策制定和形成的过程，被称为"趋前倾向"（ex-ante-orientation）时

---

① 吴立明主编：《公共政策分析》，厦门大学出版社 2006 年版，第 30 页。

期；70年代中期以后和80年代以前，研究重点转向政策的实施与评价的阶段，被称为"趋后倾向"（ex-post-orientation）时期。虽然政策过程的阶段分析受到政策分析家的批评，认为它无法对实际的政策过程进行清楚的描述，但是由于政策过程的阶段分析具有较强的功能主义和实用主义的取向，能够对政策运作过程中各种促进和阻碍政策发展的条件进行系统的探究，这一框架被政府和学界广泛接受，并成为其他公共政策过程理论发展的基础，对政策过程研究产生了重要的影响。一方面，政策过程的阶段分析对政策运作过程的周期性结构进行划分，厘清了政策运作过程的主要阶段与环节；另一方面，也涌现了大量的关于政策过程特定阶段的研究，这些研究对不同阶段政策运作的机制、规律、策略与影响因素进行分析，形成了针对特定阶段政策运作的理论与模型，促成了政策过程理论的繁荣与发展。教育政策和课程政策过程的研究也继承了一般政策过程研究中的阶段分析框架和理论模型，并在此基础上有所发展。

1. 政策过程的结构性划分

运用阶段分析法对政策过程进行解读，首先要对政策过程的具体阶段进行划分。虽然不同学者对此有不同的认识，发展了不同的阶段划分的理论，①但是一般来说，政策运作的周期基本上都包括政策问题确定、政策议程设置、政策规划、政策采纳、政策实施以及政策评估及调整等环节，可以笼统地概括为政策开发与制定阶段、政策执行阶段、政策评估阶段、政策调整和终结阶段等主要阶段，每一阶段又包括更多的子环节和具体的步骤。一般

13

————————

① 代表性的观点有：拉斯韦尔在《决策过程》中将政策过程划分为情报、提议、规定、合法化、应用、终止、评估等七个阶段；查尔斯·琼斯在《公共政策研究导论》中将政策过程分为问题认定、政府议程、政策开发、政府行动、政策执行、政府问题解决、政策评估、政策回归政府、政策终结等九个阶段；加里·布鲁尔在《政策科学的出现》中将政策过程分为创始、预评、选择、执行、评估和终结等五个阶段；詹姆斯·安德森在《公共政策制定》中划分为问题形成与议程设定阶段、政策规划、政策采纳、政策执行、政策评估等阶段；德洛尔在《公共政策制定检讨》中将政策过程分为四个阶段和十八个环节，具体包括元政策制定阶段、政策制定阶段、后政策制定阶段和反馈阶段；凯尔曼在《制定公共政策》中将政策过程划分为政策思想、政策选择、实施、最后的政府行动、现实世界结果等五个阶段；巴隆波在《美国公共政策：政府行动》中的五阶段划分，包括政策议程设定阶段、政策规划阶段、政策执行阶段、政策评估阶段、政策终止阶段；布里佛与迪里恩的《政策分析的基础》中的政策创意阶段、政策估计阶段、政策选择阶段、政策执行阶段、政策评估阶段、政策终止阶段的六阶段说。

意义上我们经常谈论的政策制定,往往是广义的政策决策过程,包括了从政策问题产生、确认到具体的政策开发、制定乃至政策合法化与采纳的阶段(见图引论－1)。①

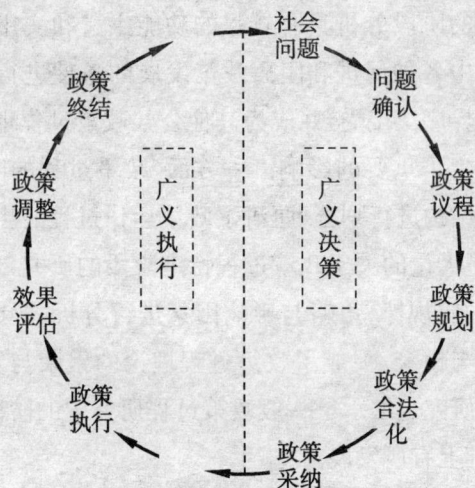

图引论－1　政策过程的阶段划分

目前,对于政策过程的阶段性划分已经形成了一定的共识,成为政策过程阶段分析的基础性框架,在教育政策过程和课程政策过程研究中被具体应用。(见表引论－2)

表引论－2　政策过程阶段划分的领域应用

公共政策过程的阶段划分		教育政策过程的阶段划分		课程政策过程的阶段划分		
公共政策的制定过程	政策问题的形成与认定	教育政策的制定过程	教育政策问题的确认	课程政策的制定过程	课程政策问题的形成与认定	
	政策议程设置		教育政策议程的确立		课程政策议程的确立	
	政策规划与设计		教育政策方案设计		课程政策的规划与设计	课程政策方案的规划
						课程的开发与设计
	政策决策与采纳		教育政策方案的合法化与采纳		课程政策的审议与采纳	

① 吴立明主编:《公共政策分析》,厦门大学出版社 2006 年版,第 35 页。

公共政策过程的阶段划分		教育政策过程的阶段划分		课程政策过程的阶段划分	
公共政策的执行过程	政策宣传与组织准备、实施计划的设计	教育政策的实施过程	教育政策的宣传、理解与准备	课程政策的实施过程	课程政策实施的起始阶段（方案制定、资源开发等）
	政策实验与推广		教育政策的实际推行		课程政策的实际实施阶段（组织、宣传和推广支持）
	政策实施的协调与监控		教育政策的调整与适用		课程政策实施的维持与调整阶段（课程实施的制度化）
公共政策的评价过程	确定评估对象	教育政策的评价过程	确定评估对象	课程政策的评价与反馈阶段	确定课程政策评价的对象（针对政策本身、政策实施过程或政策结果的评价）
	制定评估方案		制定评估方案		
	实施评估		实施评估		
	评估报告撰写与评估反馈		评估报告撰写与评估反馈		课程政策评价过程的组织与实施
公共政策的调整与终结过程	政策调整与修正	教育政策的调整与终结	教育政策的持续、修正或终结		课程政策评价结果的反馈与使用
	政策终结				

　　应该说，教育政策过程和课程政策过程对政策运作具体阶段的划分，基本上遵循了一般政策过程阶段划分的框架。但是，值得注意的是，在课程政策过程的阶段划分中，在课程政策的规划与设计的环节中增添了课程的开发与设计的环节，这是不同于一般公共政策或教育政策开发的重要方面。因为，一项课程政策的开发与实施，不仅需要纲领性的课程政策的指引，更需要具体的课程体系的支撑，也就是能够具体地在学校中使用的课程及其配套的资源。所以，课程政策的规划与设计不仅包括课程政策总体方案的规划，还包括具体的课程的开发与设计。一方面是宏观的课程政策或课程改革的纲领性文件，即"规定和指引国家课程发展方向的价值与规范，规划国家安排的课程的目标旨趣、人才规格以及培养这些规格的人才所选择的价值倾向与制度要求"；另一方面则是在课程政策方案指导下具体的课程体系的开发和设计，具体牵涉到"课程方案、课程计划、课程标准、课程大纲、教

材以及相关的保障性或解释性文件"。① 从这个意义上而言，课程政策过程的运作不仅仅是一个政策领域的活动，更是一个课程领域的专业活动，具有不同于一般政策过程的专业要求，显示了课程政策过程运作的领域特异性。

2. 政策过程的机制与因素分析

当然，政策过程的阶段分析并不仅仅停留于对政策过程结构性程序的划分，还有大量的研究深入政策运作过程的各个阶段，探讨政策运作的内在机制、规律与策略，形成了一些理论认识的模型。（见表引论－3）

表引论－3　政策过程运作的机制与模式

政策运作的不同阶段	主要理论模型
政策制定过程	政策制定或决策的团体协调模式、精英模式、机构制度模式、系统模式、理性模式、渐进模式、综合模式（规范最佳模型、混合扫描模型）、行政性模式、草根模式和示范模式等
政策执行（实施）过程	政策执行的过程模型、互动理论模式、循环模型、博弈模型、变量模型（环境影响模式）、系统模式、政策执行的行动理论、组织理论、主体模型、管理理论、演化理论、自上而下政策实施模式、自下而上的政策实施模式、政策与行动统一的实施模式等
政策评价过程	政策评价的目标达成模式、附带效果模式、无目标模式、综合评估模式、顾客导向模式、利益相关者模式、经济模式、职业化模式等

这些有关政策过程各主要阶段的分析理论与模型，也被实际地运用到对教育政策过程和课程政策过程的具体阶段运作的分析中，并从领域的适用性出发对这些理论与模型进行论证或改造，提出了适用于课程政策过程运作的阶段分析模型。比如在课程政策制定过程的分析中，依据实际的课程开发与设计的理论和实践，提炼出了不同的课程开发与设计的模式，用来解释具体的课程、标准、教材和辅助性文件的编制的机制与方法，包括泰勒（Ralph Taylor）的目标理性模式，塔巴（Hilda Taba）的民众模式，汉金斯

---

① 吕立杰：《国家课程设计过程研究：以我国基础教育"新课程"设计为个案》，教育科学出版社 2008 年版，第 16 页。

(Francis P. Hunkins)的决策模式,格拉桑(Allan Glatthorn)的自然主义模式,麦卡琴(Gail McCutcheon)、诺伊(Didier Noye)等人的审议模式和麦克唐纳(James MacDonald)、埃斯纳(Elliot Eisner)等人的后实证主义模式等,①从课程的专业视角对课程政策的制定过程进行了不同的诠释。同样地,在对课程政策实施过程的分析中,借鉴一般政策实施的分析模型也发展了课程政策实施的具体模式,如库尔特·勒温(Kurt Lewin)的力场模型、迈克尔·富兰(Michael Fullan)的教育改革模式,波斯纳(George J. Posner)的研究—开发—推广模式、伯曼和麦克劳林(P. Berman & M. McLaughlin)的兰德变革模式、格罗斯的(Neal Gross)的变革阻力消除模式、斯迈克和迈尔斯(R. S. Schmuch & M. Miles)的组织发展模式等。②

我们说,对政策过程运作的内在机制和模式进行分析和提炼的过程,其实也是对复杂的政策运作过程中的关键变量及其相互关系进行抽象与关联的过程。因此,在对政策过程运作机制与规律进行探究的过程中,有大量的关于政策过程运作影响因素的分析。这些研究或关注宏观的政策系统的环境机制,或聚焦中观的政策运作的地方特性、组织与机构特征、组织间与组织内关系,又或者强调微观的不同政策参与主体的特征与互动,以及其他动态的因素如政策本身的特性、政策资源条件、政策评价监督机制等,从不同维度、不同的逻辑线索,对影响政策运作的各种要素进行识别与归纳,帮助我们更为全面和细致地理解政策运作的内在机制与关系。特别在教育和课程政策过程的研究中,对政策运作过程影响因素的分析尤为丰富和细致,甚至到了"变量成灾"的地步。(见表引论-4)③

17

---

①②〔美〕艾伦·C. 奥恩斯坦、费朗西斯·P. 汉金斯:《课程:基础、原理和问题》,柯森主译,江苏教育出版社 2002 年版,第 229、331 页。

③ 从 20 世纪 60 年代末开始,由于一系列教育(课程)改革计划实施的失败,在世界范围内引发了教育政策实施研究的热潮,先后三代的教育政策实施研究从不同维度对影响教育(课程)政策运作成功与失败的因素进行了系统的分析,这些研究不只是局限于对政策实施过程的分析,而是把分析的触角扩展到政策运作的全过程,包括政策的制定、实施与评价,为理解教育(课程)政策过程运作的内在机制和影响因素提供了丰富的研究基础与素材。Hong M. I. *New Directions in Education Policy Implementation: Confronting Complexity*. Albany: State University of New York Press, 2006, 5—9. Odden A. R. *Education Policy Implementation*. Albany: State University of New York Press, 1991, 3—11.

表引论－4　教育政策过程影响因素的多维归纳表

影响因素的主要维度		基本内容	注意事项
政策环境的维度		• 宏观的社会、经济、政治制度环境和背景（如政府重视、激励系统、外部协调等） • 文化传统、社会需要和期望、道德压力和约束等 • 地方特性（区域、地方和学校的适应性和经验）和外部关系（政府机关、教育管理部门、相关教育机构、民间机构及家长社会等）	政策本身以外的变数，现实中的政策环境及其变更对政策过程实施影响
资源与投入的维度		• 资源的分散、能源的浪费 • 资源支持，如人、物、财、时间、空间等 • 在职培训和专业指导	政策运作的投入产出比，影响政策过程
政策自身特征的维度	政策范围	• 政策涉及的深度、广度和层次	政策目标或方案本身的问题及其在实践中的变化可能影响政策过程，能否应对各种预期和非预期的目标、积极和消极的结果，变得至关重要
	时间维度	• 政策运作不同阶段（早期、中期和晚期）的难度和问题各不相同，影响政策运作	
	基本假设	• 政策依据的基本假设与现有价值的符合程度	
	政策标准和目标	• 政策设计是否遵循适中原则，考虑综合社会环境和传统、习惯或惯例 • 政策目标本身的迫切性、必要性、清晰性、复杂性、品质和实际可用性值得关注 • 政策目标是否被准确地传递和理解 • 政策目标的多重性和内在连贯性 • 政策本身的规制能力 • 政策问题的可变性和政策方案的变通性	
政策运作中组织的维度	组织的基本特征	• 组织的外部政治领域和合作伙伴（政府、公众、社会和家长需求等）的影响 • 不同组织机构之间的政策执行的配合与关系 • 与政策有关/无关的群体的影响 • 正式和非正式的组织结构、体制、资源、计划与安排的特征及其同政策运作的适应性 • 组织的先前政策经验与制度化程度 • 组织政策执行中的生成性问题与因素	受到特定政策威胁的群体的补偿策略；政策能否得到足够的支持；如何动员支持力量以克服阻力；不同组织之间和内部的微观过程是影响政策过程的关键
	组织的文化与行为特征	• 组织内部的文化环境与氛围（互助合作、共享权力、共同努力、关注发展等） • 组织内部的日常运作和行动方式（明确的目标、公开的计划、角色区分、积极的态度、有力的领导、沟通机制、稳定的支援和补充） • 组织内部的指向性措施（能力建构的具体策略、信息传递和有效沟通机制、激励性制度的建设等） • 政策与组织文化的连贯性和适切性 • 组织政策内在的稳定性与持续性	

影响因素的主要维度		基本内容	注意事项
政策运作中人的维度	认知性因素	• 政策行动人员的意向与政策的一致性 • 政策行动人员对政策特点及其合理性的理解 • 基础不同经验、背景的不同个体间差异性的认知与判断(如简单化、表面化、形式化和同一化的认识)	个体的认知、怀疑态度、信念、价值观、对政策的理解与意义构建等都直接影响政策过程
	情感性因素	• 动机、兴趣、态度、价值观、信念 • 利益与个体发展、负担(时间投入/技能要求等) • 心理状态(如安全感、确定性、习惯、经验等)、实用伦理和其他特别的因素	个体的权力、利益等因素与相互关系对政策过程的干扰
	技术性因素	• 专业能力与政策要求的匹配性 • 专业学习与发展的机会、愿望和行动 • 支持性的专业资源与帮助的可获得性和针对性	个体间相互影响关键人物和种子教师至关重要
	人际性因素	• 领袖人物的权威作用和影响 • 人际网络的整体氛围对个体行动的影响 • 个体间的非正式干扰 • 上级监督性和检查性活动对个体行动的影响	
政策评定的维度		• 评价、监督等机制及其反馈在政策过程中的作用 • 估量关键性的影响因素,修整具体的政策策略,监督和调整政策过程	督导方式和力度,评估反馈的建构作用,对政策运作有实质性的影响

究其原因,一方面,固然是教育(课程)政策运作过程本身的复杂性,因为教育(课程)政策的运作过程不仅仅发生在体制政策的层面,还发生在区域的学校组织中,更鲜活地体现在具体的课堂教学以及师生互动之中。可以说,教育政策过程的运作并不是发生在某个单一空间或某种单一条件中的简单活动,而是在复杂、多样、关联和动态的政策情境中不断变迁和生成的(见图引论—2)。在这个过程中,来自环境、体制、文化、传统、组织、机构、个体、心理、情感、信仰、能力等各个方面的要素相互交织,对政策运作过程的不同阶段产生具体的干扰,这其中的变量关系必然是纷繁复杂的。另一方面,则取决于人们对教育或课程政策成败的特别关注,因为不同于一般的经济和社会领域的公共政策,教育政策以及具体的课程政策的制定与实施不仅具有公共性,也同时具有私人性,它分配的是"个体发展权力、发展机会、发展条件、发展水平和资格的认定"①,能够对发展中的个体产生直接和

---

① 刘复兴:《教育政策的价值分析》,教育科学出版社2003年版,第43—44页。

不可回复的影响。因此,教育(课程)政策过程的成败往往具有附加的伦理与道德意义。从这个意义上而言,通过大量的因素分析对政策运作的内在机制与原理进行理论建构,寻找科学合理地进行政策制定与实施的有效策略,不仅是一种理论发展的必要,也是一种实践的诉求。然而,值得注意的是,对政策过程影响因素的分析并不是越多越好、越细越好,因为单纯的要素的罗列与堆积,甚至是对影响因素的穷尽,并不是研究的本质目的,有时甚至会让我们陷入为分析而分析的陷阱之中,无法真正把握并解决政策运作过程中的真实问题。因此,我们不仅需要了解这些影响因素本身,更需要探索其在实际的政策运作中的发生方式和作用机理,以此探明各种因素在实践中的实质性影响。

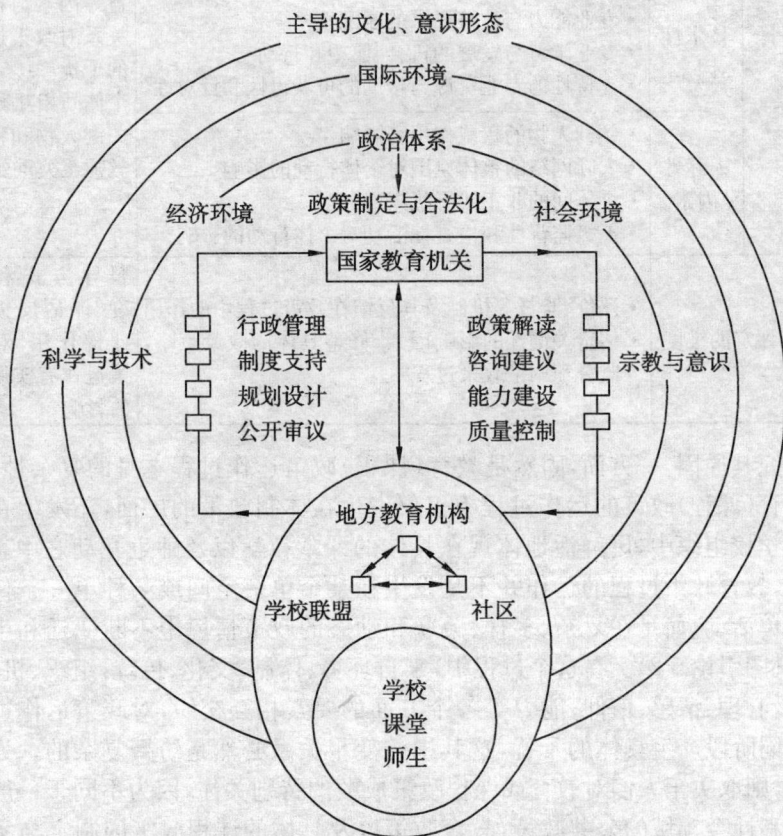

图引论-2　教育政策过程的运作情境

资料来源:Berkhout S. J. & Wielemans W. *Toward Understanding Education Policy:An Integrative Approach.* in *Educational Policy.* 1999,13(3):416—418.

政策过程的阶段分析法不仅对政策过程的周期进行了结构性的梳理，呈现了从政策问题产生到政策终结的清晰而连贯的政策过程框架，也深入政策过程各个阶段的内部，对政策运作不同阶段的工作机制与特征进行分析，阐释了政策过程作为一个动态和连续过程的意义与价值。虽然，从政策周期的角度对政策过程进行解析并不能减少政策过程实质的复杂性或者规定政策过程实践本身，但却从根本上为理解复杂的政策过程提供了具有逻辑性的思考框架，成为超越政策过程中各种复杂现象和关系的有力的分析工具。

然而，需要提醒两个问题：一是把政策过程的周期划分为具体的阶段，并不意味着我们认可政策制定、实施和评价的过程在实践中是相互割裂的，也不等于我们赞同将政策过程看作是由不同阶段拼接组成的线性过程。正如查尔斯·林德布罗姆（Charles Edward Lindblom）所说的"将公共政策分为几个阶段探讨，只是为了方便分析而已，而实际上的政策过程并非如此"①。实际的政策周期并不是相互分割或独立的政策阶段的简单组合或相加，而是整合性、回归性的动态框架。比如，"在实践中对具体政策的再修订、再解释的过程，意味着政策制定的过程并不因为法定文本的出台而终结"②，政策被正式采纳之后，"决策还在继续进行"③，政策的评估和调整也并非总是发生在政策实施之后，而是贯穿于政策运作过程的始终。从这个意义上而言，政策过程的实际运作往往是没有边界的，政策过程的不同阶段可以彼此融合、同步推进，也可以相互跨越、交错运作。我们很难给政策过程划定明确的界限，说明政策启动、政策制定、政策实施、政策评价与政策终结的时间节点，因为实际的政策运作并不是简单地从政策开始到政策终结的线性过渡。因此，在运用政策过程的周期模型对政策过程进行分析时，我们特别要注意不要陷入"一次只关注一个阶段而忽视整个过程"的误区，把

---

①〔美〕查尔斯·林德布洛姆：《决策过程》，竺乾威、胡君芳译，上海译文出版社 1988年版，第 5 页。

② Bowe R., S. J. Ball & Gold A. *Reforming Education and Changing Schools: Case Studies in Policy Sociology*. London: Routledge, 1992, 13.

③〔美〕加布里埃尔·A. 阿尔蒙德、小 G. 宾厄姆·鲍威尔：《比较政治学：体系、过程和政策》，曹沛霖等译，上海译文出版社 1987 年版，第 287 页。

实际的政策过程进行简单的分割式的解读；①也不要把政策过程的某个阶段简单地泛化、理解为政策过程的全部，进而失去了对政策过程整体的关照。一方面，我们固然要运用政策过程的阶段分析框架把握政策运作过程中的主要矛盾与问题；另一方面，也需要超越政策过程阶段分析的框架本身，建立政策过程不同环节之间的联结与沟通，对贯穿政策过程始终的政策要素与特征进行把握，在研究中还原政策过程本质上的完整性与动态性，“我们试图关注的不仅仅是课程的创设和实施，我们更希望了解课程政策从构思、设计到实施、评价的全过程”②。二是对政策过程的阶段或周期的抽象，只是为具体情境中的政策过程运作提供了系统分析的基础，其本质并不是去取消政策现实的丰富性和政策过程的独特性，而是以这一分析框架为载体，在具体的政治环境、社会传统、文化特征和政策情境中对政策过程的机制与意义进行理论和实践的建构。因此，对政策过程周期模型的运用一定要打破从描述性水平对政策过程阶段进行程序性和结构性的简单理解，而要超越框架真正对政策过程所反映的内在机制、文化和价值特征进行情境性的解读和意义性的拓展。

(三) 政策过程的建构性分析

无论是图式分析法还是阶段分析法，在政策过程的研究里，我们总是在寻找概括性的分析框架，这些框架能把复杂现象或过程分解成为若干因素或独立的部分，并建立事物内部与事物之间的逻辑关系，以此形成对具体经验的模式化的认识。它们期望把“类似科学的精确性和客观性应用于我们对社会的研究和理解之中”③。在这样的思维方式中，我们崇尚那些可以清楚加以描述的事物，关心那些被认为是客观的、规范的(公共的)和易于推算的、能够明确表达的知识，把它们看作是科学的和理性的；但是对于那些不能清楚加以描述的事物，或者是那些“未被明确表达的知识”④，以及那些非

---

①〔美〕保罗·A.萨巴蒂尔：《政策过程理论》，彭宗超等译，生活·读书·新知三联书店2004年版，第27页。

②〔美〕艾伦·C.奥恩斯坦、费朗西斯·P.汉金斯：《课程：基础、原理和问题》，柯森主译，江苏教育出版社2002年版，第209页。

③〔英〕杰弗里·维克斯：《判断的艺术——政策制定研究》，陈恢钦等译，中国青年出版社2004年版，第3页。

④ 所谓不能明确表达的知识，是通过生活体验到的、未被系统化的、个人的、经验性的、没有阐明的、涉及完全心理过程的，但对人理解事物来讲是基本的知识。林德金、陈洪、刘珠江编著：《政策研究方法论》，延边大学出版社1989年版，第4页。

确定性的关系,我们则忽略甚至无视它们,将其看作是非科学的或非理性的。① 一方面,模式化的认识取向确实能够帮助我们迅速地发展关于政策过程清晰而系统的认识;但是另一方面,它也使我们重复着固有的认识结构,关注普遍性的知识而忽略对事物特异性与复杂性的考察。我们知道,"社会系统是一个极其复杂的系统,许多事情用常理是做不成的"②。社会科学的研究并不像自然科学一样能够对现实世界的复杂关系进行严格的控制与归因,政策过程的运作更不存在简单的因果对应关系,而是多因一果、多因多果,甚至存在着不可预期的非理性与非常规的现象与状态。因此,社会科学的研究不应该被科学实证主义的世界观完全主宰,"经验性的概括、公文式的陈述,或功能关系的建造"③不可以完全取代细微的、具体的、内隐的、非预期的、私人的、动态的关系与意义的建构。正是基于这样的认识,从 20 世纪80 年代以来,在公共政策研究特别是教育政策研究中,出现了政策研究范式的转型,从过去对政策过程生产与实践的结构性、功能性的关注转移到对政策运作过程的社会、文化、伦理、道德与精神意义的探讨,打破传统政策过程的结构性分析、行为分析与机制分析的层次,特别强调对政策过程进行解释性与批判性的价值探讨与意义建构。在这里,将其统称为有关政策过程的建构性分析。

首先,在研究的方法取向上,政策过程的建构性分析"对传统实证主义强调定量研究的方法进行了抨击"④,开始转向多元主义和多学科的研究,广泛运用哲学、政治学、经济学、社会学、人类学、心理学、历史学等跨学科的原理和方法研究教育政策过程,特别注重定性研究和阐释性的研究方法,比如个案研究、现象学、人种志与自传的方法等,关注政策过程运作的微观机制和社会意义。其次,在政策研究的理论基础与假设上,开始从功能实证主义的理论假设转向解释性、批判性、激进人文主义的理论范型。一是更加关注

---

① 〔英〕杰弗里·维克斯:《判断的艺术——政策制定研究》,陈恹钦等译,中国青年出版社 2004 年版,第 6 页。

② 林德金、陈洪、刘珠江编著:《政策研究方法论》,延边大学出版社 1989 年版,第 5 页。

③ 〔加拿大〕马克思·范梅南:《生活体验研究——人文科学视野中的教与学》,宋广文等译,教育科学出版社 2003 年版,第 27 页。

④ 涂端午、陈学飞:《西方教育政策研究探析》,载《清华大学教育研究》2006 年第 5期。

政策过程"作为一个体系或者一种文化的价值,将研究中心从特定政策问题或文本转向对政策过程的规范和价值及其对政策决策的结构与内容的影响的关注"①,重在理解政策过程现象与行为背后所建构的关系、意义和价值;二是更加关注政策情境的分析,关心政策如何在"广义的政治、经济、社会和文化过程中的运作"②,也同样注重政策在中观和微观层面的实践意义,强调在特定的历史、社会、政治、文化和权力的脉络与情境中阐释政策过程,关注不同的政策主体参与政策过程的特异性体验;三是注重检视政策的道德意义以及同当下社会公正的关系,把对教育政策过程的讨论同社会公正、平等、解放等根本性的人类和社会发展的内在命题的反思相整合,挖掘政策运作的道德、伦理与精神的价值。比如,运用斯蒂芬·鲍尔(Stephen J. Ball)等人的批判政策社会学理论对政策运作过程中所涉及的社会关系与问题进行批判性反思;③运用福柯(Michel Foucault)的系谱学理论对教育政策过程进行话语分析,把政策过程理解为一种政治话语,关注内在于话语过程中的权力、意识形态、利益等不同关系的制衡和协商;还有奥兹加(Jenny Ozga)等人运用自传研究的方法对政策制定者参与政策过程的历程进行追踪与分析;④谢福勒(Israel Scheffler)等人则强调在政策运作的研究中要突破技术性的桎梏而关注人文性与反思性的重要意义;⑤以及谢尔德(Carolyn M. Shield)从艺术视角解读教育政策过程的流动性、变迁性、创造性与整合性的实质,强调政策过程的不可预设性与生成性。

应该说,政策过程的建构性分析把政策过程看作是融合了精神、文化、

---

① Bowe R., S. J. Ball & Gold A. *Reforming Education and Changing Schools: Case Studies in Policy Sociology.* London & New York: Routledge, 1992, 1.

② 谢少华:《试论教育政策研究的分类及理论基础》,见袁振国主编《教育政策评论》,教育科学出版社 2001 年版,第 297 页。

③ Taylor S., Rizvi F., Lingard B. & Henry M. *Educational Policy and the Politics of Change.* London: Routledge, 1997, 42—43.

④ Ozga J. *Studying Education through the Lives of Policy Makers: An Attempt to Close the Micro — macro Gap*, in Walker S. & Barton L. ed. *Changing Policies: Changing Teachers.* Milton Keynes: Open University Press, 1987, 138—150.

⑤ Shields M. C. *Metaphor, Model, and Museum: Reflections on the Art of Educational Policy Making.* in *Journal of Educational Thought.* 1995, 29(3):227—242.

技术、内容和形式的整体，更加强调对政策过程的多元化的解读以及对意义一致性理解的反思与批判。研究跨越了宏观、中观和微观的层面，在关注广义的政策情境的同时，也关注差异性的个体意识与经验；在强调政策过程的文化价值与规范意义的同时，也反思政策运作所体现出的内在结构、关系与意识形态的冲突。可以说，它为理解政策过程提供了更加丰富的视角与方法，也把对政策过程的解析发展到更为细致和深刻的水平。更为重要的是，政策过程的建构性分析在关注政策过程的内在秩序与规范的同时，特别强调政策过程的开放性与复杂性，提示我们不断对既有的关于政策过程的理解进行反思与批判。

二、从课程研究的维度探究课程政策过程

从政策研究的视角来探讨课程政策过程，主要是运用一般政策研究的理论与方法，分析课程政策及其运作过程；从课程研究的维度来探讨课程政策过程，是课程政策过程研究的另一条线索，主要是从课程探究的不同范式及其理论观点出发，理解课程政策运作活动的不同意义与内涵。众所周知，在课程研究领域，从最早的运用知觉经验和哲学思辨方法来认识课程问题开始，课程研究经历了从实证分析范式、实践探究范式，到人文理解范式和社会批判范式等不同研究范式的变迁，这些不同的课程探究范式持有不同的研究"信念、传统、理论和方法"①，提出不同的课程政策问题，并以特定的方式审视并解读课程政策的过程。课程研究范式的变迁，一方面，体现了课程研究的内在发展线索；另一方面，则为更全面地理解课程政策过程提供了多重的课程分析视角。这一部分，我们就以课程探究的四种基本范式的变迁为线索，追踪在不同范式取向下有关课程政策过程的认识发展，看课程探究的主要范型及其理论认识如何具体地影响我们对于课程政策及其过程的解读。（见表引论—5）

---

① 靳玉乐、黄清：《课程研究方法论》，西南师范大学出版社 2000 年版，第 35 页。

表引论—5　课程探究的基本范式与课程政策过程研究

课程探究的基本范式	主要的课程理论观点	对课程政策及其过程的认识
实证分析范式：强调课程体系的规范组织、目标的达成与效率的控制	以课程编制（开发）为重心，考虑对课程的规约性计划和目标行为的预测与控制，代表性的有科学主义和传统主义的课程理论	课程政策就是课程的计划文本，课程政策过程就是理性课程体系的建构，是遵循客观规范对课程目标、内容、组织及其评价活动的规定与落实，将课程开发的专业活动等同于政策运作，关注政策文本与课程行动的一致性，注重政策编制中决策人的权威与力量
实践探究范式：强调课程运作的审议模式，注重课程实践中的动态调试和意见综合	关注课程作为集体体验、共同理解与审议的结果，考虑课程开发及其实践的情境性与变更性，代表性的如课程过程模式和实践课程理论	课程政策不是规定性的目标体系，而是同具体情境相联系的各种复杂力量的互动结果；课程政策过程就是在实践中对课程问题的决策，课程实践是不断调适、生成与发展的，无法受统一的目标、内容与方法的限制，强调课程决策中的分权以及政策过程的变迁本质
人文理解范式：强调在自然情境下，对课程作为一种个体体验或社会文化建构结果的直觉把握与解释性理解	淡化课程的技术与实践取向，关注现实情境中课程之于个体与社会的多样化意义与价值的建构，代表性的有课程概念重构主义对课程的人文性、存在性、审美性和社会性的反思与理解	质疑唯一性、客观性的课程政策观，主张在特定脉络与情境中对课程政策及其过程进行多元化、主体化的解释，注重个体经验、想象与意识的参与，关注的是课程政策及其过程的特异性理解，以及课程政策运作中内在关系、价值和意义的阐释与建构，而非关照课程行动或改造本身
社会批判范式：强调对课程隐含的政治、社会和意识形态属性进行批判，关注不平等的课程关系的解放和课程主体的意识觉醒	以解构课程的社会价值与本质为核心，批判课程作为意识形态控制手段、不平等权力关系和社会资本再生产机制的政治属性，代表性的有批判课程理论和课程社会学中有关课程政治与社会意义的重构	把课程政策及其过程看作是进行权力斗争、利益冲突和资本分割的政治活动，强调课程政策运作的政治色彩与社会意识；对课程政策及其过程的既有价值选择及其规范进行合法性批判，挑战既定的课程决策者的权威；意在唤起人们对课程政策现实及其本质的反省，以此敦促能够体现民主与公平的改造性的课程政治行动

从上表的概括可以看到,不同的课程探究范式代表了不同的课程研究取向,它们关注的课程问题各不相同,对课程政策及其过程的认识和理解也各有侧重,体现了在理论基础与价值预设上的根本性差异。

实证分析取向的课程探究范式始于课程科学化运动,这一范型的课程研究更加关注课程作为一项专业技术性活动的程序与规范,认为通过课程目标的预设、系统的组织和效率的控制,能够更好地达成特定的教育目标。因此,实证分析取向的课程探究采用价值无涉的研究立场,特别强调对课程系统进行科学、客观的开发,以实现对学习过程的精确控制和预测。在这种研究范型的影响下,以博比特、查特斯(Werrett W. Charters)、塔巴、泰勒、布鲁纳(Jerome S. Bruner)等人为代表,分别发展了以课程开发为核心的科学主义的课程理论系统,关注课程开发与编制的规范性与合理性。在实证分析和科学主义的课程研究取向下,课程政策及其过程的专业属性被放大。课程政策就是课程法定性的计划文本,是对课程目标、内容、组织及其评价活动的权威性规定。对课程政策过程的研究更多地关注政策文本或政策规范对政策行动的规制,强调的是政策文本与政策行动的一致性,以及课程政策开发中决策者的权威和力量,课程开发的科学性和合理性也成为课程政策运作中的关键性话题。

实践探究取向的课程探究范式则一反传统课程开发理论中科学化的课程编制取向,转而关注课程在实践中的生成,强调课程是所有参与者的共同体验、理解和审议的结果,是各种理论和各方面意见的折中结果。代表性的如劳伦斯·斯滕豪斯(Laurence Stenhouse)的课程过程模式,反对事先确立课程目标系统,强调以知识和学习活动的内在价值作为课程内容、活动和组织选择的依据,关注教师对课程过程的理解和判断,以及课程各要素在同实践情境具体关联中产生的不断变迁。施瓦布(Joseph J. Schwab)的实践性课程理论则更进一步,强调课程问题的解决是在具体的实践情境中多元课程主体协同决策与意见综合的结果,把课程行动的政治属性挖掘出来。在这样的研究取向的影响下,课程政策的实践变更性与情境互动性成为研究的关注点,对课程政策过程的追踪与描述性分析成为重要的研究内容;同时,作为一种集体决策的行动,课程政策运作中的权力分化、实践情境的干预、个体或群体的价值观对课程实践的影响,也成为课程政策过程研究中的焦点,课程政策过程研究更是开始关注课程政策运作中谁来选择、如何选

27

择、选择什么、选择标准等价值相涉的政策问题。

人文理解取向的课程探究范式则发展了截然不同的课程理解的研究路径，它既不关注课程开发也不关注课程实践，而是强调在自然的情境中，对课程作为一种个体体验或社会文化建构结果的直觉把握与解释性理解，试图通过对课程多样化的意义与价值的建构，使人们不再囿于既定的认识桎梏，主动寻求自我意识的解放和对课程全面而深刻的理解。在这样的背景下，深受解释学、现象学和存在主义影响的一批课程人文主义者和课程概念重建主义者，如格林尼(Maxine Greene)、威廉·派纳(William F. Pinar)、格鲁梅特(Madeleine R. Grumet)、休伯纳(Dwayne E. Huebner)、艾斯纳(Elliot W. Eisner)等人，分别从政治的、种族的、性别的、现象学的、审美的、神学的、人文的、存在的、制度的等不同视角发展了关于课程的新的理解，课程不再是某种客观存在的学习过程，而是更加强调课程作为个体的主观经验、想象，以及社会文化的心理建构的意义。在人文理解的课程研究取向下，对课程政策过程的研究开始从对过程和关系的功能性和结构性描述走向对政策过程的实质性关系与意义的阐释，主张在特定政策脉络中对课程政策运作中的内在关系、价值和意义进行多维度的反思，更强调对课程政策过程内在属性的诠释与理解，而不在于课程行动或改造本身。

社会批判取向的课程探究范式将研究的注意力转移到"课程的社会和政治领域"，强化了对课程的批判性理解，"将课程理论化同课程的社会基础结合起来"，①对课程活动所传递的政治、社会和意识形态属性进行反思，批判课程作为意识形态控制手段、不平等权力关系和社会资本再生产的机制，以此唤醒人们进行课程与社会改造的意识与行动，从束缚性的社会关系与意识形态中解放出来。这种研究范型下出现了运用社会批判理论以及知识社会学发展起来的激进的和批判主义的课程理论，代表性的人物如吉鲁(Henry A. Giroux)、阿普尔(Michael W. Apple)、弗莱雷(Paulo Freire)、安扬(Jean Anyon)、扬(Michael Young)、伯恩斯坦(Basil Bernstein)等，他们运用文化霸权、符号暴力、文化资本、意识形态、再生产、抵制、知识成层等概念与理论考察课程中的权力、控制与影响的政治与社会性问题。社会批判范

---

① 〔美〕艾伦·C.奥恩斯坦、费朗西斯·P.汉金斯：《课程：基础、原理和问题》，柯森等译，江苏教育出版社2002年版，第199页。

式下的课程研究充分地突出了课程内在的政治属性与社会意识,使得受这种研究范式影响的课程政策及其过程研究出现了一些显著的特征。一方面,研究更加关注将课程政策及其实践的研究同其所依托的社会基础进行整合性的分析。正如埃杰顿(Edgerton S. H)所说,"课程政策理论研究的目标在于了解课程政策和实践的社会及文化背景",因为课程政策的制定、接纳、实施和评价的过程的方式本身就"不仅仅暗示着政府和教育结构的差别,更暗示了社会和文化的非常复杂的差别"。① 因此研究关注课程政策过程同固有的社会结构、关系、习惯性的社会规范和价值观念之间的互动,试图从社会分析的视角揭示课程政策过程的本质性内涵。另一方面,研究更加关注课程政策过程的政治社会学属性,把课程政策运作从本质上看作是一项权力斗争、利益分配和资本分割的政治活动,提出了是谁的知识、谁拥有选择权、为什么要遵循特定方式与过程以及对谁有利等具有鲜明价值偏好的课程政策问题。再一方面,研究挑战课程政策及其运作过程本身的合法性,对课程政策及其过程所遵循的价值选择与社会规范进行批判,关注课程政策过程的微观机制与关系,强调通过人的自觉能动的改造力量实现课程的解放,并进而获取个体和社会的自由与平等,具有社会改造的理想。

　　从课程研究的维度探究课程政策过程,依照着课程研究从课程开发、课程实践走向课程理解与课程批判的学科建构的路径,形成了课程政策研究连续的内在线索,使其从最初的作为权威性文本与规范的存在拓展到作为社会、文化、政治、经济乃至伦理、精神的综合体,极大地拓展了对课程政策及其过程研究的空间与视阈。

　　以上,我们分别从政策研究的视角和课程研究的维度出发对课程政策过程研究中的两条研究线索进行了阐述。不同的研究线索都从其自身的学科特性或理论框架出发,带着特定的理论假设、价值选择与方法范型,寻求对课程政策及其过程的某个或某些方面的解读。然而,并没有"一个单一的模式或方法优于所有其他方法"②,更没有一个能够解释政策过程的完美或最佳的图式;因为,任何一种分析框架都有其自身的特点,它们关注特定的

------

① 〔英〕S. H. 埃杰顿:《课程政治和政策》,杨明全译,见〔瑞典〕T. 胡森、〔德〕T. N. 波斯尔斯韦特主编《教育大百科全书》第 7 卷,张斌贤等译,西南师范大学出版社 2006 年版,第 55—58 页。
② 〔美〕托马斯·R. 戴伊:《理解公共政策》,彭勃等译,华夏出版社 2004 年版,第 9 页。

政策问题,也不可避免地存在缺陷与漏洞,试图寻找一劳永逸的解释的努力将是徒劳的。因此,对课程政策过程的理解,有时候"需要具有多样的概念和理论的工具箱,寻求一元化和复杂化之间的多元化发展"①,要"有能力做到同时运用几个不同的理论视角"②,对课程政策过程进行综合性和应用性的探讨。其目的并不在于寻求放之四海皆准的解释或实践,而在于通过多元化的理解,突破自身的思维定式与习惯,以在研究中获得新的洞察力与深刻性。

第三节　构建课程政策过程:一种观念与思路的确立

一、关键概念的意义重构

一个合理的关于课程政策过程的认识往往受到人们对于基本概念解读的影响,这就意味着,要对课程政策过程进行研究,首先要从认识发展的现实出发,对课程政策研究中一些重要的基本概念进行意义的重新审视和再建构。在这里,我们有必要阐明两个基本的问题:一是究竟什么是课程政策,我们在什么层面上谈论课程政策;二是什么是课程政策过程,我们持有何种课程政策过程观。

（一）超越现象形态走向动态生成的课程政策观

有关课程政策的认识在学界并没有清晰的共识,但总体上而言可以分为以下三类理解,这些不同层次的理解同学界对于公共政策和教育政策的认识发展具有很大程度的相通性。一种是从政策的现象形态的维度将课程政策理解为一种公开的文本陈述或行动准则,代表性的观点如"明确指出或要求学校应该、可以或必须教学的内容等指引行动的指示,称为课程政

---

① S. J. Ball *Politics and Policy Making in Education*: *Explorations in Policy Sociology*. London: Routledge, 1990, 43.

②〔美〕保罗·A. 萨巴蒂尔:《政策过程理论》,彭宗超等译,生活·读书·新知三联书店2004年版,第3页。

策"①；"课程政策是一个国家用文件形式规定的有关学校教育、课程设计和实施须遵循的程序和准则"②；"课程政策是由政府部门颁布并负责实施的、一定时期内关于一定教育阶段的课程目标、目的、设置、管理等方面的文件，是协调人们在课程领域中的行动准则"③，规定了学校应该传授什么内容、如何传授及组织的问题。这一类定义阐述了课程政策的现象形态，关注课程政策本身及其表现形式，强调政策作为一种准则和规范的行政性和强制性特征。持这种认识取向的课程政策研究往往重在探讨课程政策本身及其载体(如课程标准、教科书等)的内容、结构和特征，或是进一步解析政策表现形态背后所显现的内在性质和文化内涵。

　　第二类对课程政策的理解则关注课程政策的本体属性和社会功能，将其看作是"有关教育的权力和利益的具体体现"④。认为"课程政策是国家教育行政主管部门在一定社会秩序和教育范围内，为了调整课程权力的不同需要，调控课程运行的目标和方式而制定的行动纲领和准则"⑤；"课程政策是社会各阶层利益在教育内容领域由冲突达到平衡的政治结果"⑥；"课程政策既不是知识主张也不是达成集体目标的理性手段，而是一种为多元政治交易的产物"⑦；"课程政策是一种权力的运用及控制，目的是维护和保持学校和社会某种理想的安排"⑧。从这个意义上而言，作为权力与利益的协调产物，课程政策是具有社会安排目的的对社会价值的权威性分配，试图从根本上决定谁来选择、选择什么、为何选择、如何选择和为谁选择等基础性的政策问题。

　　第三类对课程政策的理解则更加关注课程政策动态变更的本质，强调课程政策并不是一成不变的既定存在，而是通过一系列的政策行为在实践

----

　　① 贾馥明总编，国立编译馆主编：《教育大辞书》第 9 卷，文景书局 2000 年版，第 851 页。

　　② 李东生、王组键主编：《教育竞争与招生工作指南》上册，清华大学出版社 2001 年版，第 421 页。

　　③⑦ 何杰：《我国基础教育课程政策的演进与特征分析》，载《淮阴师范学院学报》2006 年第 3 期。

　　④ 刘复兴：《教育政策的价值分析》，教育科学出版社 2003 年版，第 34 页。

　　⑤ 胡东芳：《论课程政策的定义、本质与载体》，载《教育理论与实践》2001 年第 11 期。

　　⑥ 蒋建华：《走向政策范式的课程研究》，载《北京大学教育评论》2004 年第 1 期。

　　⑧ 谢少华：《权力下放与课程政策变革》，中山大学出版社 2002 年版，第 43 页。

中进行重新建构和解释的过程。作为政策产品的动态决策过程,课程政策"不仅仅是一系列的指令或意图或制度规范",而是具有活力和互动性的过程,"反映了从创始、开发、到实施和评估等具有法定效力的权威性结构的连续性过程"。① 正如艾尔摩和塞克斯提出的课程政策既包括政策意图声明,也包括一系列的政策行动,课程政策不仅仅是权威法令,还是有待检验的关于目的和手段的不确定预测。② 在这里,课程政策是一系列政策行为的建构,充满了不确定性和变更性,并"同社会、文化和经济生产与再生产等更广泛的结构过程相互作用"③。从动态的维度对课程政策进行理解,更多地关注政策在具体课程行动中的建构,会促使课程政策研究更多地"从政策过程的维度来关注变化而不是考察特定的课程政策的具体内容或要素"④。

本书对课程政策的认识正是基于以上不同课程政策观的综合。首先,本书所关注的课程政策必然体现为一种具体的政策形态,指向的是通过政府相关职能部门作为正式政策确定的课程官方指令,是"政治体系或政府层面的决策,而非个人的或私人团体的决策"⑤。因此,学校层面的课程调整或课程规定,课堂层面的教师的课程决策等并不属于本书的讨论范畴。众所周知,课程政策的具体形态往往是多层次的,不仅仅通过文本或声明的方式呈现出来,也包括那些没有被撰写出来,通过文件和实践行动而产生的结合物。因此,除了宏观的课程政策的纲领性文件以外,具体的课程方案,如各科的课程标准和指南、课程资源及保障课程政策实施的周边性政策文件,甚至能够体现课程政策意向的指示、通知、意见、谈话和报告等,都是课程政策具体的表征形态,也是本书课程政策过程研究所依托的载体。然而,课程政策作为静态的决策产物的存在并不是本书讨论的重点,本书所关注的是课程政策的本体属性及其动态变更的属性,强调的是课程政策为一种社会建构活动的发生发展过程及其所蕴含的社会政治意义。课程政策是"一系列

---

① ③ Berkhout S. J. & Wielemans W. *Toward Understanding Education Policy: An Integrative Approach.* in *Educational Policy.* 1999, 13(3):405,420.

② 谢少华:《澳大利亚课程政策变革述评》,载《比较教育研究》2001 年第 10 期。

④ O' Sullivan D. *The Concept of Policy Paradigm: Elaboration and Illumination.* in *Journal of Educational Thought.* 1993, 27(3):247.

⑤ 胡东芳:《论课程政策的定义、本质与载体》,载《教育理论与实践》2001 年第 11 期。

来自政府内部和外部的具体的、复杂的、回归性的政治互动行为"，"这些政治互动远远超越政策制定活动本身，不仅包括政策内容及其实施、影响，也同样包括政策决策之前的环境影响、政策问题的来源，以及贯穿政策过程始终的各种力量之间的互动"。① 正是在这个意义上，课程政策不是静止不变的，也不是某种确定性的存在，而是在不同的实践场域中不断变迁而建构起来的；课程政策并不是纯粹的技术性存在，而是一种社会政治实践的产物，具有鲜明的政治色彩与社会意义。本书对课程政策的理解正是要超越其静态和技术性存在的意义，从动态生成的视角关照课程政策的内在本质。

值得一提的是，本书所探讨的课程政策并不是一般改良意义上的课程政策的变更，而是同课程改革紧密相关的课程政策的变迁。一方面，由于"课程政策问题通常是一定时期的课程问题的集中反映"②，而课程改革往往聚焦于课程领域的先导性问题和关键性问题，因此，课程改革所关注的课程问题往往也是课程政策的主要内容。从这个层面来讲，课程改革往往直接影响着课程政策的指向。另一方面，"课程政策往往是推动课程改革的主要工具，能够促成和推动旧有的政策、项目、组织发生变革"③。可以说，"任何课程改革都是相应政策的产物"，"要解决课程改革中存在的难题，首先就应从有关政策安排的选择和演替中寻找答案"。④ 从这个意义上而言，课程政策不仅仅是推动课程改革的政策依据，更是具体指导课程改革的实际原则和行动指南，是同课程改革实践不可分割的。

（二）整合的、丰富的和开放的课程政策过程观

"政策过程是指发生于政治制度中的一系列事件或环节"⑤，一般政策的运作往往遵循一定的工作程序或流程，这些程序或流程构成了政策过程的基本要素。课程政策过程指的是一项课程政策从酝酿、形成，到发展、确立，

33

---

① Buachalla S. O. *Education Policy in Twentieth Century Ireland*. Wolfhound Press，1988，314.

②④ 胡东芳：《课程政策：一个亟待关注的课程研究领域》，载《集美大学学报》2001年第9期。

③ Taylor S.，Rizvi F.，Lingard B. & Henry M. *Educational Policy and the Politics of Change*. London：Routledge，1997，5.

⑤〔美〕弗朗西斯·C. 福勒：《教育政策学导论》，许庆豫译，江苏教育出版社2007年版，第11页。

乃至贯彻实施和评估修正的发生发展的过程及其在现实中的运作。一方面，课程政策过程的具体运作表现为一系列外在的结构性和程序性的活动，通常由"一系列的程序、步骤、功能和结构组成"①，表现为课程政策在"确立、实现和评估的"②过程中所遵循的一般程序和规范。另一方面，课程政策过程的实际运作往往发生在具体的场景中，会"在不同领域、不同层面和水平上展现出不同的表现形态"③，体现为各种不同力量与因素间的"争论、冲突、压力和影响"④，在各种权力、利益、情感和价值观的互动与博弈的活动中，课程政策过程会衍生出复杂而具体的内在机制、社会意义与权力关系。从这个意义上而言，对课程政策过程的探究不仅要聚焦于政策运作所依托的外在的通用性程序与规范，更关键的是关注课程政策在实际运作中建构的实质性意义与关系。

长期以来，有关课程政策过程的认识存在一些显著的常识性错误。一是割裂的课程政策过程观，就是将课程政策过程运作的各个不同阶段进行割裂式的划分，把课程政策过程认定为课程政策制定或者是课程政策实施等政策运作特定阶段的简单拼凑，较少关注课程政策从问题酝酿到政策制度化发展的全过程。二是机械的课程政策过程观，表现为对政策过程的理解聚焦于一般的技术性结构、程序与运作机制，强调政策运作过程的表象内容和线性结构，而忽略对政策过程的生成意义和动态本质的探究。三是封闭的课程政策过程观，忽略政策过程的实践变更性和现实多样性所带来的不可预期性与复杂性，对政策过程的研究过于追求认识的确定性而不是理解的开放性与丰富性。这些割裂的、机械的和封闭的认识观念不仅遮蔽了人们之于课程政策过程认识的理论视野，更是极大地限制了现实的政策实践。

---

① Shields C. M. *Metaphor, Model, and Museum: Reflections on the Art of Educational Policy Making.* in *Journal of Educational Thought.* 1995，29(3):240.

② O' Sullivan D. *The Concept of Policy Paradigm: Elaboration and Illumination.* in *Journal of Educational Thought.* 1993，27(3):247.

③ Taylor S., Rizvi F., Lingard B. & Henry M. *Educational Policy and the Politics of Change.* London:Routledge，1997，24.

④〔英〕斯蒂芬·鲍尔：《政治与教育政策制定：政策社会学探索》，王玉秋、孙益译，华东师范大学出版社 2003 年版，第 6 页。

为了反映课程政策过程的本质特征，更新人们有关政策过程的基础性认识，本书发展了整合的、丰富的和开放的课程政策过程观。首先，本书认为课程政策过程是"一个在性质上从非常的技术性到非常的不确定到非常的审美性的连续过程"①，这个连续的过程包括课程政策问题的概念化、课程政策的审议以及课程政策的实施与评价等主要阶段，贯穿课程政策从酝酿产生到成熟运作的全部过程。政策发生发展的各主要阶段不可分割也不可独立存在，它们之间相互延展，相互关联和螺旋回归，构成一个连续的整体。其次，本书认为课程政策过程的内在本质是丰富而多维的，不仅可以同时在不同层面表现出不同的形态，也同时受到"政治、经济和社会力量、制度、公众、利益、关键事件和机遇的综合影响"②，对课程政策过程的认识正需要我们发现政策过程的这种丰富性与复杂性，探讨政策过程在实际运作中体现出来的政治社会学的属性与意义。再次，本书把课程政策过程视为一个开放和发展性的过程。课程政策过程的实际演进发生在不同的场域，受到各种力量和因素的综合作用。因此，"考虑到现实的限制、环境和实际操作性"③，实际的政策过程是根据新情境不断对政策本身及其环境进行调整和修正的过程，是"覆盖政策出台的前后，贯穿政策实施和再阐释的各个阶段"，并"根据政策周期演化中反复的情境变更而不断地被重新塑造"的过程。④ 只有对课程政策过程的这些属性有充分的认识，并能用开放的眼光接纳课程政策过程的生成性与发展性，我们才能在共同的认识基础上展开有关课程政策过程的研究与对话。

二、研究视角的重新审视

（一）政策过程的二维分析框架

维根斯坦（Ludwig Wittgenstein）曾指出："世界是事实的总和，而非事

---

① 〔加拿大〕迈克尔·富兰：《变革的力量——透视教育改革》，中央教育科学研究所、加拿大多伦国际学院译，教育科学出版社 2004 年版，第 37 页。

② Taylor S, Rizvi F., Lingard B. & Henry M. *Educational Policy and the Politics of Change*. London：Routledge, 1997, 20.

③ S. J. Ball *Education Policy and Social Class：The Selected Works of Stephen J. Ball*. London & New York：Routledge, 2006, 46.

④ Taylor S., Rizvi F., Lingard B. & Henry M. *Educational Policy and the Politics of Change*. London：Routledge, 1997, 35.

物的综合。"①维根斯坦所说的事实是事物的状态，是事物运动的历程及其轨迹。他指出，真正的研究是要把研究所要深入的内容从表象转移到对真实内容的挖掘。而通常情况下，研究容易犯的错误却是关注事物的外显特征，把复杂的现象或过程分解成独立的部分或提炼为抽象的要素，而忽略了事物的真实状态。从这个意义上而言，要还原课程政策过程的真实状态，研究就要打破对政策过程的概念性框架的抽象或是一般性程序的分解，真正地把政策过程还原到自然的情境中，对政策过程的全部历程进行整体的探究，寻求对政策过程运作的意义与内涵、特征与关系、问题与矛盾的解释性理解。

正是基于这样的认识，本书对课程政策过程的探讨以我国第八次基础教育课程改革的政策现实和政策运作的本土经验为依据，将课程政策过程放置在我国课程政策变革的历史情境和社会关系之中，还原我国课程政策运作的内部结构和流程，阐发政策演进的内在意义与特征，发展有关政策过程具体而真实的理解。因为，任何课程政策的发生发展都根植于特定的社会发展阶段和具体的社会情境，"政策的理论化及其制定需要过程分析和案例分析的配合"②。所以，对课程政策过程的研究，也需要以本土的案例为依据，真实地反映课程政策变革的现实，探讨政策过程的本土特征与经验，发展相应的基础性理论认识。

为了更好地解析课程政策过程的真实状态，研究特别设计了政策过程分析的二维框架。一方面，为了追踪课程政策运作的全部过程，全面记录课程政策演进的基本流程和组织运作的状态，研究引入了政策研究中的政策过程周期模型，并加以改进，发展了课程政策过程的横向分析框架，也就是课程政策的概念化、审议、实施与评价的过程，并把这个过程看作是一个连续的整体，即从过程追踪的维度确立课程政策过程分析的基础结构。另一方面，为了"深描"课程政策过程在实际运作中的本体特征与社会属性，研究从社会批判取向的课程研究范式中寻求纵向分析的框架，还原课程政策过程深刻而丰富的政治、社会、文化和意识形态的意义与内涵，把课程政策过程从本质上看作是一个权力运作的社会政治实践活动，是不同权力主体进

---

① 贾馥茗、杨深坑主编：《教育学方法论》，五南图书出版公司1982年版，第3页。

② 〔英〕斯蒂芬·鲍尔：《政治与教育政策制定：政策社会学探索》，王玉秋等译，华东师范大学出版社2003年版，第1页。

行权力分配、理念抗衡、旨趣冲突、关系协调和利益角逐的过程。从课程政策在具体运作中所反映的实际的组织结构与运作形态、权力关系与文化特征，以及现实的问题与矛盾等三个层面出发，对课程政策过程的运作状态进行解释性的还原和意义的建构，以此构成课程政策过程分析的纵向框架。（见图引论－3）

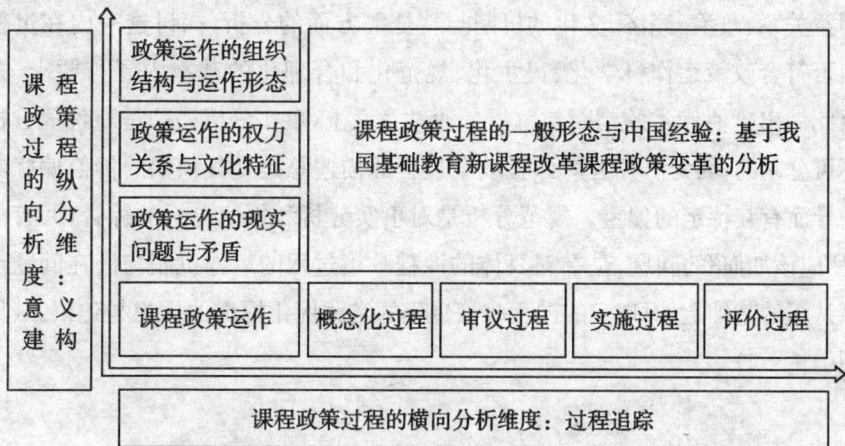

图引论－3　课程政策过程研究的二维分析框架

依据课程政策过程的二维分析框架，可以发现，本书之于课程政策过程的研究，其目的并不在于确立或验证课程政策过程的一般性程序与结构，也不在于发展有关课程政策过程运作的通用性机制与规范，而是关注对课程政策过程进行现实的理解与具体意义的建构，强调从课程政策变革的现实条件与具体情境出发，追踪课程政策运作的实然过程，发掘隐含在复杂的政策运作过程中的特定的结构与关系、机制与特征、现象与问题。从某种意义上而言，这种对课程政策过程特异性内涵的关注恰恰体现了维根斯坦所提出的对事物的真实状态的关注。因为，抽象的课程政策过程的分析只能形成有关课程政策过程的宽泛的框架性认识，并不能够帮助我们发现并解决课程政策运作中的实质性问题；只有从课程政策运作的本土特征与现实状态出发对课程政策过程进行解释性的分析，才有可能发现那些制约课程政策过程的内源性的问题与先天性的缺陷，在为课程政策过程的理论建构提供中国经验的同时，从根本上探讨未来课程政策变革的实践改进机制。

（二）政策过程分析的三条线索

本书主体部分对课程政策过程的解析主要整合了事实分析、价值分析和规范分析的三条线索。① 事实分析,或者称为行为分析,探讨的是"是什么"的问题,主要对课程政策过程的运作环境、运作流程、组织结构、工作方式和工作效果(政策过程的结构、行为与机制)进行事实性描述。价值分析探讨的是"怎么样"和"为什么"的问题,主要通过对课程政策过程运作的内在机理的解析和判断,包括课程政策过程运作中的现象与问题、权力结构与利益关系、政治、经济、文化的机制与特征等方面的分析,探讨这一内在过程能否符合政策运作科学化、民主化、规范化和合理化的基本内涵与要求,并由此做出价值优劣的判断与解析。通常意义上,事实分析往往是与价值分析不可分割的,因为研究者对课程政策过程的描述总是受其预期的价值偏好的引导而有其特定的偏重。规范分析是对事实分析和价值分析的综合,回答的是"应该如何"的问题,是在对具体的课程政策过程的运作机制与潜在问题清晰认识的基础上,对现实的课程政策过程的实践优化提出的构想与建议。(见图引论-4)

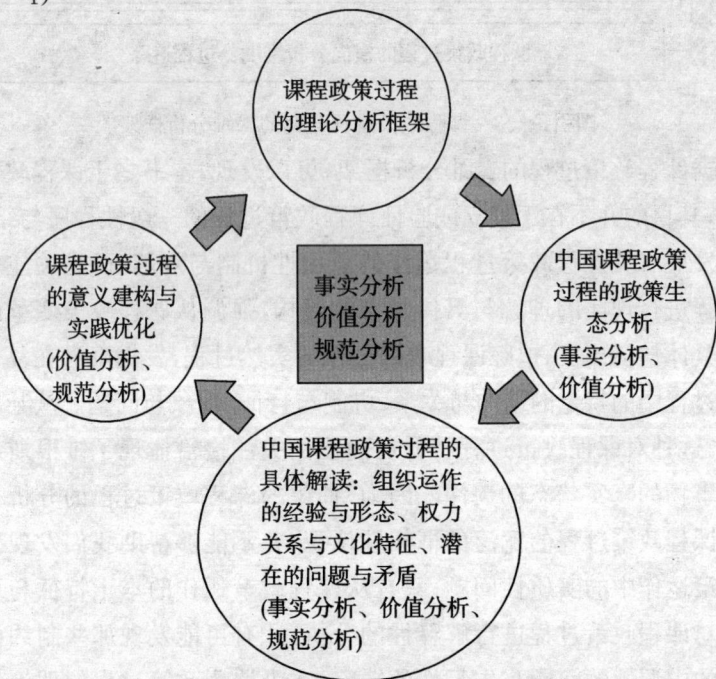

图引论-4　课程政策过程研究的三条分析线索

---

① 林德金、陈洪、刘珠江主编:《政策研究方法论》,延边大学出版社 1989 年版,第 30 页。

（三）政策过程研究的有限性反思

1. 研究素材的有限性

政策过程研究所遭遇的最普遍的问题就是研究素材的有限性。政策过程之所以被看作是"黑箱"过程，很大程度上是由于政策过程"存在着许多难以观察到的行动"以及许多没有被记录和公开表达的活动，"许多权力的运作过程是以隐蔽的方式进行的"。① 这就意味着大部分的时候那些能够反映政策过程运作隐性状态的素材总是难以被获得，这也必然会影响我们对课程政策过程真实状态的还原。然而，素材收集的现实困难并不应该成为阻碍研究发展的根本理由，研究素材的有限性恰恰可以让我们对可能获取的素材进行更充分的发掘和更大胆的推断。也就是在对课程政策过程研究素材进行搜集的过程中，尽可能地扩大研究素材收集的范围与来源，通过广泛地收集同课程政策过程运作相关或看似不相关的资料与素材，通过不同资料与素材内部的矛盾、潜在差异和张力，来推断并假想政策过程运作中的实际问题、矛盾、关系、结构、机制与意义。因为，让证据自己说话，通过证据之间的彼此论证与彼此揭露，是我们用以推断课程政策运作的实际过程与内在意义的重要依据。在这样的研究过程中，研究资料与素材获取就不再是唯一重要的工作，研究者对既定素材进行的拓展性理解和意义的建构，就显得更加重要。因此，在课程政策过程的研究中，不仅需要吸纳那些被公开表达的有关课程政策过程运作的意见和问题，更要对那些未被表达、被忽略或被含蓄表达的问题和意见加以关注和判断。

正是基于这样的认识，本书对课程政策过程的研究，特别强化了对课程政策过程相关文献的收集与分析，通过对不同类型的文献进行同类比较、异类比较、横向比较以及理论与证据的比较，建立文献间的类属关系，发展有关课程政策过程的一般认识与推断。研究主要对以下几类文献进行了搜集与分析：一是有关课程政策及其运作的各类官方材料。由于课程政策是政府层面的行为，因此，官方材料的收集能够直接反映政策发生发展的基本走向。除了正式的课程政策文本，还包括可能收集到的政策文本的草稿、修订稿、实验稿等；有

① 〔英〕米切尔·黑尧：《现代国家的政策过程》，赵成根译，中国青年出版社 2004 年版，第 22 页。

关课程政策制定发布的会议纪要、重要报道、大事记、统计材料、讲话、访谈等文献材料；以及其他官方发布的公开或半公开的材料。二是学术研究领域有关课程政策研究的相关文献，包括各国课程政策研究的文献、我国历次课程政策变革的文献等。三是公共领域有关课程政策讨论的相关资料的收集，包括报刊、网络等不同渠道的资源。这两类文献往往能够直接或间接地反映课程政策运作中问题焦点的变迁和整个过程发展变化的趋势，甚至能够含蓄地表达出政策运作过程中的矛盾和问题，是可以对政策过程进行意义解析的重要素材。四是有关课程政策过程运作现实条件和社会环境的文献资料，这些资料是对课程政策过程运作的具体情境和内源性特征进行深度解读的基础性素材。

除了对研究资料与素材进行类属的分析与比较，在实际的研究过程中还具体采用了情境分析的文献处理方法，也就是将特定的资料或素材放置在课程政策运作过程的具体情境之中，对不同资源进行因果联系，或借助研究者的直觉和想象建立材料之间的可能联系，对课程政策过程进行描述性和解释性的阐释。从研究的方法论依据来看，本研究并不支持那种"坚持某一种范式就意味着对一套理论假设的认可，也就必然排斥另外一种范式"[1]的观点，而是认为任何一种研究范式都不过是提供了认识课程问题的一种可能取向，都具有其自身的局限性。考虑到课程问题本身的多重性和复杂性的特点，各种范式之间更应该寻求理解与合作，"打破二元排斥和对立的格局，走向一条多元理性并存的综合化发展道路"[2]。因此，本书采用折中主义的观点，既承认课程政策过程客观现实的存在，认可通过观察课程政策运作的外在表现对政策过程进行系统描述和逻辑提炼的重要性；也同时反思课程政策过程的现实多样性，认为并不存在一个唯一的、固定不变的认识，作为一种社会心理建构的结果，研究者或者当事人对课程政策过程的主观理解和意义建构也同样重要。

2. 研究过程的独特性

从课程政策过程研究的研究特质来看，政策过程往往是由"一连串独一无二的事件"所组成的过程，任何政策过程都有其特定的无法重复发生的具体情境。因此，对课程政策过程的分析也就是对这一过程的情境和事件的推断和

---

[1] 陈向明：《质的研究方法与社会科学研究》，教育科学出版社 2000 年版，第 470 页。

[2] 靳玉乐、黄清：《课程研究方法论》，西南师范大学出版社 2000 年版，第 85 页。

解析。研究者自身对课程政策过程的认识取向或价值偏好从根本上决定了对政策过程描述和解释的特点。比如,对课程政策过程中分析重心的选择、特征的抽象、问题的聚焦、内在根源和实质意义的建构、研究视角的选择等,都反映了研究者自己关于什么是重要的、哪些问题值得关注、什么是研究所应持有的关于政策过程的基本态度和价值判断。因此,从这个角度而言,研究者的"成见"限制了政策过程分析的现实可能,研究者的个人因素会对研究过程及其结果产生影响。也正是在这个意义上,对课程政策过程的研究不过是提供了认识课程问题的一种可能取向,因为任何一种研究本身都是具有局限性的。借用赫根汉(Baldwin R. Hergenhahn)对课程实施所作的隐喻,如果课程政策运作这一过程是漆黑房间里一件不能直接触摸到的事物,研究就只是从一个角度投向该物体的光束而已。这也从另一个方面印证了本书有关课程政策过程研究的基本观点,研究本质上就是一个拓展可能的过程,而不是一个寻求唯一最优解的过程。

第一章

课程政策过程：一般形态与特征

一般公共政策过程的周期性运作都具有其潜在的工作流程或程序，课程政策也概莫能外。特别是随着对科学、规范、合理和公开的政策过程的要求日益提高，对程序正义①的考虑也被提上日程。在政策运作过程中遵循"正确的或公平的程序"，确保规则在制定和使用中的程序具有正当性，②成为政策合法化、决策民主化、政策运作科学与规范化发展的保障。因此，要对课程政策过程进行系统的分析，首先要追踪政策运作的基本流程，把课程政策从酝酿、形成，到发展、确立，以及实施和评估修正的全过程作为课程政策过程分析的基础性结构。

在政策研究的传统中，一般将政策过程进行广义的划分，主要包括政策制定、政策执行、政策评价以及政策调整与终结等阶段。在这样的阶段划分中，政策实施之前的所有政策活动都被笼统地概括为政策制定阶段，往往包括了从政策问题产生到政策采纳的一系列政策活动。然而，现实的情况是，大部分对政策制定过程的分析却选取了狭义的认识路径，更多地聚焦于政府决策的过程，关注的是正式的政府机构和决策者有关政策设计、规划、审议和采纳的显性的政策制定活动，而忽略了政策在进入政府决策活动之前非显性的政策问题的酝酿与形成等广义的政策制定活动。正如戴伊

---

① 所谓程序正义，按照罗尔斯的定义，指的是规则在制定和使用中的程序具有正当性。正义不仅体现为结果的正义，还表现为过程或程序的正义，即体现在程序的运作过程中，具有普遍性、公开性、法治性和科学性的特征。反映在课程政策过程中，就是对政策过程基本程序和运作机制的完善和关注，要求课程政策不仅要在运作程序上合乎形式的合法性，还需要在满足社会的价值取向方面具有实质上的合法性。从这个意义上而言，有必要对课程政策过程的一般程序和政策运作的一般形态进行定位，作为分析课程政策过程的基础性框架。

② 〔美〕约翰·罗尔斯：《正义论》，何怀宏等译，中国社会科学出版社1988年版，第86页。

(Thomas R. Dye)所说,"政策出台的议事日程在最直接的决策者们积极卷入政策过程之前就已经被确定"①。从这个意义上而言,对政策问题的发现和认定早在进入政府议事日程之前就开始萌芽与发展,这种早期的政策运作活动才是政策过程真正的逻辑起点,甚至比政府的政策决策更为重要。这一过程对政策问题的概念化,决定了哪些问题能够从复杂的社会问题中脱颖而出,被提炼并发展成"政府部门将会采取措施来解决"的具体问题,②它们从根本上影响着政府的政策决策和后续的政策实施与评价。因此,为了更好地追踪课程政策过程的起点,依据课程政策过程发生发展的内在逻辑,我们把课程政策过程划分为课程政策的概念化、审议、实施与评价等主要阶段(见图1—1),以此作为本书对课程政策过程进行解析的过程线索。

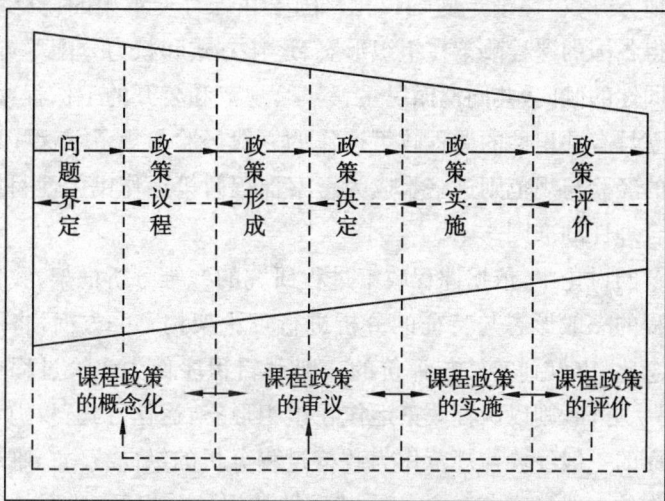

图1—1 课程政策过程的逻辑程序图

资料来源:吴立明主编《公共政策分析》,厦门大学出版社2006年版,第35页,图2—2"政策过程理论模型"。

应该说,把政策过程分解为一系列的程序、步骤、功能和结构的组成,③确立课程政策过程的一般逻辑程序,确实为理解课程政策过程提供了程序

---

① 〔美〕托马斯·R.戴伊:《理解公共政策》,彭勃等译,华夏出版社2004年版,第39页。

② 〔美〕弗朗西斯·C.福勒:《教育政策学导论》,许庆豫译,江苏教育出版社2007年版,第167页。

③ Shields M. C. *Metaphor, Model, and Museum: Reflections on the Art of Educational Policy Making*. in *Journal of Educational Thought*. 1995, 29(3):240.

性线索,提示了关于政策运作中具体要"做什么"的流程性的问题。但是,要真正对课程政策的实际运作过程进行解析,还需要对"政策过程是如何确立、实现和评估的"一般运作形态及其特征进行分析,以补充课程政策过程的逻辑程序内涵。① 也就是在政策运作的不同阶段政策活动究竟是如何开展的,包括政策活动在组织架构、权力分配、实际运作等方面的状态与特征,也就是"怎么做"的技术性和策略性问题。

众所周知,由于各国教育行政体制②和课程传统各有差异,他们在课程政策运作的具体表征上呈现出多样性,也因此难以形成一般性的规范。然而,从 20 世纪 80 年代世界范围的课程重建改革运动以来,各个国家和地区都着眼于自身课程体系的重构,积极促成课程政策体制从原本的两极化(中央集权或地方分权)逐渐走向均权化。国家在课程变革中的广泛参与和行政推进使得各国的课程政策在组织形态、运作方式和权力分配等方面,日益体现出趋同性的倾向,共同遵循民主、科学、规范和公开的工作程序与原则,并开始确立具有共识性的课程政策运作的一般经验与规范。这些通用性的政策运作的经验与规范则进一步成为考察课程政策运作民主性、科学性、规范性以及合理性的准则。

在本章的讨论中,依据课程政策过程研究的二维分析框架,我们也对课程政策过程的一般形态与特征的分析进行理论架构。一方面,将课程政策过程从概念化、审议到实施与评价的一般逻辑程序作为政策过程分析的横向线索;另一方面,则以课程政策运作在组织形态、运作方式、权力关系及其特征等方面的一般经验与规范作为政策过程分析的纵向线索。唯有在对课程政策运作的一般形态与特征有了基础性认识的前提下,我们才能将课程政策过程的一般经验同中国的特殊经验进行对比,进一步地解析课程政策在实际运作中所显现的本土化的政策运作形态、权力与文化特征,以及关键性与内源性的问题与矛盾。

---

① O' Sullivan D. *The Concept of Policy Paradigm*: *Elaboration and Illumination*. in *Journal of Educational Thought*. 1993, 27(3):247.

②"教育行政体制是指一个国家的教育行政组织系统或理解为国家对教育的领导管理的组织结构形式和工作制度的总称"。由于教育行政体制对一国政策活动的组织机构框架、行政运作(组织)方式和主权形态做出直接的规定,往往直接影响课程政策过程的实际组织和运作方式。参考陈永明、胡东芳等:《比较教育行政》,华东师范大学出版社2005年版,第1页。

第一节　课程政策的概念化：政策启动的阶段

一、课程政策概念化：一般的逻辑程序

所谓课程政策的概念化,指的是在课程领域中识别和选定具有一定的公共性并迫切需要政策行动予以改善或解决的课程问题,通过对这些问题的界定、陈述和结构化处理,将其转换成"一种政府能够处理的政策问题"[1],并将其纳入政府政策议程,"确定为予以解决的政策问题的过程"[2]。在这个过程中,人们以课程领域未能清晰表达的原始的问题情境为起点,借助思维活动和社会价值选择,通过对课程问题的不断提炼和明晰化,将潜在的课程问题发展成为明确的政策问题,从而实现课程问题从公众领域进入政策领域的空间转化。

由于这个过程主要涉及课程政策问题的觉察、形成、认定(界定)、表达(阐明)和政策转化,是一种从初级的问题意识逐步发展为明确的政策主张的概念建构的过程。因此,我们将其称为课程政策的概念化阶段。作为课程政策过程的逻辑起点,课程政策的概念化具有至关重要的意义。它从一开始就标明了课程政策过程的目标指向和问题范畴,决定了哪些问题能够从复杂的课程问题群中脱颖而出发展为结构优良的政策问题,并进而转化为政府的政策主张。后续的课程政策的制定、执行和评估等活动,都是以解决先前所确认和界定的课程政策问题为根本目的的连锁反应。从这个意义上而言,课程政策的概念化是课程政策过程的前提与基础。课程政策的概念化主要包括政策问题的确认和政府政策议程的确立两个阶段。

(一) 政策问题的确认

政策问题的确认就是课程政策问题的发现和认定的过程,是将现有的

45

---

① 〔美〕弗朗西斯·C.福勒:《教育政策学导论》,许庆豫译,江苏教育出版社 2007 年版,第 167 页。

② 宁国良:《公共利益的权威性分配》,湖南人民出版社 2005 年版,第 65 页。

课程问题从一般的公共问题或专业问题提炼为具有较为清晰框架的课程政策问题的过程。那么什么是政策问题呢？简单地说,政策问题就是同政府及其行为有关的问题,在本质上"是政府关于是否采取系列政治行动的决策","是一种政府行为"。① 因此,一般的课程问题要成为政策问题起码要具备三个方面的特征:一是必须是引起政府或公共权力主体广泛关注的、引起社会价值冲突、需要迫切解决且经过良好定义的课程问题;二是这些课程问题是必须通过政府力量且能够通过政府力量得以缓解或解决的问题;三是需要经过"政府或公共权力机构认定,认为是应该并可以通过特定政府行为加以解决的问题"。② 由此可见,课程政策问题并不是直接可以由一般的课程问题转化而来的,课程政策问题的确认并不是一个自发的过程。一方面,特定的课程问题是否能引起政府的关注,取决于问题是否被清晰表达和定义。课程领域诸多纷繁复杂的问题,必须经过严格的问题搜集、界定和表述的程序对问题加以提炼,否则一般的课程问题无法获得政府的关注,更不用说通过政策行动来改善或解决。另一方面,特定的课程问题要发展为政策问题需要政府和权力主体机构对课程问题进行认可或认定。一般认为,政策问题的确认有其自身的逻辑程序,主要包括政策问题的察觉、政策问题的界定和政策问题的陈述等三个阶段(见图1-2)。

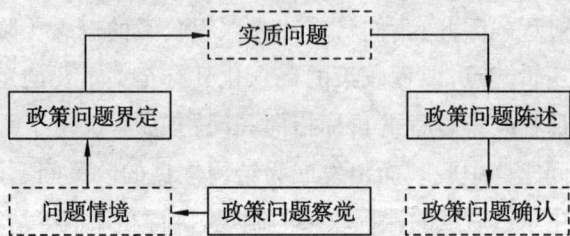

图1-2 政策问题确认逻辑结构图

资料来源:袁振国主编《教育政策学》,江苏教育出版社2001年版,第93页,图2-1"问题认定逻辑结构图"。

政策问题确认的逻辑程序实际上体现了政策机构、群体或个人对课程

---

① Howlett M. & Ramesh M. *Studying Public Policy：Policy Cycles and Policy Subsystems*（2nd ed.）. Don Mills, Ont.：Oxford University Press, 2003, 5.

② 宋锦洲编著:《公共政策:概念、模型与应用》,东华大学出版社2005年版,第90页。

政策问题的"认识、分析和判断"[1]的过程,符合认识发展的逻辑顺序。首先,政策问题的察觉是指特定课程问题被初步地感知,也就是政府、公共权力机构、社会组织、群体或个人开始意识到课程领域出现或存在的重要问题,并发现做出改变的需要。政策问题的察觉还包括对课程问题实际情境的认识,因为课程问题并不是产生于真空之中,需要了解问题生成的政治、经济、文化等复杂的社会生态。其次,政策问题的界定是"将问题纳入一定的学科背景和相应概念框架体系之中,用具体的专业术语来界定"的活动,[2]也就是通过分析进一步厘清课程问题的性质、范围和结构,判定课程问题的实质,比如判定课程问题是局部性问题还是体系性问题,以及这些问题对学校系统、教育体制乃至社会构架的影响等。再次,政策问题的表述是对课程问题的系统总结和归纳,通过形成对课程问题的结构化和系统化的表达,对课程问题进行整体的判断,其目的在于突出课程问题的本质特征和关键内涵,并提供具体的政策建议,以方便决策者的理解与认定。最后,政策问题的确认也就是政府参考或接受政策建议,将其纳入政策议程的讨论。

(二) 政府政策议程的确立

政策问题的确认并不能确保政策问题最终转化为具体的政策主张或行动。邓恩(William N. Dunn)曾指出,"政策问题是还没有实现的,通过共同行动可能追求得到的需求、价值或改进的机会"[3]。因此,即便政策问题得以确认,获得了政府相关机构的认可,不过是得到了政策问题获得解决的潜在可能。由于政府工作容量的限制,或者政府参与程度的差异,政府很可能不作为,通过政府的"不决定"(non-decisions)和"议程否决"(agenda denial),[4]阻止课程问题进入实质性的决策层面。因此,要让政策问题真正转化为实际的政策,必须将政策问题引入政策议程。

所谓政策议程的确立也就是将政策问题转化为政策议案,纳入正式的政策讨论的过程。需要指出的是,政策议程往往发生在不同层面,除了政府机构内的政府政策议程外,一些综合性的政策议程(见图1—3)如公众性政

---

[1][2] 宁国良:《公共利益的权威性分配》,湖南人民出版社2005年版,第61、63页。

[3] 陈庆云编著:《公共政策分析》,中国经济出版社1996年版,第150页。

[4] Howlett M. & Ramesh M. *Studying Public*: *Policy Cycles and Policy Subsystems* (2nd ed.). Don Mills, Ont.: Oxford University Press, 2003, 141.

策议程、媒体政策议程、专业性政策议程等,往往是同政策问题的确认过程同步发生的,是不同主体对潜在政策问题的集体讨论,它们对于政府的政策决定或行动往往起到辅助性的作用。换言之,特定的课程政策问题要对政府的政治决策产生实质性影响,最终还必须进入政府政策议程。也就是某个具体的课程问题成为政府机构及其官员在一定时期正式讨论的问题,或已经列为政府部门将采取措施来解决的问题,这才是课程政策概念化得以实现的标志。

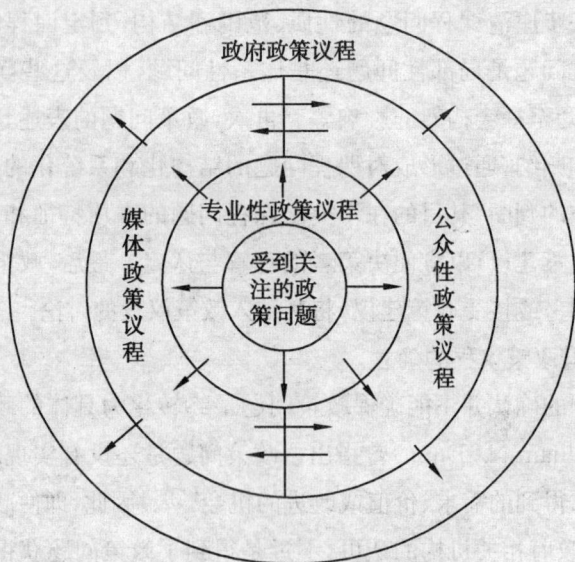

图1—3　不同水平的政策议程

资料来源:弗朗西斯·C.福勒著《教育政策学导论》,许庆豫译,江苏教育出版社2007年版,第168页,图7—8"各种政策议程的相互关系"。

同样需要意识到的是,"没有任何一个社会或政治体系能够顾及被纳入政府议程的所有问题的所有可能的解决办法"①,因此,即便是纳入政府政策议程的重要课程政策问题,也并不一定全部转化为具体的政策或行动,哪些课程问题更为重要与迫切,仍然面临着政府工作中持续性的价值选择与判定。进入政府政策议程的政策问题仍然需要通过竞争确保其在政府内部维

---

① Birkland T. A. *An Introduction to the Policy Process: Theories, Concepts, and Models of Public Policy Making* (2nd ed.). Armonk, N. Y: M. E. Sharpe, 2005, 112.

持重要的空间和议程,并进入政府政策议程的决策核心(见图1-4)。不同水平的政府政策议程包括一般议程(即所有可以纳入政策系统进行讨论的政策问题议程)、系统议程(即隶属于现有政府合法权限范围的可供讨论的政策问题议程)、机构议程(即明确标的以供相关部门主要决策者进行集中慎重思考的问题议程)和决策议程(即相关政府行为主体采取行动、直接导入政府决策环节的问题议程)。随着政府政策议程的逐级深入,进入核心层面的政策议程的确立将直接导入实际的政策生成和决策的关键阶段。正是在这个意义上,我们说,课程政策过程从本质上而言反映了一种权力运作的关系,因为,作为课程政策过程的逻辑起点,课程政策的运作从一开始就显示出鲜明的政治社会属性。哪些课程问题能够从最初的未成形的社会问题中提炼并发展成具体而清晰的政策问题的概念化过程,绝不是简单的专业判断与技术选择的活动。在这个过程中,谁、为什么、依据何种价值标准与程序来促成特定课程问题的政策化,都实际地决定了政策过程的运作是一系列的选择和决策的过程,而这种选择活动本身就是具有社会安排目的的权力与利益的政治互动活动。

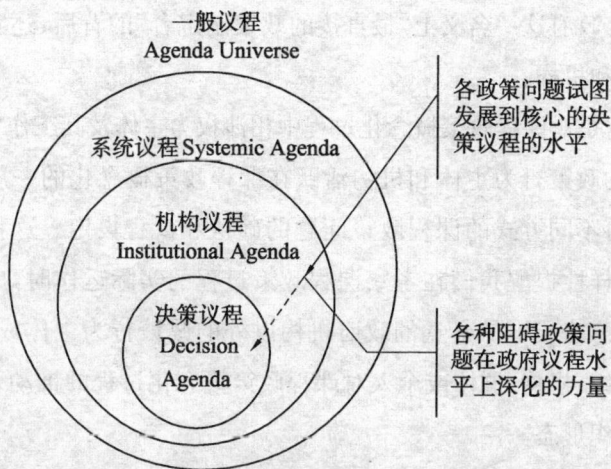

图1-4　政府政策议程的不同水平

资料来源:Birkland T. A. *An Introduction to the Policy Process: Theories, Concepts, and Models of Public Policy Making* (2nd ed.). Armonk, N. Y: M. E. Sharpe, 2005, 111, 图5.1"不同水平的政策议程"。

二、课程政策概念化：一般的组织运作形态

美国政治学家斯盖茨斯奈德(Schattschneider E. E.)[1]曾说过，"那些决定政治是什么的人操控着这个国家，因为在互相冲突的几个选择中进行选择就是分配权力"。[2] 从这个意义上而言，"谁来决定"似乎比"决定了什么"更为重要。因此，在探讨课程政策过程之时，明确哪些个人、群体或机构参与了政策过程的实际运作，对于认识课程政策过程的一般组织形态与运作特征具有重要的意义。

一般而言，课程政策的概念化意味着对政策问题的发现和认定，并将其纳入政府的议事日程。传统的观点认为，重要的政策问题的识别、界定和确立，并最终确立其作为政府潜在的工作议题等活动，是发生在政府(公共权力主体)内部的活动，是一系列政府主导的行为。但是实际上，政策问题往往在提出、界定、陈述、确立，以及纳入政府政策议程的过程中表现出多种多样的形式和途径，政策的概念化过程并非只是一种政府决定，或仅仅是一种政府行为，在政府这一名义上"最直接的政策制定者"的背后，还隐藏着多样的权力主体和机构。

表1-1是对课程政策概念化过程中相涉权力主体及其工作方式的简要概括，不同的政策行为主体和机构活跃在课程政策概念化的一般运作过程之中，支撑着不同方式的课程政策问题的确认和议程设定。这种行为主体及机构的多样性提醒我们在考察课程政策过程的实际运作时，应更多地关注易被我们忽略或不易察觉的政府机构以外的政策行为主体或机构，充分考虑不同组织、机构、群体或个人对课程政策概念化过程的推动及其可能采用的工作组织形态。

---

① 另译作 E. E. 谢茨施耐德(1892—1971)，此处参考〔美〕托马斯·R. 戴伊《理解公共政策》(彭勃等译，华夏出版社 2004 年版)中的译名。

② 〔美〕托马斯·R. 戴伊：《理解公共政策》，彭勃等译，华夏出版社 2004 年版，第 32 页。

表 1—1　课程政策概念化的多元权力主体及其组织运作①

概念化过程的逻辑程序		多元的权力主体	运作形态
政策问题的确认	政策问题提出	政党（政党领袖及其成员）、教育行政机关（行政长官、一般官员和行政管理人员）、立法机关（工作人员）、智囊团/思想库、教育专业研究机构或组织（专家学者）、大众媒体、教育组织（如学校等）、教育利益团体（如家长组织、教师组织等）、非教育领域利益团体（经济实业类组织、文化类组织等）、其他社会群体（公益性群体、特殊需求群体）	专业领域、政府领域、公众领域、媒体领域对问题的感知和意见的表达
	政策问题界定		讨论和研究政策观点（如理论研究、实践调研、会议、专题研讨会、意见征求会、听证会、工作坊等）
	政策问题陈述		观点的系统表述及其传播（如书面形式的研究报告、咨询报告、政策建议、会议纪要、时事通讯、公开媒介的发表；口头形式如公开演讲、报告、交流研讨等）
	政策问题的确立		政府机关的认可和进入政策议程讨论
政策议程的确立	综合性政策议程		持续而广泛的讨论：媒体政策议程、专业性政策议程、公共政策议程
	政府政策议程		外在创始型、政治动员型、政府主导型、常规制度型的不同类型的政府政策议程确立方式

———————

① 此处对课程政策概念化过程权力主体的概括仅仅是抽象的一般性概括，实际的政策行为主体和机构由于各国政治制度和教育行政体制的差别，具体的名称、工作权限和组织形态都有所不同。举例来说，各国的立法机关就可以有国会、议会和人民代表大会等不同的组织形式，其权限也各不相同。

在课程政策的概念化过程中,第一项工作就是提出课程政策问题。谁能够在纷繁复杂的教育问题中识别与察觉出关键的课程问题,并将其列为重要的政府政策议程,这不仅是一种专业远见,更是一种政治权力。显而易见的是,在公共的课程政策领域,不管是政党、政府机关、专业团体、媒体机构还是公众群体,都能在课程问题的察觉与界定中产生重要的影响。

首先,政党作为现代国家体系中的重要力量,一旦掌握国家权力,就可以在政策问题识别和确认上产生影响力,表达党派的政策主张和取向。比如在总统共和制的美国,政党候选人在竞选中获胜组阁,就拥有重大的行政决策权,总统的教育决策权往往可以影响国会,掌握教育政策问题的根本取向。同样,在议会内阁制的国家如英国、日本、俄罗斯等,政党也是通过争取国会的多数席位和内阁的领导权,来获得其在国家事务中的决策权力。

其次,立法机关也是重要的政策问题概念化的权力主体,除了主要具有政策议案的审议功能以外,其内部成员或委员会往往具有一定的政策提案权,决定重要的政策立案。比如美国国会的教育委员会就在决定讨论何种教育问题方面具有关键的选择权;我国的人民代表大会代表也拥有教育或课程问题的提案权,这些都是从立法机关的渠道知觉与界定政策问题的方式。

当然,对课程政策概念化负有主要责任的是教育行政机构及其附属机构。作为教育领域事务管理的权威,政府教育行政机关往往会主动介入课程政策问题的确认过程。政府主动介入的课程政策概念化的方式主要有三种模式:一是政府主导型,也就是由政府组织、委托或任命专门机构或人员对特定课程问题展开研究,并在研究基础上形成政策议案或研究报告。[1] 二是政治动员型,是政府首脑或行政长官通过召开行政会议等方式直接提出

---

① 如美国 20 世纪 80 年代的"高质量教育运动"的课程改革的政策议程就是由美国联邦教育部组织专门的委员会展开系统调研形成的政策议案报告。由专家、学者和实际的教育工作者组成的"国家教育优异委员会"(The National Commission on Excellence in Education, NCEE)展开调查,研究全美中小学教育质量,并提交了著名的《国家在危急中:教育改革势在必行》(A Nation at Risk: The Imperative for Educational Reform)的报告,对当时的美国教育问题进行了系统的调研与梳理。参考刘复兴:《教育政策的价值分析》,教育科学出版社 2003 年版,第 228—229 页。

政策意向并推动政策议案的确立。① 三是常规制度型，就是所在国家或地区的课程政策变革已经成为政府政策发展的常规行为，政府教育行政部门或相关机构对课程政策问题进行持续关注，定期对课程体系进行调整与修订。② 除此以外，那些并非由政府行政机构直接参与，而是由政府以外的政策行动主体所构建的政策诉求或政策问题，最终通过政府确认认可的，则被看作是外在创始型的政策问题确认的方式。

　　由于课程政策的概念化过程具有较强的专业性质，因此智囊团或思想库、教育专业研究机构和组织往往依托其专业资源和研究基础，成为政策概念化中的主体力量，其成员被网罗到政府教育行政机关设立的政策研究机构或专家委员会中，充当政策开发的智力支持。所谓智囊团或思想库是由各种专业人员组成的"跨学科、跨领域的综合性教育政策研究组织"③，"是产生可靠的、可以被有关部门接收的政策研究成果的主要机构"④。一类是外在于政府机构的独立研究团体；另一类是政府设立的专门提供政策咨询建

---

　　① 如澳大利亚 1987 年开始的国家课程改革，最初的有关在澳大利亚推进国家课程的思想就是由联邦教育部长道金斯在《澳大利亚应有的技能》和《强化澳大利亚学校》等著述中首先提出的；又如 20 世纪 90 年代美国基础教育课程改革相关政策问题共识的达成，就始于 1989 年布什总统召集各州州长共同讨论中小学学生学术素质低下等教育质量问题的全美教育峰会，并形成了会议报告《全美教育目标报告》(*The National Education Goals Report*)，这一报告的主要内容后来被联邦政府的文件《2000 年美国：教育战略》(*American 2000：An Education Strategy*)吸收，成为重要的政策内容。这些都是典型的政治动员型的政策概念化的方式，是由政府首脑直接参与政策问题确认的典型。参考谢少华：《澳大利亚课程改革政策变革述评》，载《比较教育研究》，2001 年第 10 期；姬秉新、苟正斐主编：《基础教育课程改革的历程与趋势》，首都师范大学出版社 2003 年版，第 200—201 页。

　　② 如日本由常设的教育审议会定期对课程政策问题进行审查，纳入政府教育政策议程，保持每 10 年对《学习指导要领》进行定期修订，已经形成了课程政策发展的常规性工作机制与规范；同样在地方分权制的加拿大，大部分的省份也都形成了对本地区教育进行政策调研和课程修订的常规制度，如大不列颠省，教育部每 8—9 年主持常规性的课程调研并进行相应的课程改革与课程修订。参考高峡：《当前日本义务教育的课程改革及其特点》，载《课程・教材・教法》，1999 年第 6 期；以及加拿大大不列颠省教育部网站 http://www.bced.gov.bc.ca/irp/。

　　③ 吴遵民主编：《基础教育决策论：中国基础教育政策制定与决策机制的改革研究》，华东师范大学出版 2006 年版，第 308 页。

　　④〔美〕斯图亚特・S. 那格尔编著：《政策研究百科全书》，林明等译，科学技术文献出版社 1990 年版，第 10 页。

议的部门。教育专业研究机构和组织，主要包括大学里的学院式教育研究机构和教育专业组织或协会，其成员基本由专家学者组成。这些机构或组织并不是专门的政策研究机构，通常出于学术、社会责任或个人专业兴趣自主地参与政策问题的察觉、厘定和陈述，其成员或以个人或群体的名义，或以组织机构的名义自发或有组织地进行特定政策问题的研究，引起相关问题在专业领域、公共领域乃至政府层面的讨论，①对课程政策问题的确认起到直接或间接的作用。

再次，大众传媒是课程政策概念化过程中不容忽视的力量，作为包括印刷、有线和无线电视、广播以及互联网系统在内的信息传递体系，它们在选择哪些问题应该列入公共讨论范围，以引起广泛的社会关注，乃至敦促政府采取行动方面具有重要的影响力。那些通过大众传媒讨论而被提出和强化的政策问题更容易进入政府政策议程。大众传媒在一定程度上"制造"问题，决定人们应该关注并讨论哪些问题，正如戴伊所说的，"媒体不关注的问题绝不会成为政府加以解决的问题"②。

除此以外，对特定课程政策问题的察觉、界定与确认，还可能来自教育组织（如学校）、教育利益团体（如家长组织、教师组织等）、非教育领域利益团体（经济实业类组织、文化类组织等）和其他社会群体（公益性群体、特殊需求群体等）的特殊需求。这类利益团体或社会群体的力量在欧美等西方国家的活动较为活跃，比如教育类的利益团体（教师联合会、教育协会）、非教育类的工商事业界的利益团体、劳工组织等，都能通过强有力的渠道影响

---

① 如在1991年，针对英国1988年国家课程改革实施所面临的困境，伦敦数学学会、数学研究会和皇家统计学会联合发表了一份报告，提出重新编写国家课程教材的建议。这些专业组织对课程政策问题的提出直接引发了当时皇家督学团（Royal Commission on Education，即1993年以后改编成立的教育标准局〈The Office for Standards in Education〉，2007年改名为教育及儿童服务与技能标准局〈Office for Standards in Education, Children's Services and Skills, Ofsted〉）对国家课程和考试制度的考察调研。同样地，美国1985年启动的关于科学、数学和技术中小学课程改革的2061计划，最初也是由民间科学团体美国科学促进会（American Association for the Advancement of Science, AAAS）发起的，之后受全国科学技术委员会的支持，联合联邦教育部在内的不同机构，经过4年的研究，形成了《2061计划：面向全体美国人的科学》（Project 2061: Science for All Americans）的报告，对美国课程政策的制定产生了深远的影响。

② 〔美〕托马斯·R.戴伊：《自上而下的政策制定》，鞠方安、吴忧译，人民大学出版社2001年版，第136页。

政府机构官员，表达所在团体的政策意图。更有甚者，那些具有影响力的利益集团还依托其强大的经济实力，通过整合基金会、智囊团（思想库）以及政策规划组织的力量，直接影响政策问题和政策议程的确立。

虽然对课程政策问题的提出与界定可以来自不同的政策行为主体或机构，但是，一项具体的课程政策问题如要对实际的政府决策产生影响，要不断地澄清并转变为政府可接纳的政策议案，必然要进入具体的政策议程。而进入政策议程的首要标志，就是要把课程政策问题从一种领域内的讨论转变为一种公共的意见，从一种宽泛的意向转变成一种具体的主张。也就是，要将课程政策问题放置在一个公共的话语空间，通过专业的、公众的、媒体的持续、系统和广泛的讨论，不断澄清政策问题的实质，并达成某种共识，也就是通常所说的将课程政策问题纳入综合性的政策议程。特别在当今这个新媒介发展的时代，我们进入了"由所有人对所有人进行传播"①的信息沟通与交往的时期，这种时代使得来自不同领域的政策观点能够主动或被动地在一个公共的话语平台中得到最大限度的传播和展现。其带来的直接影响是：一方面，以往的为政府和社会精英所垄断的政策话语机制被打破，各种公众力量、大众传媒和专业学术组织都参与到政策问题确认的过程中，那些以往为我们所忽略的政策行动主体开始拥有了表达空间，他们的意见被呈现出来，并为其他群体所意识和关注；另一方面，意见的表达不再是简单的单向传递，在话语权力不断分化与扩张的同时，意见的权威性被消解，而互动性随之提升，从媒体的新闻报道、观点评论，到学者的学术争鸣、著书立说，政府机构的研究报告、领导讲话，以及社会公众的意见发表和网络评论，任何一种观点都不可能在封闭的状态中静止不变，而是在交互活动中产生新的发展。从这个意义上而言，不管课程问题起源于何处，课程政策问题的界定与确认不再可能是某一单一政策行为主体或组织机构的独立行为结果。以世纪之交法国高中课程改革为例，1997 年在法国国民教育部长阿莱格尔的倡导下，在全国范围内进行了一次关于"高中应当教授哪些知识"的大型咨询调查，在问卷调查的基础上，法国各大学区召开了专题研讨会以具体地讨论课程改革的关键问题，并在 1998 年 4 月份由教育部主持举行了一次全国研讨会，召集了各学区的教育管理人员、学校校长、教师、学生和家

---

① 张烨：《论教育政策过程与实施中的话语展现——以素质教育政策议题为例》，载《教育研究与实验》2005 年第 3 期。

长、督导人员、各有关工会和协会、地方政府和企业界人士的千余人的参与。① 在这个案例中，在行政力量的推动下，课程政策议程的确立使得原本一个领域性的课程改革问题变成一个公共的政策议题，并在政府内部和非政府领域内的机构、组织、群体和个人的共同参与下，明确了课程政策问题的具体方面，并最终形成了《关于高中课程改革49条建议》的综合报告，成为课程政策制定的重要依据。

诚然，课程政策问题最终能否从综合性的议程进入政府的政策议程，成为政府机构内部会议的正式议案予以讨论，仍要取决于政府行政机关或立法机关的确认。但是，如果课程政策问题没有通过一般政策议程的讨论而获得广泛的公共基础，那么一定会阻碍课程问题转化为具体的政策主张，这已经成为政策概念化过程中的一般工作规范。我们说，课程政策问题的提出固然可以来源于不同的政策行动主体，但是课程政策的概念化过程终究是各种力量综合作用的结果，并最终通过政府机构的权威性确认得以实现。

三、课程政策概念化：一般的权力关系特征

根据以上对课程政策概念化一般组织形态的分析，可以察觉出不同政策行动主体间的权力关系特征。总的来说，表现出权力主体多元化、权力去中心化，以及权威和精英的权力集中化并存的权力运作特征。

一方面，课程政策概念化中的多元主体的参与及其在组织运作上的相互渗透，使得课程政策权力的分配逐步走向多元化，原本集中的课程权力被分散到不同的领域和层面。具体地体现为课程政策问题的提出与确认可以由政府教育行政机关及其行政长官主导，也可以依托教育专业研究机构和组织，或者由有能力发起政策问题讨论，形成政策诉求的利益团体或社会群体创始，并不仅仅是政府行政机关或政治精英主导的"自上而下、高度集权的过程"。② 此外，不同政策行动主体更是通过交叉参与其他主体主导的政策概念化活动实现了一种松散的合作，使得各种分散的权力交织在一起。那些在政策概念化过程中起到重要作用的专家学者，就是通过渗透在各种教育研究机构、教育组织、智囊团（思想库）、利益团体、社会群体，甚至是直

---

① 王晓辉：《法国当前高中课程改革述评》，载《课程·教材·教法》1999年第7期。
② 彭志国：《从理性、权力到官僚政治视角的转变》，载《理论探讨》2005年第5期。

接进入政府教育行政机构内部来发挥作用。教育行政机关的政策概念化活动也很大程度上依托其他政策行动主体的力量,不仅受到大众传媒、教育研究机构和组织、具有影响力的教育和非教育领域的利益团体的影响,也需要反映来自社会群体和公众的直接政策诉求。政策概念化中这种松散组合式的权力运作关系使得不同政策行动主体既相互独立又彼此合作,实现了彼此权力的制衡。

另一方面,权力的多元化和权力的去中心化,并不是无限制的权力分化,它是同政府行政机关和领域精英的权力集中并存的。首先,在课程政策概念化过程中,政府行政机关在最终对政策问题的确认上始终拥有绝对的权力,在各种政策诉求中优选他们认为最为迫切的政策议程。其次,分散的权力是有选择的,我们都希望生活在一个不同利益主体都能自由平等地表达自己政策看法和观点的社会,然而名义上的民主权力和政策问题概念化过程中的实质权力是具有差别的,过于分散的权力很难通过正规的政治渠道被意识到并被关注。更多的时候,能够产生影响力的权力主体更多的是"具有规模、有良好组织的、富裕的、活动积极的个人和集团",而那些"组织程度低下的、贫穷的、社会能力差、不积极的、水平低的个人和集团"往往没有同政府或政党进行良好沟通的机会,或者从根本上缺少表达的渠道。① 再次,即便在不同领域的内部,也往往存在着具有关键影响力的"轴心人物"或"权威力量",他们的意见表达对于澄清和整合各种散落的信息碎片,形成群体对课程政策问题的统一认识起到凝聚和标的性作用。在课程政策概念化的过程中,存在一些"公认的理论素养高、真正全面了解课程信息"的权威和精英的存在,他们的意见往往会对领域内成员产生"暗示与影响",②从而促成人们形成关于政策问题理解的"共同体",并将政策问题的讨论拓展到更广泛的公共领域。从这个角度而言,政策概念化过程中的权力去中心化乃是一种依赖权威或精英凝聚力的权力分化,其在本质上仍体现出相对的权力集中,这种集中的权力并不以绝对的、硬性的指令为表现形式,而是通过"轴心人物"的权威力量进行潜移默化的干预。

---

① 〔美〕托马斯·R. 戴伊:《理解公共政策》,彭勃等译,华夏出版社 2004 年版,第 33 页。

② 吕立杰、马云鹏:《基础教育新课程设计中的课程审议——一种实践理性的研究方式》,载《教育研究》2005 年第 2 期。

第二节　课程政策的审议：政策确立的过程

一、课程政策的审议：一般的逻辑程序

政策问题转化为政策议案，进入政府的议事日程，标志着政府开始针对特定的课程政策问题进行正式的政策开发和决策，确立相应的课程政策行动计划，即从逻辑程序上开始进入政策的审议阶段。所谓"审议"(deliberation)，从语义上而言，其拉丁语词根"libera"含有权重(to weight)的意思。由于权重必须以相应的对象为基础，因此"审议"在逻辑内涵上具有双层意义：一是形成可供判断的各种选择方案；二是在各种可能的备选解决方案中，做出相关抉择。首次将"审议"引入课程领域，将其看作解决课程问题的有效机制的是美国课程专家约瑟夫·施瓦布(Joseph J. Schwab)。他在批判传统课程理论危机、确立实践取向的课程探究模式时运用了"审议"这一概念，提出审议是在特定情境中做出的行动决策，并认为"集体审议"是最有效的决策过程，它通常具有集体协商、多方参与和基于实践等特征。[1]按照施瓦布的观点，课程政策审议其实就是为解决特定的课程问题做出行动决策的过程。这一过程"由于涉及一连串的选择活动"，往往牵涉各方观点或意见的综合与权衡，加之政策抉择总是涉及政府官员、公众和各种相关利益团体等多元决策主体，总是"各种因素和力量合力作用的结果"[2]，在逻辑上具有显著的政策审议的色彩，具体包括课程政策方案的形成和抉择两个方面。一是政策形成的阶段，指的是课程政策方案的开发和规划的过程，是具体的政策成型的过程；二是政策决定的阶段，包括对课程政策方案做出决定性选择、对选定的政策方案进行程序上的合法化以及最终采纳政策方案的过程。

---

[1] 施良方：《课程理论：课程的基础、原理与问题》，教育科学出版社1996年版，第192—208页。

[2] 王满船：《公共政策制定：择优过程与机制》，中国经济出版社2004年版，第31页。

（一）课程政策的形成

课程政策的形成，就是对课程政策进行开发和规划，是在先前政策概念化所形成的报告或建议的基础上，提出具体的课程问题解决方案的过程，是以政府为代表的公共权力主体为解决特定的课程政策问题，"组织力量草拟、评估政策方案及其行动步骤的过程"①，主要包括纲领性的课程政策方案以及具体的课程方案（体系）的开发与设计。前者主要是确立课程政策目标、基本原则、指导思想，并提供解决课程问题的顶层设计；后者主要是对各科课程目标、内容、资源、活动与教学策略、评价等相关课程体系的专项政策设计，是对课程及其支持性周边政策产品的开发和设计。因此，课程政策的开发和规划既是一种政治行为过程，也是一种专业性的研究过程。这一过程的结果以课程纲领性政策文本、学科课程标准或大纲、各科课程资源（教科书）等政策文件或资源的设计和起草为重要的形态表征，是特定政策程序和专业研究开发过程的有机整合。一般而言，政策的形成包括一系列具体而相互关联的程序，主要由确定课程政策目标、收集课程政策信息、课程政策方案的设计、课程政策文本的起草、政策方案的可行性论证及方案验证等阶段组成（见图1—5）。

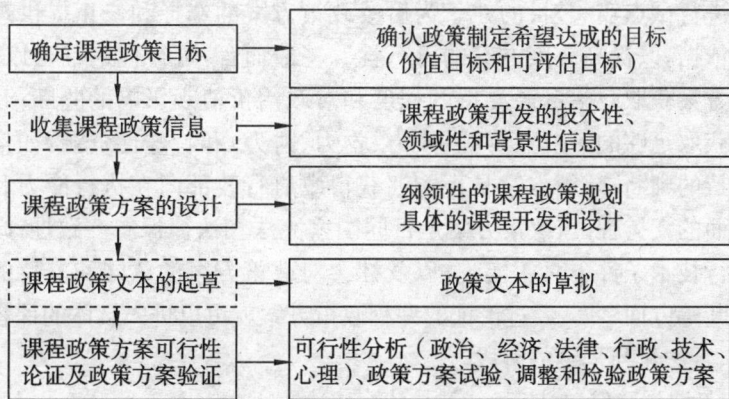

图1—5　课程政策形成的具体过程

资料来源：袁振国主编《教育政策学》，江苏教育出版社2001年版，第181页，图6—1"执行技术程序解决的问题"。

课程政策目标的确定和政策信息的收集是课程政策形成的准备阶段。政策目标的确立不仅是政策方案设计的基础，也是后续政策执行和评估的

---

① 宁国良：《公共利益的权威性分配》，湖南人民出版社2005年版，第82页。

准则。具体的目标设定不仅要包含实质性内涵，也就是政策实施所要达成的具体的结果、质量和要求等；还要确立价值性的内涵，也就是"一项政策在价值理念上崇尚和追求的目标"。[①] 对政策信息的收集，主要包括三个方面：一是课程政策开发的一般技术性信息，也就是如何开发与设计课程的技术性知识；二是具体的课程领域性知识，如学科结构与内容的知识、课程组织的知识、课程评价的知识等；三是有关课程政策开发的背景性知识，如课程发展的国内外趋势、教育环境、社会条件、公众意见等影响课程政策的基础性信息。

准备工作完成之后，就进入课程政策方案的具体设计与论证的阶段。一般而言，课程政策方案的设计往往以纲领性的政策文本和专项的课程方案（如课程标准或指南、教材或其他课程资源）为表征。一方面，课程方案要能为课程实践提供高屋建瓴的方向性和原则性指导；另一方面，也要为具体问题的解决提供建设性的策略或措施，包括人员配备、机构设置、物资经费保障的建议、实施方案的范例等；此外，课程政策方案还需要具有灵活性与变通性，能够保证足够的政策调整与修正的空间。开发出来的课程政策方案在进行决定和实施之前，还需要进行可行性验证，必要的时候可以选取特定区域进行试点实验，目的在于为后续政策方案的选择和修正提供理论和实证的依据，以提高政策方案的可行性。一般而言，可行性论证可以"包括对政策方案获取政治资源支持的程度和对政治价值观影响的判断；政策执行能否获取足够的一般性资源（人力、物力、财力）和特殊性资源，如信息资源等支持的判断；政策方案是否能够获得政府行政部门在执行能力和工作效率方面的支持程度；政策方案是否同国家宪法和法律保有一致性；政策方案在现行技术条件下可否实现；以及社会对政策方案的认同和支持的可能性的判断等方面"[②]。经过论证的课程政策方案就可以进入具体的课程政策的选择、合法化与采纳的阶段。

（二）课程政策的决定

课程政策的决定指的是"公共权力主体按照一定的决策制度和程序规定"，对解决课程政策问题的"行动方案做出决定性选择"，并"经过行政程序或

---

① 袁振国：《深化教育政策研究 加强两种文化交流》，见《中国教育评论》，教育科学出版社 2001 年版，第 4—5 页。

② 宋锦洲编著：《公共政策：概念、模型与应用》，东华大学出版社 2005 年版，第 102 页。

法律程序使之合法化",①从而成为具有合法性和约束力的实质性政策的过程，主要包括课程政策的选择、合法化与采纳。由于这一过程要得出关于采纳何种政策作为问题解决方案的决定，因此，我们称之为课程政策的决定阶段。

课程政策的选择是从政策备选方案中选择最为合适的政策方案的过程。我们说，课程政策的选择并不是一个特定的"点"上的决定活动，而是政策形成过程中一系列不间断选择行为的结果。从课程政策形成的内在过程来看，政策方案的设计、研讨论证、反馈修正这一过程本身已经包含了政策设计者对可能备选方案的筛选，政策方案的成型过程就是"最优"方案的选择过程。也就是说，政策方案的选择是在政策形成和发展的过程中自然累积形成的。

然而，一项政策方案是否能够成为正式的政策，最终仍要依托合法化过程。课程政策的合法化"是指法定主体为使政策方案获得合法地位而依照法定权限和程序所实施的一系列审查、通过、批准、签署和颁布教育政策的行为过程"②。根据课程政策的内容、形式和影响效力的不同，政策合法化的主体和程序也有所差异，主要分为行政机关合法化、权力机关合法化、政党组织合法化等不同方式。经过合法化的课程政策，经由合法化机关的首脑或行政长官的签署与发布，以法规、命令、报告、纲领等形式将决策结果进行公开颁布，就标志着课程政策确立了合法地位，可以进入实践领域。一般而言，广义的政策采纳就是经过政策审议程序使得政策最终得以确立、获得合法地位的结果；狭义的政策采纳就是政策真正进入实施阶段，在实践中被采用。

二、课程政策的审议：一般的组织运作形态

客观地说，课程政策审议作为一个实质上的政策确立的过程，是课程政策过程中最为关键的阶段。一方面，课程政策的审议真正促成了政策的公开化，使得课程政策进入公众的视野并被广泛地讨论；另一方面，审议的过程从根本上决定了课程政策的基本主张，确立了未来课程行动的指南，为政策付诸实践做出了重要准备。虽然课程政策审议的过程复杂多变，但是由于遵循一定的政策审议程序，在其具体的组织运作中也积累了一些共有的审议工作的惯例与规范。接下来，我们就以表1－2为依据对课程政策审议过程的行动主体及其一般组织运作形态做一个初步的考察。

61

---

① 宁国良：《公共利益的权威性分配》，湖南人民出版社 2005 年版，第 80、109 页。
② 黄东明主编：《教育政策与法律》，武汉大学出版社 2007 年版，第 120 页。

表1-2 课程政策审议中的政策行动主体及其组织运作

审议过程的逻辑程序		政策行动主体	运作形态
课程政策的形成	准备阶段：政策目标的确定与政策信息收集	教育行政机关及其专署课程政策研发与管理机构、智囊团/思想库（各类专家）、教育专业研究机构（课程、学科等教育专家）和学校组织（校长、教师代表）、各类影响力团体及其代表	集中研讨、调查研究、意见征集、理论研究、实证调研、分析归纳
	政策方案的设计与开发、文本的拟定		行政模式、咨询模式、协调模式等不同的政策研发方式，在进行意见征集的基础上（提案、调查、公开讨论、研讨会、论证会、听证会等），进行政策集中研发和文本起草
	政策方案的可行性论证与实验验证		在公共、专业和政府领域组织政策方案的讨论、辩论、审议、判断，选取学校进行实验试点，以及政策方案的评估与修订
课程政策的决定	政策的选择与合法化	政府教育行政部门及其领导、权力（立法）机关及其行政首长、政党组织及其领袖	行政机关合法化：法制工作机构的审查、领导决策会议讨论及决定，行政首长签署发布 权力机关合法化：提出议案、会议审议、表决与公布 政党组织合法化：政党组织的会议讨论及发布
	政策的采纳		由政策合法化机关首脑或行政长官签发和公布，包括文本形式与口头形式

众所周知，课程政策的审议其实就是课程政策的开发、设计、论证和采纳的过程。传统的观点认为，课程政策的开发与采纳是一个"黑箱过程"，是发生在政府高层和社会精英为主体的政策论证会和决策会议上的活动，反映了相对集中的课程政策体制对课程决策权力分配的限制。但是，随着政策民主化进程的推进，各国课程政策的决策体制都逐渐从原本的两极化（中央集权或地方分权）向均权化发展，课程政策审议的过程越来越多地牵动了不同领域和层面的政策行动主体，成为一个多元力量共同参与的过程。特别是随着课程政策审议从简单的经验型活动走向系统化和专业化的活动，在政策审议的过程中，主管的教育行政机关往往会组建或委任常设的或临时成立的课程政策研发与管理的专属机构，从事具体的课程政策方案与标

准的设计开发、咨询论证、管理监督、研究修订等工作。① 这些机构往往成为课程政策审议的专门化部门，不仅参与课程政策开发的前期准备工作，还会直接主导课程政策方案的设计、课程标准开发、政策文本的拟定，以及后续的课程政策的论证、实验、宣传解释乃至实施、评估与修订的过程。这些机构的人员组成通常较为多元，不仅包括教育行政机关的官员，还有来自智囊机构、教育专业研究机构和组织的专业研究者，课程教学领域、学科领域的专家，也有来自实践领域的学校的校长和教师代表，以及相关团体的代表，如出版界、教材编写人员等。

首先，是课程政策审议的前期准备。我们说，通过课程政策的概念化，课程政策问题已经进行了充分的公开讨论与界定，在进入政府政策议程之时，已经形成了较为结构化和系统化的认识，有些甚至已经转化为文本，成为课程政策研发的重要基础。但是，实际的课程政策的开发，不仅只是明晰政策试图解决的问题，还要对政策要达成的具体目标、工作的方法、策略以及支持性的条件与资源进行全盘性的把握，所有的课程决策都要建立在一定的理论与实践的研究基础之上，以保证决策的现实可行。因此，在课程政策审议的前期，教育行政机关及其专属机构往往会通过理论研究、实践调研和政策意见征询等方式，对课程政策研发所涉及的相关问题进行全面的研究，并形成正式的政策研究报告或政策建议报告，作为课程决策的研究基础和文本依据。目前，系统的调研以及形成专业报告的工作形式已然成为课程政策审议前期工作的常规，大部分国家和地区的课程政策的研发活动，都是从大规模的课程调研活动开始，并以专业的调研报告作为后续课程政策开发的雏形和原始文本。

接下来，课程政策就要经历实际的研发、文本起草、政策论证、修订、再起草、再论证和再修订的循环往复的过程。这个过程就是课程政策审议的

---

① 如美国 20 世纪 80 年代的国家教育优异委员会（The National Commission on Excellence in Education，NCEE）、20 世纪 90 年代为指导课程标准开发与教育改革所设立的全国教育标准与检测委员会（National Council on Education Standards and Testing，NCEST）、国家目标专门小组（National Education Goals Panel，NEGP）和国家教育标准和改进委员会（National Education Standards and Improvement Council，NESIC）；英国的学校课程与资格局（The Qualifications and Curriculum Authority，QCA）和教育及儿童服务与技能标准局（Office for Standards in Education，Children's Services and Skills，Ofsted）、澳大利亚的课程和评价委员会（Curriculum and Assessment Committee，CURASS）、澳大利亚课程以及评估与汇报局（Australian Curriculum，Assessment and Reporting Authority，ACARA）、日本的教育课程审议会等，都属于这一类型的机构。

主体过程。根据课程政策研发模式的不同,主要可以分为行政模式、咨询模式和协调模式等不同类型。行政模式,即行政领导提出政策构想,组织调查研究,主导政策研发与修订的政策审议模式;咨询模式,则主要依托专业咨询和研发机构进行方案的设计与修订,由政府机关进行择优选择的工作模式;协调模式,则是不同政策主体集体协商、合作讨论进行课程政策研发的模式。通常来说,实际的课程政策方案的研发不可能简单遵循某种特定模式,完全由政府主导或专业机构主导,而是更多地采用联合作业的方式,也就是政府主导、专家咨询、公共协调和公众参与的协同过程。一般来说,课程政策方案的研发通常包括课程改革的整体方案以及各科的课程标准,它们是不同的课程政策文本。因此,在教育行政机关或课程政策研发与管理的专属机构的引领下,往往会组建或委托不同的编制工作小组,分别负责不同的政策研发工作。① 一方面,在工作组的内部和工作组之间,会通过一系列的集中会议、研讨和咨询活动,在一定范围内对课程方案或标准进行讨论、草拟、辩论和修订;另一方面,这些工作组也会定期或不定期地将半成形和成形的政策草案向社会公布,通过召开特别听证会、辩论会、研讨会,或者直接发起社会讨论,或者通过正式提案,向全社会包括教育行政部门、教育

---

① 以美国为例,20 世纪 90 年代中期,在《2000 年目标:美国教育法》(*Goal 2000: Educate America Act*)的指导下,克林顿政府发起了新的国家标准的教育改革运动。当时新的课程标准和评价体系的开发,就是由国会和联邦政府专门设立的政策研发的专属机构国家教育标准与改进委员会(NESIC)和国家目标专门小组(NEGP)主要负责,他们主要负责设定课程标准的基本准则,审定各科课程标准,而具体的课程标准文本的研发则由指定的机构进行,这些具体的编制机构包括全国数学教师理事会、国家科学院全国研究理事会、加州大学全国历史教学中心、全国阅读中心、音乐教育工作者会议、全国公民教育中心、地理学科标准设计中心和全美外国语教学理事会等。同样的,20 世纪 90 年代以来,为了统一国家课程,俄罗斯于 1994 年颁布了《普通教育国家教育标准法(草案)》(2001 年颁布了修订版),为了研制国家教育标准联邦部分(即国家课程标准),特别组建了一个专门的课程政策编制的临时科学集体,这个组织包括了俄罗斯教科院的工作者、记者、院士、高校教师、莫斯科教育委员会以及教学法机构的研究者、中学老师和校长等。除此以外,世纪之交的法国高中课程政策方案的开发,也专门组建了学科课程大纲起草小组,专职负责各科课程大纲的拟定工作;20 世纪 90 年代澳大利亚的国家课程改革的政策研发中,也分别设置了国家课程评价指标编写组和各科课程纲要编写组。应该说,设置专门的课程方案和课程标准的编制工作小组,已经成为各国课程政策研发的主要工作形式。参见钟启泉、张华主编:《世界课程改革趋势研究:课程改革国别研究》,北京师范大学出版社 2005 年版,第 313—314 页;张男星:《权力、理念、文化——俄罗斯现行课程改革研究》,教育科学出版社 2006 年版,第 64 页。

研究者、中小学校长、教师、媒体、家长、公共团体、社会人士以及各领域专家等进行意见征询，并将这些公开讨论和意见征集的结果纳入到政策方案的后续修订中。从这个意义上而言，课程政策的研发、起草和课程政策的论证与修订并不是相互分割的，它们之间并不是前后相继的线性活动，而是相互交织、交互发展的过程，最终形成相对成熟的政策方案。

最后，课程政策的审议要进入合法化与采纳的阶段，是以法定的程序确立并公布课程政策文本，确定它的法定效力的过程，主要发生在政府行政机关及其法制工作机构、权力（立法）机关以及政党组织的内部，是政策的内部审议。通过召开行政机关、权力机关、政党组织内部的各级各类会议对政策方案进行讨论、辩论、审议和表决，并由政策合法化机关拥有签署权和发布权的首脑或行政长官以签发和公布法规、命令、报告、纲领等形式对通过的政策进行公开颁布。一般而言，国家层面的有关课程改革或课程修订的政策，如课程改革的方案、计划、纲要、标准等，基本上都是通过行政程序来实现合法化的。通常是由政府行政机关或政府直属的教育行政机关（各国的教育部或同级别的教育行政部门及委员会）等具有行政决策以及行政立法权力的机构对有关方案进行审批。首先是经过法制工作机构（司法机关）的审查，以确保政策法案以及政府政策决策的合法性；然后通过行政机关的领导决策会议（或是高层领导会议，或是全体会议）讨论表决；最后将相关决定以政府报告、纲要或行政法规等形式发布，由相应机构的行政首长进行签署和发布，实现政策的合法化。① 除了行政机关的合法化以外，只有对全局具有重大影响和长期稳定性的政策，才会通过权力机关立法程序进行合法化，相当于教育立法。权力机关的合法化也有两种不同的主体，一种是正规的立法机关（有的国家是一院制，如中国的人民代表大会制度；有的国家是两院制，如英、美、日、俄等国的国会或议会等）；另一种是具有将行政决策上升为行政法规的具有行政立法权的政府行政机关或直属部委机构。权力机关的合法化就是对那些已经由行政首长决策通过的政策在立法机关的各级会议中进行进一步的审议，通常包括"代表小组会议、代表团会议、主席团会议

---

① 一般而言，各国有关教育（课程）改革的纲领性的政策文件基本上是由最高行政机关或教育行政机关审核发布的。如英国 2000 年中小学国家课程改革的方案以及标准、2008 年的中学课程改革的方案及标准，都是通过教育部（英国教育部名称更迭频繁，这里做概称）及教育大臣审核，由联邦政府颁布的；日本历年来《学习指导要领》（课程改革方案）的修订与颁布（最近一次是 2008 年修订）都是由文部科学省审批通过的：这些都是行政程序合法化的课程政策的典型。

或全体会议等"①不同形式,对政策方案进行讨论、审议和表决,最后由对应的政策合法化机关的首脑或领袖签发和公布。在两院制的立法机关,政策的合法化一般要经过两院的分别审议(如英国的上议院、下议院,美日的参议院、众议院,俄罗斯的联邦委员会和国家杜马等),通过召开各种专门会议和全体会议对政策提案进行充分的讨论、答辩和表决,通过后以国家法令的形式予以公布。一般只有相当于国家教育法案的政策方案才会通过立法程序进行合法化。② 由于执政党通常在把握国家大政方针方面具有关键的影响力,特别是通过掌握权力机关和行政机关来实现。因此,政党组织有关教育或课程的决定通常都具有政策的性质,甚至可以成为最基本和核心的政策。所以,通过政党组织进行政策合法化也是一个重要的途径。

三、课程政策的审议：一般的权力关系特征

正如赫伯特·西蒙(Herbert A. Simon)所指出的,"决策活动总是合目的性的活动"③,课程政策审议作为一个复杂的政策方案形成和抉择的过程,决不是单一的事实判断的过程,特定政策的形成和抉择总是包含一定的价值前提和"深层结构"④,是不同的课程取向、政策主张和权力关系的互动与妥协,是对"未言明的政策假设"⑤、隐含的政策目的、意图和价值观做出抉择的过程。因此,与其说课程政策审议是确立课程政策技术性方案的过程,不

---

① 陈振明:《政策科学》,中国人民大学出版社 1998 年版,第 258 页。

② 俄罗斯 20 世纪 90 年代末根据《联邦教育发展纲要》和《普通教育国家教育标准法》的要求,对国家教育课程标准联邦部分的审议过程就是一个通过正规权力机关立法程序进行政策合法化的典型,国家教育标准联邦部分的研制和确立经由议会讨论审议,最后由国家杜马审定,很大程度上相当于一部专门的课程法规。参见张男星:《权力、理念、文化——俄罗斯现行课程改革研究》,教育科学出版社 2006 年版,第 65 页。

③ 刘复兴:《教育政策活动中的价值问题》,载《北京师范大学学报》(人文社会版) 2002 年第 3 期。

④ 政策的深层结构指的是政策内容背后所隐含的特定的信念、目的和意图,这些隐含的政策假设总是反映了对政策具有影响力的关键人物或群体的意识形态或观念,决定了谁是有道德的和有用的、什么行为将得到鼓励、哪些行为将受到惩罚,并最终将那些不成问题的领域从关注范围中排除。人们对政策的态度其实就表明了对于政策深层结构关于问题定义的假设、问题解决方案和行动的判断的认同程度。对政策过程的研究其实就是探究整个政策深层结构的建构和发展的过程,以及政策过程中不同主体间的制衡和互动关系,人们如何通过审议达成某种共识和平衡,并付诸一系列的实践行动。

⑤ Hill M. *The Policy Process：A Reader*（2nd ed.）. New York：Prentice Hall/Harvester Wheat Sheaf，1997，9.

如说课程政策审议是一个重要的价值判断与选择的过程,是多种力量相互制约与协调的活动。也正因为如此,课程政策审议过程体现出复杂的权力关系特征。一方面,从本质上来看,审议是为了推动政策的民主参与、科学决策和权力分化,强调的是不同政策主体之间的协商与沟通,是一种理性的权力协调关系;然而,另一方面,在现实中,课程政策的审议又不可能是完全理性或民主的过程,审议过程必然存在着不同主体之间不可调和的争议和矛盾,也同时存在着不对等的权力关系,体现着非理性的权力斗争的关系。

一方面,课程政策审议的过程体现出较为理性的权力协调关系。虽然在课程政策审议的过程中,政府教育行政机关作为权力决策的核心机构,在决定政策发展的基本取向、工作流程、人员和组织架构上,具有不可替代的权力。但是,这并不意味着政策审议过程就是政府决策机构的独断专行或绝对命令。审议,本身就是不同权力主体和观点之间的相互牵制。首先,在课程政策审议的一般组织运作中,我们发现,无论在政策审议的准备阶段、实际的政策文本研发、论证和修订的阶段,还是在政策合法化的阶段,参与课程政策研发、讨论与管理主体并不是同质的。应该说,政策参与主体的多样性和开放性从本质上体现了政策审议过程试图建立一种民主和开放的权力关系的宗旨。其次,在课程政策审议的过程中,我们开展各种形式的公开或局部的研讨、听证、辩论、意见征询和实验,其目的就是创造条件增加不同权力主体的交流和沟通,来达成意见的折中与共识。当个体之间增加交流、相互施加更多的影响时,不同的意见进行彼此竞争、说服和相互妥协,会最终"创造出新的趋向一致的模式"[1],并达成"最优"的理性协商结果。在这个意义上,课程政策审议过程向往的或遵循的是一种理性的权力协调关系,这种权力关系注重主体间的对话和沟通,力求通过民主公开的工作关系建立权力主体间的理性合作和集体协商的密切联系,从而实现权力的制衡。

另一方面,课程政策审议的过程又同时表现出一种非理性和不协调的权力斗争关系。政策审议是一种理想的集体协商的模式,我们强调政策民主协商与权力分享,恰恰是因为现实中存在不同政策观念和价值取向的斗争,审议是一种寻找温和的问题解决的方式。但是,无论在组织或机构的内部或外部、群体和个体之间,矛盾与问题始终是不可避免的,对矛盾与问题

---

① 〔加拿大〕迈克尔·富兰:《变革的力量——深度变革》,中央教育科学研究所、加拿大多伦国际学院译,教育科学出版社 2004 年版,第 54 页。

第一章 课程政策过程:一般形态与特征

的解决方式也并不总是理性而温和的。政策审议主体的多元化、审议过程的开放性和审议模式的民主化发展也有其双面性，它们在创造政策意见沟通与协调机会的同时，也增加了制造矛盾与问题的可能。而面对政策审议过程中的具体的矛盾与分歧，除了沟通协调的方式以外，常见的还有刻意回避和忽略，以及通过强制性的权力机制来促成某种特定意见的制造和推行。这种意见并不是共识的意见，而更多的是核心权力机构或影响力团体中关键领导和权威的意志或经验。这就意味着，课程政策的审议并非"纯然为理性、科学的过程"①，在民主协商的审议形式背后，审议过程很可能在实质上是不同权力主体间力量拉锯的强制性结果，是非理性的偏好和强势意志的决定，审议过程中的理性协商是有限的。举一个简单的例子，来说明政策审议的过程中，处处潜伏着非理性的偏好与权力强制的控制。众所周知，在政策审议的过程中，非常重要的就是审议人员的组成。通常而言，审议主体的选择与组织是一个多元组合的过程，尽可能会选取不同类型、不同来源、不同层面的参与者，来扩大政策审议的参与范围。然而，需要清醒地认识到，来源的多样性并不代表意见的多样性，特定的机构或主体在选择和组织审议人员的过程中，往往会带有特定的选择偏好，存在着排异现象和同化原则，有时候这种偏好或选择会非常细微，以至于人们难以发现。但是正是这种在微观机制上的权力关系，从起点上决定了政策审议过程是一种形式上的民主还是实质上的强制，是一种理性的协商还是非理性的权力斗争。

第三节　课程政策的实施与评价：政策实践的过程

一、课程政策的实施与评价：一般的逻辑程序

课程政策经过合法化程序得以确立之后，并不会得到自动的执行。因此，要解决课程政策所指向的实际问题，必须实际进行课程政策的实施和评

---

① 贾馥名总编，国立编译馆主编：《教育大辞书》，文景书局 2000 年版，第 852 页。

价，实现课程政策从"政策理性到政策现实"①的变迁。如果说课程政策的概念化和审议是政策启动和确立的过程，"从性质上而言是属于主观意愿"的建构过程，那么政策的实施和评价就是"意愿转化为行动的过程"②。它从根本上决定了政策方案的实现程度、范围及其在实践中的再建构，是政策的现实转化和问题解决的最为直接和重要的阶段。

　　这里，有必要澄清一下政策实施与政策评价之间的关系。在一般的政策过程的分析中，狭义的政策评价往往被看作"是政策付诸实施之后，对政策执行情况的评价"③。但实际上，我们认为，"政策评价正不断成为事前的活动或预先进行，而不是针对某一事件的反应或事后进行"④。广义的政策评价不仅仅是对政策实施结果的评价，更是对政策过程的评价（包括广义的政策概念化、审议和实施的过程），还包括对政策方案本身的评价。从这个意义上而言，我们并不能简单地将课程政策评价看作是政策实施后的步骤，政策评价贯穿课程政策过程的全程，是与政策过程同步的功能性活动。虽然评价活动可以发生在政策过程的任何阶段，但是，无论是对政策文本的评价，还是对政策过程或结果的考察，政策评价最终都是指向政策实践的，通过把握实践中的具体问题与情境，旨在为政策方案的完善、政策决策及实施提供依据，以此引导和改进政策实践过程。正因为如此，我们把课程政策的实施与评价放在一起讨论，将它们共同视为政策实践过程的重要部分，而不把政策评价同政策实施作程序上的分割。

　　（一）课程政策的实施

　　课程政策实施指的是"政策执行者依据政策的指示和要求，为实现政策目标、取得预期效果，不断采取积极措施的动态行动过程"⑤。首先，课程政策的实施是有目的性的，其目的就在于实现预期的目标，并采取适合达成目标的行动；其次，课程政策的实施是生成性的，政策实施的过程是对课程政策文本的不断解释和再建构，是依据现实的政策执行的条件与环境，以及参

---

　　① 邓旭：《教育政策执行的四重路径》，载《江西教育科研》2007 年第 5 期。

　　② 陈玉云：《教育政策变异之我见——关于政策执行与政策实现的讨论》，载《教育理论与实践》2005 年第 11 期。

　　③〔加拿大〕迈克尔·豪利特、M. 拉米什：《公共政策研究——政策循环与政策子系统》，庞诗等译，生活·读书·新知三联书店 2006 年版，第 291 页。

　　④〔美〕斯图亚特·S. 那格尔编著：《政策研究百科全书》，林明等译，科学技术文献出版社 1990 年版，第 70 页。

　　⑤ 袁振国主编：《教育政策学》，江苏教育出版社 2001 年版，第 286 页。

与主体的差异性,"将政策内容转化为一般人能够接受和可行的计划或指令"①的过程;再次,课程政策的实施又是现实而具体的,是相关实施主体依照法定程序,组织各种政策资源、运用各种策略或措施,"通过解释、宣传、试验、协调与监控等行动"②来实际推进的。美国学者艾利森(Graham T. Allison)曾指出,"在达到政策目标的过程中,方案确定的功能只占10%,而其余的90%取决于有效地执行"③,由此来说明政策实施在政策过程中的重要地位。其实,从20世纪60年代末开始,教育领域大规模的教育(课程)政策实施的失败,就开始让人们关注政策实施的重要性和复杂性,引发了"实施研究"的热潮,着重探讨政策实施过程中的各种困难与问题、成功和失败的机制以及各种影响因素。特别是国家层面的课程政策,由于涉及从宏观到微观的不同层面的机构和人员的参与,其实施的难度和复杂性往往不同一般。但是,无论其内部的影响要素和相互关系多么错综复杂,从政策实施的逻辑流程的角度来看,政策的实际执行总是遵循一定的程序,通常包括政策实施的动员、政策实施的准备、政策实施的实际运作、政策实施的制度化(或政策实施的终结)等具体阶段。(见图1-6)

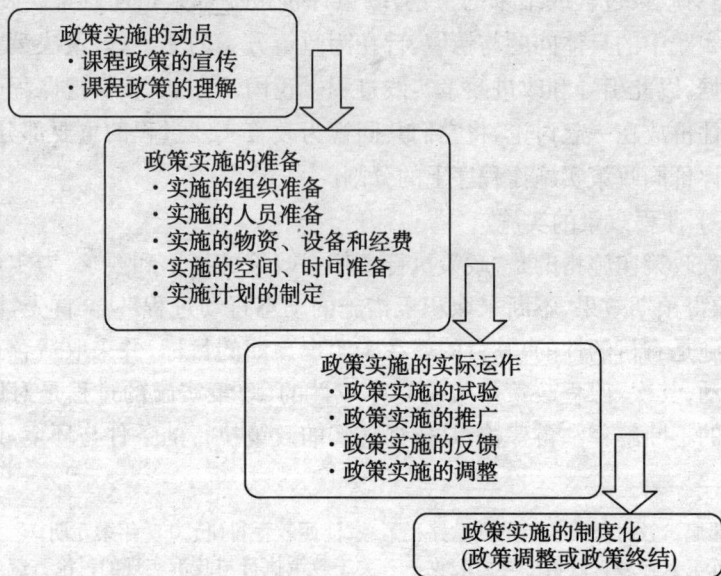

图1-6 课程政策实施的具体过程

---

① 宁国良:《公共利益的权威性分配》,湖南人民出版社2005年版,第138页。
② 胡春梅:《教育政策执行概念的分析》,载《辽宁教育研究》2005年第1期。
③ 吴志宏:《教育行政学》,人民教育出版社2000年版,第211页。

一般来说，通过合法化程序进入政策实践领域以后，课程政策就被实际地采纳而进入实施的阶段。首先，课程政策的实施通常以政策实施的动员为起点，主要包括政策的宣传和政策的理解。前者主要是宣讲和介绍课程政策的基本内容，目的在于让人们获得有关政策背景及政策整体的基本认识；后者则是在认识的基础上对政策的内涵与实质的解读，目的在于提高政策的认同和理解，避免不必要的误读或曲解，以消除或减轻实施中的阻力。

其次，就是政策实施的准备，主要包括政策实施资源的准备和政策实施计划的制定。政策实施资源的准备是课程政策实施的必要条件。众多研究表明，"缺少资源，或者没有明智地分配资源，是导致政策失败的主要原因"[1]。政策实施的资源准备包括四个方面：一是课程政策实施组织和机构上的落实，也就是有职责与权限明晰的政策运作的具体组织或机构，并拥有有效的不同组织和机构间的协调和互助机制；二是做好课程政策实施的人员准备，包括落实政策实施中的管理人员、协调人员、培训人员、咨询人员和实际运作人员等，对不同类型的人员进行组织培训，促成他们的有效参与；三是保障课程政策实施所必需的课程设备、物资以及经费的保障，确保这些资源的持续供给、维护和有效使用；最后，值得一提的是，课程政策的实施是需要耗费时间和空间资源的活动，妥善地处理新政策实施与原有系统中学校时间与空间分配的冲突，往往至关重要。除了相关资源的准备，政策实施准备中还包括具体的课程政策实施计划的制定，可以直接用来指导实践，通常对政策实施的目标、任务与要求、实施方法、步骤和防范措施等内容进行明确而细致的陈述。由于具体的课程政策实施发生在不同层面，因此，课程政策实施计划的制定又可看作是不同层级和水平的政策实施机构对政策方案的再决策和再解释的过程，即根据本地区、本部门的特点制定切合实际政策的实施措施和行动计划，以确立自身的行动指南。

进入政策实施的实际运作阶段，通常会有课程政策的实施试点活动，通过实验验证，在对政策实施方案进行检验、评估和修正的基础上，全面推进课程政策的实施。一般来说，课程政策的实施有一个由浅入深的过程，根据实施水平和程度的差异，有的学者将其分为早期政策实施和晚期政策实施

---

① 〔美〕弗朗西斯·C.福勒：《教育政策学导论》，许庆豫译，江苏教育出版社2007年版，第260页。

阶段，也有的学者将其分为"未使用、定向、准备、机械使用、常规化、精致化、整合、更新"等阶段，并指出，只有一项政策在常规化水平上运作时，才能说明政策已经被实施，可以进行普遍性评定。① 而"大多数政策从其丰富的实践中发现问题开始到政策实施再到合理的政策评价影响这么一个循环圈所需的最短期限需要 10 年或更长的时间"，"要正确地理解关于多样化的社会经济条件的影响，以及有关某一问题的科学知识的积累，可能需要 20 至 40 年的时间"。② 这就意味着，要使得课程政策进入制度化阶段，成为稳定的课程行为，真正融入学校日常教育教学的活动，将是一个漫长的过程。甚至，如果政策实施的效果并不理想，根本无法在实践中有效运作，也可能导致课程政策的终结。

值得注意的是，课程政策实施从启动到制度化发展并不是一个自然的过程，要想让新的课程政策成为一种稳定的课程行为，必须确立长效的政策实施的监督和支持机制，定期追踪反馈政策实施中的问题和需要，并给予政策实施以资源、人力和智力等方面的全面支持和帮助。缺乏持续而有效的政策实施的监督和支持机制，无法解决实施中的具体而细微的问题，是很多政策实施流于形式而无法深入的根源，所带来的结果就是问题的不断累积，以至于前功尽弃、功亏一篑。

（二）课程政策的评价

正如前文所述，课程政策评价是政策实践转化的一种辅助性力量，是渗透于政策过程始终的形成性活动。政策评价"对政策对象及其环境的发展变化以及构成其发展变化的各因素所进行"③的分析与判断往往成为政策过程各个阶段决策和行动的依据，促使政策实践不断地修正而发展到适用的程度。因此，课程政策的评价可以嵌入政策过程的内部，同具体的政策运作过程整合，具体地影响课程政策实践。

但是，无论是发生在何时何地的何种类型的评价，一般都要遵循一定的标准和程序，具有特定方法。一般来说，课程政策评价的过程包括政策评价

---

① 〔美〕吉纳·E. 霍尔、雪莱·M. 霍德：《实施变革：模式、原则与困境》，吴晓玲译，浙江教育出版社 2004 年版，第 6 页。

② 〔美〕保罗·A. 萨巴蒂尔：《政策过程理论》，彭宗超等译，生活·读书·新知三联书店 2004 年版，第 3—4 页。

③ 肖远军、李春玲：《政策评价概念探析》，载《理论探讨》1995 年第 2 期。

准备阶段、政策评价的实施阶段和政策评价的反馈阶段。政策评价的准备阶段包括目标、对象的确定和评价方案的制定等具体的工作。政策评价目的的确定，主要是发现课程政策过程中的问题并试图通过评价寻求解决办法；政策评价对象的确定，即根据评价目的选定政策评价的特定对象或过程；评价方案的制定，是明晰评价目的和要求、选择评价指标、安排评价活动的方法、工具、时间、场所和经费等事项，以确保政策评价顺利展开的活动。政策评价的实施，就是对评价对象的相关信息进行系统的收集、分析、处理和总结，并做出评价结论，这是政策评价活动的关键环节，是得出政策建议和做出行动反馈的依据。政策评价的反馈阶段，主要是将评价结论整理成文形成评价报告，并对评价结果进行实际运用。政策评价是否能够得到有效反馈并转化为实际行动，对于完善政策本身和推进政策实际运作具有重要的意义。

二、课程政策的实施与评价：一般的组织运作形态

正如前文所阐述的，课程政策的实施与评价是课程政策实践中不可分割的过程，同时也是课程政策在实践中获得落实的决定性的阶段。然而，这个过程并不是简单的命令执行或目标达成的过程，"从政策到实践的环节充满着不确定因素"[①]，会出现各种各样的变化与问题。因此，课程政策实践实质上是一个根据不断变化的问题程序变换行动模式的过程。不同国家、地区、学校乃至课堂中课程政策的实践是千差万别的，是同实际的政策情境相关联的具体的、特异性的实践，并没有一种统一的工作模式。但是，在长期的课程政策的实践过程中，我们也发现，课程政策实践的多样性和变更性往往是建立在一些常规性的工作规范以及较为稳定的政策行动主体的基础之上的，这些共同性的经验或认识就成为我们理解课程政策实践一般组织运作形态的基础。（见表1—3）

73

---

① 〔加拿大〕本杰明·莱文：《教育改革——从启动到成果》，项贤明、洪成文译，教育科学出版社2004年版，第14页。

表1—3　课程政策实践中的政策行动主体及其组织运作

审议过程的逻辑程序		政策行动主体	运作形态
课程政策的实施	政策实施的动员（宣传与理解）	主体：国家教育行政机关及其专属课程政策研发和管理机构、地方各级教育行政机关及其附属课程政策实施机构（研发、管理和培训）、学校组织及其成员	广播、电视、网络、报刊、书籍等媒介传播，宣讲会、研讨会、培训、进修、动员大会等
	政策实施的准备（资源和计划）		目标管理、委托代理的形式预设性和生成性的计划制定
	政策实施的实际运作（试验、推广、调整）	相关：智囊团/思想库、教育专业研究机构和组织（专家学者）、各类利益团体、社会群体及其代表、一般公众和大众媒体	行政型：权力强制的形式 示范型：实证理性的形式 中心转移型：未经计划的政策实施模式
	政策实施的制度化		
课程政策的评价	政策评价的准备（目标与方案）	各级教育行政机关内部的评价机构及其委托或组织的专业评估组织、中介评价组织、智囊团/思想库、教育研究机构或组织、学校组织、利益团体或社会群体、普通公众和大众传媒等	系统的、区域范围内的、校本的、问题导向的政策评价；正规/非正规、个体/群体行为
	政策评价的实施（信息收集、分析、处理与总结）		科学主义的定量评价、人本主义取向的定性评价、综合的取向
	政策评价的反馈		会议讨论、意见整合、提出方案

（一）课程政策实施的一般组织运作状态

一项政策被制定出来并不意味着能够被人们所接受并在实践中落实，要将政策观念和目标转变为主要政策实施人员、目标群体和社会大众认可的内在追求，就必须依靠有效的政策宣传和解释。因此，在课程政策实施的起始阶段，运用各种有影响力媒体和活动进行政策宣传，如广播、电视、网络、报刊、书籍等媒介，或召开各种层次与形式的宣讲会、研讨会、主题培训、进修、动员大会等，成为政策实施动员的重要工作方式。这个过程实质上是为课程政策实施主体提供理解和运用政策文本的智力支持的过程。一方面,国家层面的教育行政机关及其专属的课程政策研发与管理机构,由于主导课程政策的制定,对课程政策体系与内涵有较为全面的把握,因此是政策宣传和解释的中坚力量。他们通常以组织正规和集中的培训和研讨为主要形式,对地方负责政策实施的机构或团队进行政策宣传,或者通过大众传媒向全社会进行政策宣传。另一方面,地方各级教育行政机关以及负责课程政策实施的附属机构或组织也是政策动员中的关键力量,通过在区域内组织专业力量召开不同类型的政策动员会、研讨会和培训活动,对课程政策进行因地制宜的解读,是联结宏观课程政策和微观学校课程实践的重要中介。除此以外,学校作为课程政策实施的主体机构,也会借助外部专业力量或内部校本活动对课程政策的具体内容和意义进行探究,将其转化为可操作的方案。在有些国家或地区的课程政策实施中,还会专门成立负责课程政策实施的工作组或项目组,全面负责课程政策实施中的规划、协调、管理和培训工作。我们说,对课程政策的宣传和解读并不是一项一劳永逸的工作,政策动员也可以分为不同的阶段。一般在起始的阶段,主要是帮助政策实施主体了解政策内涵、学习如何制定政策实施规划、如何开展政策实施评价等一些基本能力的建构;随着政策实践的发展,对课程政策的宣传和解读就转向如何根据实施中的具体问题对政策内涵进行澄清,即以问题为导向发展政策实施者把握政策的实质、构建问题解决的能力。从这个意义上而言,课程政策的宣传或解读作为一种重要的智力支持,应该贯穿政策实施活动的始终,旨在帮助不同层面的政策实施主体形成政策运作的关键能力,以独立开展政策行动和解决具体的政策实施中的问题。

　　课程政策实施的准备主要包括资源的准备和实施计划的制定两个方面,也是由国家和地方的各级各类教育行政机关及其授权或委托的专门政策实施机构来负责的,学校组织及其成员在课程政策的实施准备中也承担重要的职责。一般来说,课程政策实施的准备有两种工作组织形式。一种是目标管理的模式,即根据政策所确定的目标体系明确权责关系,配置专门的政策执行机构和人员,根据目标承担相应的职责。在目标管理的工作模式下,不同的政策实施机构和人员可根据自身的职权范围展开相应的工作,拥有对政策实施的决策权、工作方法措施的选择权、对实施活动过程的调控权(权责关系和工作进程的调整)、人员任免和奖惩权、一定程度的资源(物资、经费)支配权和对教育决策机构的建议权等。另一种是委托代理的模式，即国家层面的教育行政机关和主要的政策研发和管理机构作为政策实施的委托人，将地方各级教育行政机关以及主要实施机构（学校）及其人员作为代理人。在委托代理的工作模式中，代理机构及其人员根据委托人所分配的任务和职权行使政策实施的工作，对委托人负责，仅在委托范围内拥有相应的管理权限和职责。① 实际的政策实施中，这两种工作模式往往是相互整合的，通常是在委托代理模式下，各级政策实施的代理机构和人员进行目标管理，明晰不同政策实施机构和人员的权责关系，一定程度上实现实施机构和人员的自治。政策实施计划的制定也有两种通用的方式：一种是预设性的计划制定，即预先估计启动政策实施的各类先决性要素，对政策实施所必需的资源和条件的清点和准备，对政策实施过程的进程进行规划和具体安排，一般由负责政策实施的管理机构组织人员集中讨论形成；另一种是生成性的计划制定，也就是根据政策实际运作中遇到各种新情况和问题，定期不定期地调整和更新计划安排，一般是在政策实施过程中由直接实施者进行修正。从这个意义上而言，课程政策实施中无论是资源的准备还是实施方案的制定与调整，都是持续性的活动，目的是在实施过程中给予政策实施主体以充分的和针对性的条件支持。

随着课程政策实施进入实际运作和制度化阶段，政策行动的主体就更为聚焦，无论是课程政策的实验、推广还是制度化成为学校生活的常规，从根本上都要依托学校组织中的管理者、教师和学生的政策行动。但是，学校组织及其成员并不是唯一的政策行动主体，课程政策的实际运作，无法离开国家和地方各级教育行政机关及其授权或委托的政策实施机构的组织、协调和支持，也需要来自智囊团（思想库）或教育研究机构和组织的专业人士的实施建议和咨询。此外，各类利益团体和社会群体、普通公众和大众媒体也会在政策实施过程中通过提出建议、进行公开讨论等方式间接地参与到政策实施的过程中。这就意味着，实际的课程政策的实施并不能只依靠某种单一的力量，各种力量的有效整合很大程度上决定了政策实施的水平。一般来说，课程政策在实际推广和制度化的过程中，有两种常见的实施模式。一是行政型的政策实施模式，即权力集中在中央，通过中央教育行政部门的统一规定和推广实施课程政策。这种模式具有权力强制的特征，在教

---

① 黄东明主编：《教育政策与法律》，武汉大学出版社 2007 年版，第 132—135 页。

育行政体制较为集中的国家比较常见。二是示范型的政策实施模式，也就是"先做示范性的试用及修订，通过充分的实验研究，然后普遍实施"，政策实施取决于政策实施主体的理性判断，"通过证明其策略是有效的和令人满意的，从而来执行课程变革的任务"。① 这种模式强调政策实施的前期试验的成效与示范性作用，政策实施者拥有较大的自主权，在地方分权传统较强的国家较为常见。② 从现实的角度来看，无论采用何种模式，课程政策的实施都不可能是同一的，由于课程政策实施发生在不同的时间和空间中，是由不同的人运作的，因此所遭遇的问题也各不相同，"任何一项政策都需要做出一定的调整以适应情况的变化"。③ 因此，我们说，课程政策的实施过程也就是政策不断发展和完善的过程，是一个逐渐积累和发展定型的过程。

(二) 课程政策评价的一般组织运作状态

政策评价作为政策过程中的特殊活动，不仅可以发生在政策过程的任何阶段，也可以指向政策本身、政策过程以及政策结果等不同对象，其评价主体也同样具有多元性的特点。一般而言，较为常见的是系统的和大规模的课程政策评价活动，这类评价活动主要由政府各级教育行政机关的内设评价机构或者由政府委托或组织的内部政策评估组织来运作。像前文所提到的英国的"学校课程与资格局"(QCA)、"教育及儿童服务与技能标准局"(Ofsted)，澳大利亚的"课程与评价委员会"(CURASS)、"澳大利亚课程评估与汇报局"(ACARA)，日本的"教育课程审议会"和临时的"教育政策特别调查会"等，都会承担一定的课程政策评价职能。通常，地方教育行政机关主导的课程政策评价活动往往立足于本地区的课程政策实践，具有较强的实践指向性。另一类典型的政策评价主要是由独立于政府外部的第三方组织或机构主持的，如政策评估的中介机构、独立于政府组织的教育咨询团体（智囊团或思想库）、教育专业研究机构或组织（大学的教育研究机构和教育专业组织或协会）等。这类评价活动既可以是大规模的系统的评价，也可以是针对特定层面、特定组织甚至是特定政策问题的中观和微观的评价，相较政府主导的政策评价活动，更具有专业性和灵活性。随着课程政策评价的

---

① 〔英〕凯利：《课程理论与实践》，吕敏霞译，王斌华审校，中国轻工业出版社2007年版，第123页。

② 于泽元：《课程变革与学校课程领导》，重庆大学出版社2006年版，第77页。

③ 钱再见主编：《公共政策学新编》，华东师范大学出版社2006年版，第208页。

不断发展，也出现了越来越多的学校层面的校本政策实施的评价。这类评价活动从学校政策实施的直接经验出发，或是对学校课程政策实施的整体评价，或是具体指向学校政策实施中的现实问题，以提升和改善学校课程政策实施的水平为目的。除了以上三种主要的课程政策评价的类型，还有一些非正式的评价活动，也就是利益团体、社会群体和一般公众，以群体或者个体的身份进行有组织或无组织的政策评价活动。他们有关课程政策的重要意见和判断，会通过公共媒介进行传播，对政策方案的调整和实际运作产生影响，这类评价活动具有反馈及时和辐射范围广的特点。

一直以来，课程政策评价活动是一种相对客观的技术性活动，它强调评价方法的精确性，遵循特定的评价模式或程序，关心如何运用可测量的指标来检验政策预期目标的达成程度，并对评价的结论进行详细的说明。往往运用定量的评价手段，通过实验设计、数据的收集或结构化的调查研究来收集相关评价数据，对数据的分析也注重进行统计意义上的分析和数据的比对。然而，在实际的课程政策评价中，传统的科学主义的取向正在受到挑战。因为，不同于一般的教育政策，课程政策的目标往往是多重的，除了关注预期的结果以外，还要关注非预期的结果；除了短期的目标，还有长期的目标；除了策略性或技术性的目标，还有理念性和价值性的目标；目标的范畴甚至会涵盖从宏观的课程体系的建构到微观的学习体验的改造等不同层次。在这些多重而复杂的目标中，有些是可以依照参照标准，通过系统的技术指标来衡量对象已经到达的状态，并找出实际结果与预期目标的差距的。但是，还有相当一部分的目标，由于"具有高度的主观性并在很大程度上反映着个人的目标、对需要的感知，甚至可能有对生活的心理倾向"[1]。因此，对这些目标的评价并不存在某种客观的比对标准，它的运作水平或程度反映的是一种社会建构和主观选择的结果，评价所强调的是对人们在具体政策运作情境中行为状态的描述和阐释，重视的是通过解释性的理解来把握课程政策现象或活动背后的价值与意义。换句话说，课程政策的评价并不以获得客观的关于目标实现水平的结论性意见为主旨，而更在于通过评价来了解课程政策正在经历的状态。

---

[1]〔加拿大〕迈克尔·豪利特、M. 拉米什：《公共政策研究——政策循环与政策子系统》，庞诗等译，生活·读书·新知三联书店2006年版，第293页。

正是在这个意义上，我们说，课程政策评价的重要性"正从评价所能获得的直接结论转为评价过程所生成的教育性过程（educational process）"，"政策评价是政策主体的反复的主动学习过程，其目的在于发现政策问题的本质并寻找解决的办法"。① 在这样的背景下，课程政策的评价开始摆脱科学主义的技术取向，走向更多元的状态，引入了人本主义的评价模式和方法，如教育鉴赏评价模式、回应性评价模式、解释性评价模式，以及描述评价模式等。在评价的具体实施中，也开始运用访谈、焦点小组讨论、观察等定性研究的方式进行数据收集。课程政策评价日益关注特定情境及评价主体的状态，更加关注评价过程中的个体观察、专业意见和团队合作，以及评价活动对课程政策运作过程的描绘与解读，强调理解评价活动作为一项价值关涉的活动所牵涉的内在价值与意义。也就是说，课程政策的评价活动正逐步成为对课程政策及其过程的系统探究。也正因为如此，对课程政策评价结果的反馈和使用，变得越来越重要。因为评价活动所获得的信息，不仅是我们解决具体问题的依据，也是改善和优化课程政策实践，以及对课程政策行动主体进行问责的重要依据。如何将其转化为具体的政策改进的建议，直接反映到政策实践的改造中，从而提高政策运作的质量，决定着政策评价活动的现实意义。

三、课程政策的实施与评价：一般的权力关系特征

课程政策实践是课程政策过程中最为活跃的环节，不仅因为课程政策的实践经历了从宏观到微观的不同层次的政策行动空间与主体，更为重要的是，在这个过程中，行政权力的主导性和其他政策权力主体自治性同时并存，体现了政策权力主体之间的关系张力。也就是，一方面，课程政策的实践过程受到行政权力的控制与规范；另一方面，课程政策的实践过程又同时享有自治的空间，不同政策行动主体不断争取独立的政策解释与运作的机会，以发展差异性的实践体验。

一方面，课程政策实践过程体现出鲜明的行政权力的主导性。众所周知，作为课程政策运作中重要的组织与管理的主体，行政权力在整个课程政

---

① Howlett M. ＆ Ramesh M. *Studying Public：Policy Cycles and Policy Subsystems*（2nd ed.）. Don Mills，Ont.：Oxford University Press，2003，220.

策的运作过程中都发挥了主导的作用。从某种程度上而言，课程政策的实施与评价是各级教育行政机关综合运用各种管理手段进行统筹安排与系统推进的过程。因此，课程政策的实施和评价首先是"一个基于行政过程的组织管理问题"，是"一种行政管理的过程"。① 各级教育行政机关不仅为政策实施和评价提供各种行政支持，如机构设置、人员安排、资源供给和组织方案，还通过行政力量进行权力分配，动员并落实多元政策主体的参与。然而，行政权力在政策活动中的扩大化也会带来负面的影响，最直接的是导致政策实践中的管理主义、行政主义的盛行，即过分注重行政目标、程序和效能，将政策活动过程简化为行政控制和管理下的系列事务性活动，并进一步异化教育行政机关和其他政策行动主体间的关系，强调从属与服从的关系而非协作的关系。

另一方面，在课程政策实践的现实中，行政权力的掌控范围是有一定限度的。这是受政策实践本身的属性所决定的，也就是政策实践活动往往是无法进行完全严密的预设与安排的。因此，在行政权力鞭长莫及的地方，非政府行政机构的政策权力主体，往往具有相当的自由裁量权，具有对政策进行独立解释和运作的能力，享有一定程度的自治。从这个意义上而言，课程政策实践的过程是超越行政过程的活动，会出现诸多未经计划的生成性和创造性的活动，体现了不同政策权力主体差异性的实践体验与价值选择。正是因为课程政策实践中存在行政权力的主导和其他权力主体的自治并存的特征，决定了课程政策实践活动在具有组织性和规范性的同时，又具有丰富性和特异性。

以上，我们依照课程政策从概念化到审议、实施与评价的逻辑程序，对课程政策运作过程的一般形态与特征进行了简要的勾勒，形成了关于课程政策过程的概念性框架。课程政策过程是一个连续发展的过程，其中每一个逻辑程序都具有极强的延展性，同其他阶段相互渗透、互为因果，反映出一种鲜明的回归性和关联性。在这个过程中，课程政策的概念化并不随着政策问题进入政府政策议程而终止，政策审议中的决策过程、政策实施中的新问题的重新聚焦，都是对课程政策概念化的延续；政策审议所确立的课程政策也并不是静止不变的，"在政策过程的执行环节，而不是在决策环节，政

---

① 胡春梅：《教育政策执行过程之四重特征》，载《教育理论与实践》2006年第7期。

策经常继续演进"①;不仅如此,课程政策的实施也不是政策过程的终点,实施的过程又会产生新的课程问题,引发新的概念化的过程;而课程政策评价更是政策过程中内嵌式的学习与改进的机制,贯穿政策过程的始终。从这个意义上而言,课程政策的过程是紧密相连的,"每一个终点就是一个新的起点,每一个起点来自前一终点"②。有了这样的认识基础,我们就可以依照这一框架对中国课程政策过程的运作进行具体的解析。

---

① 〔英〕米切尔·黑尧:《现代国家的政策过程》,赵成根译,中国青年出版社2004年版,第6页。

② 赵宗孝、刘淑红:《四R——构建后现代课程模式的标准》,载《教育探索》2004年第5期。

第二章

课程政策过程的时空情境：
中国的课程政策生态

斯蒂芬·鲍尔(Stephen J. Ball)在对教育政策研究的评论中曾经指出，大部分的政策研究存在两个缺陷：一是缺少对时间维度的关注，大部分的政策研究都是"历史快照式的研究，难以形成关于教育改革或变革的过程感"；二是缺少地方感和空间意识，"抽离政策问题根植的社会历史情境和具体关系"、忽略"各个地方本地的情况、资源和历史"、忽视"特定政策的本土反思"，使得政策研究缺乏社会历史感。① 因此，一个脱离了实际情境的政策过程及其形态的研究是缺乏意义的，要关注真实的课程政策产生、变化或衰退的过程，并理解这一过程作为历史创造和意义建构的社会化行动，就需要认识到一项课程政策的出台不仅仅意味着课程理念、目标、计划、内容、教学方法和评价方式的可能变革，更代表了课程在一定时期内同具体的经济、政治、社会情境以及教育内在系统广泛而深刻的关联。

从这个意义上而言，任何一项课程政策，都不可能是单纯的主观臆想或与情境无关的建构，而是在具体时空中与其内外环境体系、社会发展历程和状态之间存在着复杂的关系与相互影响，这就是政策的"内生化"的特征，② 也构成了我们所说的"政策生态"。所谓政策生态就是政策产生与运作所赖

---

① S. J. Ball *Education Policy and Social Class：The Selected Works of Stephen J. Ball.* London & New York：Routledge，2006，15—19.
② 所谓政策的内生化特征，指的是各国公共政策具有特定的指向性和运作特征，往往建立在各国自身的历史沿革、文化传统、政治经济体制和公众心理特征等条件上，更反映社会环境中经济、政治、文化等各种条件的具体性与特殊性，具有其本土化与时空性的特征。张国庆：《现代公共政策导论》，北京大学出版社 1997 年版，第 359—360 页。

以存在的时空情境，是政策作为"一个整体社会过程的认知图"，所"不可能脱离的政治、经济、社会和文化环境"。① 在课程政策领域，政策生态不仅包括一般意义上的经济生态因素（政策运作最为基础和深层次的环境）、政治生态因素（决定政策性质与合法性的依据）和社会文化生态因素（政策运作的伦理与心理基础），还包括课程政策发生发展所处的具体的教育生态条件（教育系统的内在发展水平与特征）。也就是说，特定时空条件下的经济、政治、社会文化以及教育系统的内在情境共同构成了课程政策生态的主要方面，影响着课程政策生成与发展的轨迹。

正是基于这样的认识，本书对课程政策过程的研究，并不停留于对课程政策过程一般逻辑程序或运作形态的认识，而是把重心放在对我国第八次课程改革的政策过程的分析上，②具体地探讨在特定时期我国课程政策过程运作的结构、特征与意义，通过分析课程政策过程的特定机制，积累关于如何思考课程政策过程的策略性知识。而对我国课程政策过程的具体解析，则要以对本土的课程政策生态的解读为前提，探讨现实的政策生态如何投射于我国课程政策的产生发展过程，并通过课程政策的特定话语进行公开表达与建构，以此作为理解课程政策过程的中国经验与特征的基础。

第一节　新经济生态与课程政策的新要素

卡斯特尔（Manuel Castells）曾指出，"特定政策观念及执行中的政策具

---

① 严荣：《公共政策创新与政策生态》，载《上海行政学院学报》2005 年第 7 期。
② 众所周知，世纪之交，我国基础教育领域开展了一场辐射全国、历时数十年并延续至今的课程改革。这场课程改革以素质教育为旗帜，在继承新中国成立以来我国历次课程改革经验与成果的基础上，以面向"每一位学生的发展"为宗旨，对课程目标、课程结构、课程内容、课程实施、课程评价和课程管理等各方面进行了系统和深入的变革。作为一项从国家层面系统推进的课程改革政策，它以全国范围内义务教育课程实施的调查研究为政策起点，确立了"理论先行—多方参与—实验论证—实施推广"的课程政策运作机制，试图打破常规性的课程政策变迁的模式，努力构建一套具有前瞻性和可操作性的课程体系，为系统研究中国课程政策过程的运作提供了完整而具体的案例。

有其存在的某种经济条件，当后者发生了变化或被认为发生了变化时，现存政策的所有部分都要解体，然后一种可能的，包括新要素的政策将被制定出来"①。因此，课程政策主张中的新要素的出现，也深受经济环境变迁的影响，特别受到"政策环境的两个最重要因素经济制度的结构和现行的经济状况"②的干预，反映出新政策要素与"市场经济体制转型"与"新知识经济出现"所形成的新经济环境的关联。

一、市场经济体制转型与课程政策的主体性和公共性

20世纪80年代以来，从计划经济体制向市场经济体制的转型促成我国经济运行模式从计划经济的方式转为以市场配置为主；经济调控的主体"从原来的政府一元模式"转向"分层多元的模式"；经济管理的手段也"从行政为主转向以法律和经济手段为主"。③ 市场经济体制转型为整个经济环境带来了新的特征。

首先，市场配置和自由竞争的引入，让生产实践的参与者改变了原有被动、依附性的地位，而成为自我负责、自主盈亏的主体。人们不再单一地依靠行政命令行事，而是在法律和市场规则的引领下，在激烈的市场竞争中对自己的经济行为负责，并不断地激发内在活力、实现自主发展。新经济环境更关注行动主体的存在感，呼唤富有行动能力和实践智慧的主体意识的觉醒，即强调对主体性的诉求。其次，为适应和协调整个经济环境中新的竞争结构和利益分配关系，人们也开始打破旧有权威体制和指令系统，而追求更加彰显民主与公平的公共生活模式，试图通过建构灵活多元的社会协调机制、市场准则和工作规程来促成更大范围的公共参与，共同承担相应的社会责任。新经济环境更关心有效地构建新公共生活的机制与规范，反映了对公共性的诉求。

这种主体性与公共性在新的课程政策话语中，显示出其特定的表征形

---

① 〔英〕斯蒂芬·鲍尔：《政治与教育政策制定：政策社会学探索》，王玉秋、孙益译，华东师范大学出版社2003年版，第78页。

② 〔美〕弗朗西斯·C.福勒：《教育政策学导论》，许庆豫译，江苏教育出版社2007年版，第51页。

③ 叶澜：《时代精神与新教育理想的构建：中国基础教育改革的跨世纪思考之一》，见钟启泉主编《解读中国教育》，教育科学出版社2000年版，第4页。

态。首先就是课程政策中"主体性"的彰显。一方面,在我国新课程改革的政策中,儿童不再是屈从于"知识"武装而可控制用以实现某种社会价值的技术要素或工具,而是具有内在生活诉求、独立实践能力和精神情感追寻的"主体性"存在和知识建构者。新课程在确立儿童新的身份关系,把他们从"主客二分"的对象性经济思维及人为的等级体系中解放出来的同时,更承认学生在差异性和独特性基础上的同等价值。另一方面,新课程政策强调教师作为专业权威的课程意识与课程权力,强调教师通过对课程的创造性建构,打破"照本宣科式"的匠式教学,而成为对课程具有自主决策与支配的主体性存在,这不仅是新经济形态的价值映射,更反映了教育内在属性的自我发现与建构。

其次是课程政策模式的公共化转型。一是课程政策运作模式的转变。从高度集中的教育行政管理模式向政府的综合调控、市场的有限参与和社会公众的自治的综合模式转化。比如,新的课程政策在制定过程中通过扩大政策形成与决定过程的人员基础,拓展了政策制定过程的公共参与范围;通过引入专家参与、公开论证与监督咨询等更为开放的运作环节,从单纯的政策行政推动走向倡导更多公共参与的政策运作模式。除此以外,逐步实现对课程资源开发上的放权,引入市场竞争的机制,打破中央对教科书和教学参考资料的垄断等,在课程资源的开发、审定、选用和管理上建立相应的制度加以规范等具体做法,也是课程政策运作模式公共化转型的具体表现。二是课程政策管理模式的转变。新课程政策确立的三级课程管理的模式,明确提出了发展国家、地方和学校的三级课程管理体制,促使课程权力从中央政府向地方和校本进行延伸,这种试图激发多层权力系统效能的努力,也标志着课程政策正在从"统一控权"走向"多级管理"的公共化趋向。

二、新知识经济形态与课程政策的新能力观

新"知识经济"时代的到来,使得知识成为代替土地、劳动力、原材料、工具和资本的经济发展的直接资源和驱动力,带来了产业结构的调整,并推动技术生产的日益专业化和尖端化。这种新知识经济背景下的新经济特点对劳动力的素质和结构提出了变革要求,也成为课程政策变革的主要推动力。

首先,知识经济作为一种可持续发展的经济力量,让我们开始摆脱动力文明的技术模式控制,重新"对人的本质属性、创新人才培养和高新技术的

应用以及新经济增长方式之间的关系进行深刻的反思"①。也进而让人们意识到新经济形态下的教育必须突破人作为某种使用价值和工具的"非人"的状态，解放学生在教育教学活动和社会生活之中的客体性位置，重新思考将"人的发展作为根本目的"的教育宗旨，谨防经济和技术的发展将"人的生命物化为愚钝的物质力量"②的危险，充分发掘新时代经济和社会发展所需要的人的创新批判精神、实践能力、环境意识和道德智慧等素养，让学生真正自主地参与到自身生活和社会公共生活的治理之中。其次，简单地适应工作岗位需求而具备基础知识、基本学习能力和应用能力的教育已经不能满足新经济形态对劳动者的要求。新的劳动力需要具备搜集和处理信息、组织和判断信息价值、获取新知识、分析和解决问题、交流与合作的能力；是具备自主学习动机和学习体验的社会劳动者，即能够认识和反思自我，敢于思考、敢于发现、敢于批判、敢于创新、敢于实践；同时更应该是兼具道德感、社会责任感和使命感的主体。他们除了具有生产与再生产、自我判断和反思的能力以外，还关心"与共同体（community）或社会（society）之间的关系"，"即如何与他人相处的问题"，③是具有人文审美情趣和真实情感的主体，能够主动践诺自己参与社会历史进程的权利。

这些经济形态的现实要求反映在课程政策上，直接地带来了课程目标、内容、结构、教学和评价等方面的系统转型。在课程目标的设计上，新的课程政策特别注重"以生为本"的可持续发展与全人教育，注重学生自主学习、创新精神、实践能力、科学和人文素养，以及生态伦理意识的发展，注重知识、技能、能力、态度、情感和价值观的身心综合发展。在课程结构与内容上，新的课程政策强调课程结构的均衡性、综合性与选择性，注重学科知识与社会生活、学生经验的整合，减少国家课程比重，增加 10％—12％ 的地方和学校课程；并从以往在有限时间内最大限度地进行知识教学的思路转变为思考如何精选终身学习和可持续发展所必备的关键能力，增加体现现代性和创新性的内容，致力于学科内容同其他学科的整合，关注学习内容同社

---

① 钟启泉主编：《为了中华民族的复兴，为了每位学生的发展》，华东师范大学出版社 2001 年版，第 19 页。

②《马克思恩格斯选集》第 1 卷，人民出版社 1995 年版，第 775 页。

③ 俞吾金：《理性在现代性现象中的四个向度——从马尔库赛的"单向度的人"说起》，载《求是学刊》2004 年第 7 期。

会和个体生活实践的紧密联系。在课程教学上提倡学生的主动参与、探究发现与合作交流的学习方式,注重学生的经验与学习兴趣,从偏向"学科中心、课堂中心、教师中心"的累积性教学模式转向注重"认知性实践、社会性实践、伦理性实践的三位一体"①的发展性学习模式。在课程评价上,倡导发展性和过程性评价,突出评价改进教学实践、促成学生学习的功能,淡化评价用于甄别和选拔的作用。可以说,新课程改革的政策主张所体现的新的能力观念与质量观,真实地反映了新经济形态的变迁趋势与发展要求。

第二节　政治生态转型中的课程政策新取向

除了经济生态以外,课程政策的政治环境也是政策生成与发展的重要条件。政治环境包括"政治体制、政治结构和政治关系的总和"②,一国的政治环境从根本上决定着一国政策的政治性质、政策的民主化和合法化程度。改革开放以来,为了适应市场经济体制改革的需要,中国一直在进行政治体制的改革,试图通过"争取政治上的稳定,为现代化建设提供一个良好的政治环境"③。而我国政治体制转型过程中所体现的政治价值系统、组织系统、制度系统和权力关系的变革,都直接地投射在课程政策的产生与发展过程中,构成了我国课程政策变革的主要政治生态。

一、政治体制改革与课程政策的权力结构变迁

纵观我国政治体制改革的发展历史,从十一届三中全会提出进行政治改革,改变权力过分集中的现象,到十三大提出政治体制全面配套改革,确立了实行党政分开,改革政府工作机制、人事制度、社会协商对话制度,完善社会主义民主政治,加强法制建设和党的制度建设等体制改革的基本蓝图,

---

①〔日〕佐藤学:《学习的快乐:走向对话》,钟启泉译,教育科学出版社 2004 年版,第43页。

② 郑敬高:《政策科学》,山东人民出版社 2005 年版,第 111 页。

③ 胡定荣:《课程改革的文化研究》,教育科学出版社 2005 年版,第 186 页。

到十五大提出建设社会主义法治国家,确定健全民主制度、加强法制建设、推进机构改革、完善民主监督制度、维护稳定团结等主要任务,以及十六大提出建设社会主义政治文明,十七大提出六个方面政治体制改革的主要任务,包括扩大人民民主、发展基层民主、落实依法治国的基本方针、壮大统一战线、加快行政管理体制改革、完善制约和监督机制等政治体制改革的未来方向。① 可以看到,政治体制改革的内涵和范畴逐步深入而系统,展现出从"党治国家"向"法治国家"②转变的根本导向性变迁。

在这个过程中,国家政治权力结构和关系发生了深刻的变迁。除了理顺党与政府的关系,明确政府权力与行政机关的角色以外;更是开始深化行政管理体制改革,分散高度集中的国家权力。一方面,政治权力结构与关系的变迁集中体现为公民民主参政的政治行为模式以及权力运作的民主化与法制化导向,开始打破传统的集权和人治的权力体系,试图唤起"公民的政治参与意识和权力表达意识,促成人们行使基本的政治参与权、表达权和监督权"。③ 另一方面,政治权力结构与关系的变迁体现为政府"从全能政府转变为有限政府"④,强调中央政府的宏观决策和调控的功能,着力构建"国家、地方、社会和市场"并存的新权力制衡系统,促进政治功能的分化,并对地方和社会进行赋权。

这些变化反映在课程领域,具体表现为课程决策与分配权力的扩张与分化。一方面,是课程权力的横向扩张,从过分关注行政权威意见的单向度的政策决策模式,转向强调课程决策中的公众参与和社会基础,在课程政策决策过程中引入民主协商、公开听证和咨询监督等权力运作的协调机制,强调政策运作在结构与过程上的民主性与公开性。另一方面,则是课程权力的纵向分化,在新的课程政策的管理体系中,从国家课程权力中分化出地方和学校的课程自治空间。一是开放课程资源配置的权力,中央不再统一包

---

① 师泽生、王英:《改革开放 30 年我国社会主义政治体制改革概览(上)》,载《探索》2008 年第 5 期;赵希宏:《30 年中国政治体制改革的历程与经验》,载《理论研究》2008 年第 3 期。

②④ 张涛:《改革开放 30 年中国政治体制改革成就分析》,载《社会主义研究》2008 年第 4 期。

③ 高本娟:《论传统政治文化与当前政治改革》,载《产业与科技论坛》2008 年第 10 期。

揽课程政策的运作,地方对于课程资源的筹措和分配负有主要责任;二是地方和学校拥有对于课程政策实施的最终解释权,中央不再强调对课程政策进行划一性的执行,开始强调因地制宜地对课程政策进行创造性的解读、规划与落实;三是地方与学校也具有课程开发的权力,特别是在国家课程的校本化和地方、校本课程的开发与实施中,拥有一定的自主空间。可以说,课程政策运作中的权力结构的根本性变化,是我国政治生态转型的直接结果,体现了强有力的中央指导与地方自治共存的权力分化趋势。

二、新旧政治文化的拉锯与课程政策文化的挑战

在我国政治转型的大背景下,除了政治权力结构的改变和政府职能的转变,更重要的还是新旧政治观念和政治文化的斗争,新的政治文化不断挑战以往的政治观念,试图改变我们关于"思考政治的方式,包括我们对政治过程的信念、政治的恰当目的和政治家的合适的行为方式"①等,代表了一定社会历史时期的流行的社会政治取向和心理。这种政治文化的拉锯,也在我国课程政策文化的建构中体现出来。

首先,随着政治体制改革的深化,新的课程政策文化所提倡的课程决策的平等参与、课程决策的集体认同、关注课程服务于个体自由发展等价值取向,正是对传统政治文化中轻视权利主体、片面强调公众对政权的服从义务所导致的政治专制主义倾向的批判,是试图通过加强课程主体的多元意见表达和协商,促成公众参与的新政治文化的重要努力。

其次,新课程政策文化所提出的政策过程的合法性问题,强调依法管理课程、保护弱势群体利益等问题,则是希望以法治原则和科学的行政程序与规范对课程权力进行规约,以加强民主政治的法制基础对传统政治文化中依托权力所有者的个体德性进行权力制衡的道义标准和人治基础的挑战。

再次,新课程政策强调教育系统的弹性化管理和服务导向、关注课程政策运作的科学化水平、课程管理权限的下放,以及课程管理的专业化发展,这些新的政治管理取向的出现,体现了新公共管理中"注重管理效能、市场、

①〔美〕弗朗西斯·C.福勒:《教育政策学导论》,许庆豫译,江苏教育出版社 2007 年版,第 86 页。

服务导向、分权、政策和对政策效果的负责"①的观念，是对传统政治文化中等级制的官僚主义、严格的权力划分、重"情义关系"的政治伦理②进行挑战，以确立高效、民主和服务导向的新政治文化的努力。

从这个意义上而言，课程政策所体现的新的政策文化取向恰恰反映了政治转型背景下政治生态的复杂性和不确定性。政治体制改革中所涉及的利益、权力斗争和对政治常规与陋习的克服，不仅触及根本的政治价值理念，还包括政治生活中习以为常的组织结构、权力关系和工作制度等，这些都是新政策所面临的强大的现实阻力。应该说，依托政治体制改革的现有成果和民主政治的发展，课程政策在扩大课程决策的参与范围、推进课程管理分权、促成课程政策运作的科学化和合法化发展等方面已经颇有成效。然而，现实的情况是，"相对经济体制改革来讲，政治体制改革的滞后性、社会主义制度的不成熟、不完善还是很明显的"③。整个政治环境中广泛存在的新旧政治观念和行为间的力量拉锯和反复，真实地反映到课程政策的运作之中，构成了课程政策的政治制度的基础，也构成了课程政策变革的主要而复杂的政策生态。

第三节　社会生态变迁与课程政策的新价值

社会学家拉尔夫·达伦多夫（Ralf Dahrendorf）曾指出，"我们没有看见过一个社会，在那里所有的男人、妇女和儿童都能享有同样的应得的权利和同样的供给。其原因在于每个社会都必须协调人的不同的任务，不过也必须协调人的利益和能力"④。因此，面对社会生活的多样性和人们社会行为的多指向性，公共政策必须对现实社会各种复杂利益进行约束和协调。这

---

① 阮思余：《论新公共管理运动的核心内容》，载《现代管理科学》2008 年第 4 期。

② 梁漱溟：《中国文化要义》，学林出版社 1987 年版，第 77—94 页。

③ 黄卫平、陈文：《当代中国政治发展问题研究：中国政治体制改革现状及其成因浅析》，载《社会科学研究》2008 年第 2 期。

④ 钱再见主编：《公共政策学新编》，华东师范大学出版社 2006 年版，第 21 页。

个时候，"一定社会中外在于政策而存在"的社会文化环境，包括"社会精神财富和社会意识形态境况"，①就会发挥重要的作用。它一方面提供了公共政策运行的基本社会结构和关系，另一方面则为公共政策的运行提供必要的精神动力，引导和协调社会文化和价值观的传播，决定整个社会的心理环境，更能为公共政策的运作提供充分的智力条件。一般而言，如果一个社会井然有序、人心安定、风气良好，政策参与者"具有正义感、责任感、政策目标群体成员有良好的心理素质，不仅制定的政策体现公正、合理，而且执行起来也顺畅"②。正因为如此，转型时期的社会文化生态对于我国课程政策的孕育发展具有关键性的意义。

一、三元社会结构的建构与课程政策的价值定位

20 世纪 80 年代以来，中国社会经历着社会结构的根本变迁。一方面，从原有紧密的上层建筑和经济基础的计划经济时代的二元结构向包括政治领域（国家）、经济领域和公共领域（公民社会）三个相互关联又相互独立的三元社会结构转型，开始出现了国家政治领域和经济领域以外的"由私人领域、志愿结社领域、社会运动以及各种公共交往形式构成的"③公共领域或非营利部门。另一方面，社会结构的变迁也试图从根本上重组社会关系和转移社会公共权力，从原本政府集中权力的强制性的国家共同体形态分化为"政府选择、志愿性的市场选择和公民社会选择并存的状态"④。这种社会结构变迁直接带来了公众的政治觉醒，表现为民主参与政策过程的热情的高涨和公民意识的逐步养成。

社会结构的变迁反映在教育领域，促使了教育在社会系统中进行重新的价值定位。在二元结构的社会中，教育或归属于国家政治领域的上层建筑或归属为经济产业领域的经济基础，导致了教育价值取向上的泛政治化和泛经济化。这种泛政治化和泛经济化的价值定位，也体现在我国课程发展的历程中，课程政策曾反映出较强的社会政治色彩和唯经济主义的意识，

---

① 郑敬高：《政策科学》，山东人民出版社 2005 年版，第 112 页。

② 吴立明：《公共政策分析》，厦门大学出版社 2006 年版，第 75 页。

③ 〔德〕哈贝马斯：《公共领域的结构转型》，曹卫东等译，学林出版社 1999 年版，第 21 页。

④ 刘复兴：《教育政策的价值分析》，教育科学出版社 2003 年版，第 261 页。

课程的社会工具主义倾向明显，丢失了其内在的教育性追求和独立性。新的社会结构的变迁，使得教育试图确立其作为"介于政府和市场之间的非营利性的社会组织"的新身份，作为一种"非垄断性的公共物品"，教育可以"通过政府和非营利性机构两种资源配置机制来为社会提供"。① 教育开始摆脱其单纯服务于政治或经济的工具价值，进入公共领域，确立其致力于社会正义和公共服务的价值观。一方面，作为促成社会正义的公共事业，教育需要关注其"作为每一个人的不可剥夺的权利，体现努力与报偿、才能与机会的统一"，为每一个人提供学习和发展的均等机会；另一方面，作为一种公共服务，教育不仅要进行合理的资源配置，以满足个体和社会的差异性需求，还要承担起促成社会发展和学生主体发展的双重道德使命，即要培养具有认知、学习和实践能力、拥有健全人格、独立精神、丰富情感的现代公民，提供"有利于个性丰富和全面发展的、有助于探索和开拓新生活的教育"。② 而这种多元、灵活的新公共教育的理念也具体地体现在我国新课程改革的政策理念与目标之中。

二、社会心理的变迁与课程政策的新价值选择

除了以社会结构为代表的社会形态的变迁，社会生态变迁的最主要方面还体现在社会心理，或者说社会主导价值观念的变迁，它们直接影响着我国课程政策的价值选择。

一是从传统社会心理中有关社会等级主义、阶层划分和精英主义的意识取向转向社会民主建设中对社会公平和正义的追求。特别是我国当下的社会现实中，由于社会阶层结构不合理所带来的公共资源配置的不公正，引发了深刻的社会机会的不平等和社会阶层的再生产。反映在教育领域就是不合理的教育分流、不平等的教育机会和不公正的教育资源配置。这些问题的产生一方面固然源于不良的社会结构性矛盾，另一方面则在于教育内部知识本位、选拔主义、恶性竞争、应试主导的精英主义的价值选择，在不断强化等级化、分层化、同一化的价值倾向。正是在这样的背景下，促进社会

---

① 劳凯生：《社会转型与教育的重新定位》，载《比较教育研究》2002 年第 2 期。
② 劳凯生：《传统与变革：站在新世纪的门槛上看教育》，见钟启泉主编《解读中国教育》，教育科学出版社 2000 年版，第 32 页。

和谐发展、实现教育的公平和正义,成为社会转型时期教育的主要价值追求。课程政策也旗帜鲜明地提出要实现从"精英主义"向"大众主义"转型,①通过保障每一个学生的学习权、求得每一个学生的发展来取代旧的选拔性教育对考选"精英"的驯化,从"选拔适合教育的儿童"到"发展适合儿童的教育",代表了新的价值选择取向。

二是通过彰显个体的主体价值来反思我国传统文化中尊卑有序的身份观和集体主义的家国观念。一方面,"传统的宗族农耕性文化强调人对集体、国家的义务、责任",固然有助于树立个体的社会责任感和加强民族凝聚力,但是却"一定程度上漠视个体主观情绪要求、抑制个体主动性和创造性"。② 新的社会文化旨在发现具有自由意志的个人和独立的权利主体,在充分尊重人的主体意识和个性自由,注重人的创造力的基础上,强调公共规范和道德价值,培养具有鲜活的自我形象、独立的判断和选择能力,又同时具有道德感、社会责任感和使命感的现代文明人。另一方面,主体价值的彰显还通过解放被压抑和禁锢的身份,通过确立平等、民主和对话式的主体间关系,来实现个体的解放,转变原有的代际关系、尊卑等级的观念。这些社会心理的变迁反映在新课程政策中,首先就是开始关注"人"的存在,彰显人性化的教育,转变对象性的机械灌输和预设式的生硬教学,使得教育的价值在于"教人如何做人,如何过自由人的生活",让每一个学习者"知道如何立己,在社会有他合宜的地位,同时感觉自己的个性"。③ 此外,非常重要的是,在新的课程政策中,强调转变绝对的权威与服从的关系而确立沟通与对话的关系,鼓励师生共同发现学习者在学习活动中的主动在场,让学习成为一种主动参与的过程和共同发展的机会。新课程政策所体现的具体的价值选择恰恰反映了社会价值变迁的新取向。

三是从农耕文化中"等贵贱、均贫富"的绝对平均主义转向适应市场经济体制和现代文明的效率观、发展观和质量观。现代化的建设试图发扬市场经济中的开拓、竞争和进取性精神,以中和传统文化中温良恭俭的中庸主

93

---

① 钟启泉:《寻求课程范式的转型——中国大陆基础教育课程改革的进展与问题》,载《比较教育研究》2003年第1期。

② 曹大为:《中国传统文化的历史定位与建构新文化的路径走向》,载《中国社会科学》2006年第2期。

③ 毛祖桓:《从方法论看教育学的发展》,重庆出版社1990年版,第113页。

义、重人伦而轻自然、忽略效率和自由、推崇绝对平均主义的价值取向。显而易见，新的社会文化试图把经济发展同人和社会的整体全面的发展结合起来，努力调和现代价值观与传统价值观念、公平与效率、个体与整体之间的冲突，并同传统文化中的封建糟粕相决裂，来建构现代取向的新文化。这种社会价值导向的变化集中反映在新课程政策的价值选择中。新政策不仅关注课程革新如何服务于现代经济社会发展的现实需求，更是强调一种综合性的质量观与发展观，试图在"达到优秀学术标准的教育、促进儿童潜能自然发展的教育和形成良好公民的民主意识的教育"[1]之间寻求平衡，来构建"强化品德教育、关注人文精神、突出信息素养、求得知识统整的崭新的基础教育课程新体系"[2]。

应该说，社会心理的变迁是一个异常复杂和深刻的过程，这个过程始终存在着不同的力量的制衡。一方面，社会文明的现代化转型为我们打破了单一的意识形态立场，开始接受"民主、法治、自由、人权"等现代化发展中的普适原则；另一方面，在接受现代文明的主要价值的同时，我们也不断地反思自身的文化定位和传统价值，关注"经济效率、社会正义、个人自由"等主要价值取向同我国社会制度与文化的整合，力求使现代化发展兼具现代性的普遍性与中国文化的特殊性。因此，在新旧社会系统更替并存的当下，一定会在相当长期的时间内经历相互冲突的价值立场共存和相互斗争的现实，这也是理解我国课程政策变革所面临的社会文化生态所要把握的重要方面。

第四节　演进中的教育生态与课程政策的变革

比尔德(Charles A. Beard)早在1938年就说过，"历史本身不会重演，但当今发生的几乎每一个热点问题，都曾经在过去的岁月中以这种或那种形

---

① 〔美〕弗朗西斯·C. 福勒：《教育政策学导论》，许庆豫译，江苏教育出版社 2007 年版，第 109 页。

② 钟启泉：《寻求课程范式的转型：中国大陆基础教育课程改革的进展与问题》，载《比较教育研究》2003 年第 1 期。

式出现过，人们按照自己所处时代的某种方式极力解决和尝试处理这些问题，或者弃之不顾"①。正是在这种意义上，课程政策往往具有连续性和继承性，即任何课程政策都"不是解决一个问题然后彻底地清除它，接着再处理一个全新的问题"，而是留下它的踪迹，"成为我们必须面对的后续问题的一部分"。② 也就是说，课程政策的变革往往必须面对过去的经验，在历时的发展中确立当下的轨迹，既承载和反映了课程自身文化和内涵的变迁过程，也继续改变着课程历史的性质和方向，是对演进中的教育生态的正面回应与自主建构。

一、教育变革的话语场景与新课程政策的孕育

第八次课程改革的政策孕育于一个具有强有力的专业话语和智力支持的教育生态之中，集中表现为全社会为课程政策发生"安排和营造了特定的政策环境和实践空间"③。

首先是同课程政策孕生直接关联的素质教育话语体系的形成与壮大。从 20 世纪 80 年代中期开始，素质教育这一概念作为教育改革之于传统应试教育弊端的反思一经提出，就在公众、学界和政府间引起广泛的影响，并逐步形成了自身的话语网络。素质教育对当时中国教育现实与弊端的广泛批判，引发了全社会教育改革与发展的热潮，特别在政府的推动下，各地都开始进行推进素质教育的改革与探索。在推进素质教育改革的过程中，素质教育的主要问题也逐渐地被落实在课程教学改革、考试评价制度改革和教师队伍建设等几个主要方面，成为基础教育改革与发展的重要指导思想。特别是从国家的教育政策文件来看，1997 年原国家教委颁布的《关于当前积极推进中小学实施素质教育的若干意见》，1999 年国务院批转的教育部的《面向 21 世纪教育振兴行动计划》中的"跨世纪素质教育工程"，以及随后的中共中央国务院颁发的《关于深化教育改革全面进行素质教育的决定》，2001 年《国务院关于基础教育改革与发展的决定》和 2004 年《2003—2007 年

95

---

① 〔美〕坦纳等：《学校课程史》，崔允漷等译，教育科学出版社 2006 年版，第 1 期。

② Scheffler I. *On the Education of Policymakers*, in *Harvard Educational Review*. 1984, 54(2): 162.

③ 邵泽斌、张乐天：《教育政策：一个结构主义的分析视角》，载《教育理论与实践》2007 年第 6 期。

教育振兴行动计划》中的"新世纪素质教育工程"都把基础教育课程改革视为素质教育改革的重点突破口。从这个意义上而言，课程新政策的产生发展正是伴随着素质教育成为我国教育改革主导话语的这一过程而成长起来的。作为素质教育改革的重要核心，素质教育专业话语的自然演进孕育并规范了新课程政策的基本内涵。

其次是大量的课程和教学改革实验与理论研究准备为新课程政策的发生提供了重要的经验准备和智力支持。一方面，在推进素质教育的背景下，20世纪80年代以来我国教育领域涌现出一系列的课程和教学改革实验。较有代表性的课程改革实验包括综合课程的实验，如1986年东北师范大学的"初中综合课程设置和综合教学的研究实验"，1988年上海开始的初中理科综合课程实验，1993年浙江全省的综合理科实验，以及之后的1996年上海和广东对高中综合文科和理科课程的研究；活动课程实验和校本课程实验，如上海1997年的活动课程实施纲要，江苏锡山高级中学和上海大同中学的校本课程改革等；以及学校课程系统的整体改革实验，如上海大同中学的"高中课程结构整体改革"实验，上海中学开发的"个性课程"体系，天津上海道小学的学科课程、活动课程、隐性课程结合的大课程体系等。① 此外，"在教学实践中涌现出一批重视学生生动活泼、主动地学习、重视学生成功与发展的好的教改典型"②，这些单科、单项以及整体综合化教学改革实验，发展了以学生为主体的、强调学生兴趣与主动参与的新教学观，为探索和丰富多样化的教学方法和学习方式做出了努力。如上海育才中学以发展学生个性为目标的基于学生主体的教学综合改革、南通师范二附小的"情境教学"、上海一师附小的"愉快教育"和北京一师附小的"快乐教育"实验、北京师范大学林崇德教授的"学习与发展"教改实验等，都将对教与学的关注从单纯的认识、技能的范畴引入学生情意等非认知因素的发展，开始关注学生综合素质的全面发展。③ 总之，课程与教学领域的重要实验为课程改革的政策孕育提供了大量的实践基础。另一方面，是课程领域的专业理论研究的发展，指

---

① 吕立杰：《国家课程设计过程研究：以我国基础教育"新课程"设计为个案》，教育科学出版社2008年版，第83—85页。

② 崔允漷：《新课程新在何处：解读〈基础教育课程改革纲要（试行）〉》，载《教育发展研究》2001年第9期。

③ 刘力：《教育实验学》，人民教育出版社2004年版，第40—49页。

的是 20 世纪 80 年代中期以后,我国课程研究作为一个独立研究领域的崛起。1981 年探讨课程问题的专业学术杂志《课程·教材·教法》的问世,1983 年专业课程研究学术机构课程教材研究所的成立,开始带动我国课程研究的发展。从最开始系统地介绍西方课程理论研究,到本土的课程研究专著的出现,如 1989 年陈侠的《课程论》、钟启泉编著的《现代课程论》和1991 年廖哲勋的《课程学》,标志着课程研究开始摆脱其教学论研究的附属地位,成为独立的研究领域。之后,课程理论研究逐渐形成自主的专业体系,包括课程基本原理的研究,如施良方的《课程理论:课程的基础、原理和问题》、靳玉乐的《现代课程论》和《课程研究方法论》等;课程史的研究,如汪霞的《国外中小学课程演进》、吕达的《课程史论》等;课程本体生成和实施过程研究,如钟启泉主编的《课程设计基础》;课程变革的专题研究,如杨玉厚的《中国课程变革研究》、白月桥的《课程变革论》、钟启泉的《国外课程改革透视》《世界课程改革趋势研究》等;课程形态的研究,如有宝华的《综合课程论》、靳玉乐的《潜在课程论》、崔允漷的《开发校本课程:理论与实践》;以及学科课程论的研究,如张永春的《数学课程论》、郑军等人的《物理课程论》等。[1] 课程专业研究的发展为新课程政策的发生创造了智力条件并提供了重要的理论基础,也促使课程政策的研发从一种行政性行为逐步转变为一项专业性行为。

不管是素质教育的话语系统的确立,还是课程改革的实验探索,抑或是课程理论研究的发展,都为课程政策的孕育提供了话语空间、实践经验、研究保障和行政推动,构成了课程政策衍生发展所赖以生存的特定教育生态环境。

二、课程改革的历时演进与课程政策的继承和发展

如果说教育的专业话语场景塑造了干预课程政策生长的基础环境,那么从课程改革自身的积累性和渐进性出发,或许更应该把课程政策的变革看作是教育对其内在体系发展的自主适应与建构。课程政策在历时发展的

---

① 靳玉乐、黄清:《课程研究方法论》,西南师范大学出版社 2000 年版,第 309—313页;吕立杰:《国家课程设计过程研究:以我国基础教育"新课程"设计为个案》,教育科学出版社 2008 年版,第 86—89 页。

线索中,一方面在努力"适应现代社会的需求",另一方面"又频频与历史的传统相遇",①表现出新政策对历次课程变革的继承与发展,是教育自新的一种自主建构结果。

新中国成立 60 多年来,我国基础教育课程政策经历了大大小小的变革,体现了课程政策对社会发展条件和政治经济需求的不断适应和调整。简要地概括,可以分为六个主要阶段。第一个阶段是新中国刚刚收回教育主权,进行社会主义改造时期的第一次课程改革和第二次课程改革(1949—1957)。这一阶段处于改造旧教育、恢复和发展国民教育的特殊时期,对基础教育的定位是"新民主主义的,即民族的、科学的、大众的文化教育","以应革命工作和国家建设工作的广泛需要"。② 课程政策带有浓厚的政治色彩和苏联经验的特点,以统一教学计划、确立课程结构和编写通用教材为主要内容。第二个阶段是全面社会主义建设时期的第三次课程改革(1958—1963)。这一阶段是新中国全面探索社会主义道路的阶段,也是第二个五年计划时期,教育以服务于经济和社会建设为目的,强调"双基"(基础知识和基本训练)、学科中心的课程体系,出现了重理轻文的倾向,强调教育与生产劳动的结合,以培养德智体全面发展的"有社会主义觉悟的有文化的劳动者"③为目标。第三个阶段是"文化大革命"时期的第四次课程改革(1964—1976)。这一时期是我国课程系统和正常教学秩序遭受严重破坏的时期,《中共中央关于无产阶级文化大革命的决定》要求改革旧的教育制度、教学方针和方法,较为彻底地瓦解了 20 世纪 50 年代以来建立起来的课程教材体系,课程政策走向革命化、政治化和实用化。第四个阶段是全面恢复教育秩序和探索中国特色课程教学体系时期的第五次课程改革和第六次课程改革(1977—1985)。这一时期恢复了原本的"三教"(教学计划、教学大纲、教科书)统一的模式,并顺应改革开放的新要求,考虑了教学内容的现代化,调整教学内容和课时结构,重新编写全国统一教材,注重思想性和科学性的结

① 张男星:《权力、理念、文化:俄罗斯现行课程政策研究》,教育科学出版社 2006 年版,第 14 页。

② 吴遵民主编:《基础教育决策论:中国基础教育政策制定与决策机制的改革研究》,华东师范大学出版社 2006 年版,第 81 页。

③ 瞿葆奎主编:《教育学文集·中国教育改革》,人民教育出版社 1991 年版,第 223 页。

合，兼顾基础知识和能力培养，强调学生掌握科学学习方法，并开始在上海、浙江等地实行"一纲多本"的实验。第五个阶段是义务教育全面改革建设时期的第七次课程改革(1986—1996)。这一时期的课程政策一方面旨在配合义务教育的落实，另一方面则回应世界教育(课程)改革的浪潮，在课程目标、内容、组织、结构、评价、管理等多方面注意吸收国际先进经验，进行课程教学的现代化改造，是"新中国成立以后对苏化课程体制的一次超越"①，也被人们称为"93年课改"。第六个阶段就是构建基础教育课程新体系的第八次课程改革(1997至今)。这一时期的课程政策是在以往七次课程改革的基础上发展起来的，对课程改革的目标和功能、课程结构、课程标准、教学过程、教材开发与管理、课程评价、课程管理、教师的培养和培训等方面做出了系统陈述，是涉及课程基础理念、课程基本制度和课程体系的全面的革新。②

从整体上而言，第八次课程改革的政策发展是积累新中国成立几十年来课程改革经验教训的前提下进行课程系统性转型的努力，是对国际国内教育和社会发展整体形势和基本战略的正面回应。新的课程改革政策在深度、广度、层次和时间跨度上的史无前例，极大地冲击着现行教育体制，又是对历次课程改革的扬弃和发展。

一是课程政策的价值选择体现了教育自新的方向。"第八次课程改革区别于前七次课程改革的分水岭，就是课程从总体设计到课堂教学设计，始终把学生的发展放之于中心地位。"③我们知道，新中国成立以后历次课程改革的政策主张，或服从于当时社会主义政治建设的意识形态需求，或服从于改革开放以后的经济与现代化建设的经济价值需求，课程政策具有明显的政治功能主义导向或经济功能主义导向，课程政策的基本价值在于其从属于政治或经济改革的意义。在新的改革背景下，课程政策发出"为了每位学生发展"的价值呼唤，是从教育自身的专业属性出发关照人的生存与发展的

---

① 吕立杰：《国家课程设计过程研究：以我国基础教育"新课程"设计为个案》，教育科学出版社2008年版，第101页。

② 参见教育部印发：《基础教育课程改革纲要(试行)》，教基〔2001〕17号；马云鹏：《基础教育课程发展政策的反思》，载《教育发展研究》2000年第12期；朱慕菊主编，教育部基础教育司组织编写：《走进新课程：与课程实施者对话》，北京师范大学出版社2002年版。

③ 钟启泉：《中国课程改革：挑战与反思》，载《比较教育研究》2005年第12期。

根本性意义的价值选择。即将学生视为具有发展潜力和需求、具有独立体验能力和生活意识的主体性存在，而不是"知识和技术的奴隶"或是"政治和经济的工具"，①意在解放学生在教育教学活动和社会生活之中的客体性位置，推动学生作为独立主体的完善与发展。这种政策的价值选择不是政治口号，也不是一种主观冒进，而是标志着在课程领域专业发展的背景下，课程改革开始超越其工具主义和功能主义的价值定位，运用专业思维和课程意识来思考改革政策、确立课程主导价值的一种自我更新。可以说，这是我国课程政策发展史上教育专业意识的觉醒，是超越政治思维和经济思维的课程之于学生发展的重要转变。

二是课程政策的改革意向体现了教育系统内部的继承与深化。一方面，综观我国历次课程改革，课程政策的改革重点具有鲜明的继承关系。课程教学领域一些积重难返的痼疾，如课程内容的传统与现代、课程结构的分科与综合、教学方法的单向与互动、课程管理上的集权与分权、课程评价的竞争性与发展性等，都是长久以来弥漫于我国课程教学体系之中，始终以各种不同形式残存下来、未能得以根除的问题。在新的时期，它们被赋予新的意义与内涵，继续成为新一轮课程改革的聚焦点。另一方面，历次课程改革在政策路径的方向选择上也具有一致性，只是在程度上不断深化。从新中国成立以来历次课程改革的政策路径来看，基本上遵循了一个共同的取向，也就是课程观逐步从"学科本位"走向"学科整合"和"以人为本"；知识观从强调"学问知识"向"方法知识"延伸、从"科学知识"向"生活知识"拓展；认识论上从学生作为"知识的接收者"转向把学生看作"知识的建构者"；在课程管理上从"统一控权"走向"多级管理"的权力分化。以课程管理的政策取向变迁为例，从统一控权走向分权管理是改革开放以来一贯坚持的课程改革的政策路径。新中国成立以来由于实行的高度集中的课程管理制度，统得过死，难以适应地方实际和学生的特点，滋生了很多课程行政和管理上的弊端；20世纪80年代开始就局部性地实验"一纲多本"的制度，从教材国定制发展到审定制，已经是对课程管理放权的尝试；"93年课改"开始提出"国家课程"和"地方课程"概念，是首次对课程管理体制进行的明确的调整；直到

---

① 黄书光主编：《中国基础教育改革的历史反思与前瞻》，天津教育出版社2006年版，第294页。

第八次课程改革则明确提出建立国家、地方和学校的三级课程管理体制，全面规范了课程资源的开发、审定、选用和管理的多级管理制度。从这个意义上，我们说课程政策的改革意向具有延续性，彼此之间存在着继承和发展、积累和深化的关系，是在量变基础上实现质的转型的过程。

三是新课程政策的改革策略选择从局部性的浅层变革向结构性的系统变革转变，体现了教育系统自身逐步完善和课程领域逐步专业化的要求。从我国历次课程改革的政策内容来看，大部分的改革都停留于对课程（教学）计划、教学大纲和教科书的修订，或是课程结构、教学内容及方法的零星调整，都是选取了在既定的课程组织系统中做出微调的改革策略。这种策略选择一定程度上反映了较为狭义的课程观，也就是仅仅把课程看作是教学活动的内容或对象。因此，课程改革就是对教学活动的对象结构、对象计划、对象内容的改革，而并不关注学生的学习经验是如何系统地形成的过程。这也是我国课程研究领域在学科重建之前受 20 世纪 50 年代前苏联教学论体系影响的结果。但是，第八次课程改革却是对课程体系的根本性的推进，为了保证改革的完整性和系统性，新课程政策从一开始就具备系统的政策规划和目标，把课程改革看作是一项系统工程，整个改革政策囊括了培养目标的变化、课程结构的改革、国家课程标准的制定、课程实施与教学改革、教材改革、课程资源的开发、评价体系的建立、教师教育培养方案的改革，以及课程改革实验和培训制度、激励机制等保障支持系统的确立等各个方面。这种系统变革的策略选择一定程度上反映了教育体系自身发展的规律，也反映了我国课程研究与实践逐步专业化的内在要求，推动着我国课程改革从改良式、经验化的改革逐步转向结构而系统化的改革。从这个意义上而言，新课程政策从零星分散的浅层变革走向系统的深层变革，恰恰反映了它在演进性的教育生态中不断自我生成和自我发展的内在动力。

综上所述，课程政策的建构首先是镶嵌于其所赖以生存的政策生态之中的，这种政策生态包括经济的、政治的、社会的和教育的等具体维度。课程不仅是政治的产物、社会的产物，也是经济的产物，①更是教育系统自我生长的产物。一国课程政策的特定内涵和模式，总是同一国本土化的政治、经济、社会文化、教育的现实条件唇齿相依。无论是"市场经济体制转型"与

① 胡定荣：《课程改革的文化研究》，教育科学出版社 2005 年版，第 183—184 页。

"新知识经济出现"所形成的新经济环境，与新课程政策中倡导的主体性、公共性和新的能力观，还是政治体制改革与新旧政治文化的拉锯，带来的新课程政策中的权力结构的横向扩张与纵向分化以及民主协商、公众参与、合法规范、弹性管理和服务导向等新政策文化的出现，抑或是三元社会结构变迁与社会心理的转变，同课程政策中注重社会正义、主体价值、效率质量观的价值选择，乃至课程政策同教育变革的内在发展历程的千丝万缕的关系，都生动地向我们展示了课程政策同其政策生态的亲密关系。

谢夫勒(Israel Scheffler)说课程改革是同时"包含了记忆和创造力的活动"，"在以往记忆的基础上，判断哪些是当下可以采取的通向未来的最优路径"。① 因此，任何课程政策的孕育与发展都是对具体时空情境的历时性考察与共时性关照的结果，既反映对旧有经验与情境所带来的主导思维、价值导向、习惯力量和制度规约的适应，又是一个基于现实条件进行突破和变革的富有创造力的活动。因此，一方面，我们看到了课程政策如何反映了政治生态的现实要求与精神附加，是对外部生态环境的投射性反应；另一方面，课程政策的变迁也通过其自身的专业诉求和课程政策体系的确立，显示出强大的主动性和反作用力，即课程政策通过课程作为联系和通向社会的通道，以课程的表达作为参与世界建构的方式，反映了课程政策对外部生态环境的主动建构，反过来强化整个经济、政治、文化、教育改革的新方向，成为推动社会、政治、经济和教育内在环境变革的主体力量。唯有在这个意义上，我们才能够发现课程政策同经济、政治、社会和教育现实之间复杂的关联，理解课程政策作为一种历史性和社会性存在的意义，而不是简单的文本性或技术性的存在。这将成为我们探究课程政策问题本质的开端，也是进一步理解我国课程政策内在过程的起点。

---

① Scheffler I. *On the Education of Policymakers*, in *Harvard Educational Review*. 1984，54(2):162.

课程政策的概念化：中国经验与特征

　　波利安·佩里(Pauline Perry)在谈到英国国家课程改革时曾指出，"教育危机和教育变革起源于公共辩论和政治、经济环境而不是来自教育政府自身"①。其意在指出课程政策的起源可能并非仅来自于政府内部，"一个实际的政策过程的起点，可能是在很久以前的某一时刻发生的"②，承载着政治、经济、社会历史变迁的现实要求。在当下的课程政策环境中，中国课程政策过程的起点又在哪里呢？中国课程政策过程的运作是否同样遵循一般政策过程的运作逻辑，在实际的推进过程中又会有怎样特殊的运作经验、特征和问题呢？带着这些疑问，本章从课程政策过程的概念化开始，探讨我国课程政策运作过程的具体经验、特有属性与潜在问题，以区别于抽象意义上对课程政策过程的一般性分析。

第一节　课程政策概念化过程的中国经验

一、课程政策问题的察觉

　　在我国，课程领域的各种问题作为教育系统内部的结构性和器质性问题一直都存在着，而这些问题能够被系统地察觉，并被提炼为课程政策问题，还要取决于素质教育政策话语在 20 世纪 80 年代中期以后在中国的发展

――――――――

　　①〔英〕斯蒂芬·鲍尔：《政治与教育政策制定：政策社会学探索》，王玉秋、孙益译，华东师范大学出版社 2003 年版，第 140 页。
　　②〔英〕米切尔·黑尧：《现代国家的政策过程》，赵成根译，中国青年出版社 2004 年版，第 21 页。

壮大。正是伴随着素质教育政策话语体系的成熟,课程问题作为素质教育变革中的核心问题被逐步关注,并在有关素质教育的讨论中被不断地结构化。素质教育的政策话语体系作为改革开放以来中国教育领域主要的话语概念,最先是作为"应试教育"的对立面所树立的旗帜,之后几经阐发逐步成为教育改革与发展的基本指导思想,在产生和确立教育政策的过程中成为"强有力的规范性力量"①。那些反映素质教育的信念体系的教育问题往往被看作是更有意义和有价值的问题,也成为潜在的重要政策议题。因此,要谈论课程政策概念化的起点,有必要对素质教育政策话语的形成进行一个简要的回顾。

改革开放以后,中国教育界所面临的最主要的问题是教育实践中极端的"应试"和升学取向,恶性的竞争、过重的学业负担,极大地限制了学生的个体发展。在这样的背景下,最先在党和政府的领导人的重要讲话和政策文件中,出现了有关于"素质"和"素质教育"的讨论。1985年邓小平在全国教育工作会议上,提出我国的国力强弱和经济发展"越来越取决于劳动者的素质","教育搞上去了,人才资源的巨大优势是任何国家比不了的",首次将"教育"和"素质"联系起来,提出了提高劳动者"素质"的问题。同年,第一次全国教育工作会议颁布《中共中央关于教育体制改革的决定》,提出"在整个教育体制改革中,必须牢记住改革的根本目的是提高民族素质"。1986年《中共中央关于社会主义精神文明建设指导方针的决议》也指出,要"努力改善全体公民的素质"。② 1987年4月,原国家教委副主任柳斌在九年义务教育各科教学大纲统稿会上的讲话指出,"基础教育不能办成单纯的升学教育",而"是社会主义的公民的素质教育",首次提出"素质教育"的概念。③ 作为对基础教育领域弊端的批判和纠偏,政府和教育行政部门开始努力树立素质教育这个正面形象。1988年关于素质教育的第一篇理论探讨性文章《素质教育是初中教育的新目标》刊登在《上海教育》(中学版)上,引发了社会各界对素质教育、应试教育的讨论。基础教育中的种种弊端,如应试、升学、减负等问题,以及素质与素质教育的概念辨析成为议论中心。但是这一

---

① O' Sullivan D. *The Concept of Policy Paradigm：Elaboration and Illumination*, in *Journal of Educational Thought*. 1993,27(3):247.

② 金一鸣、唐玉光主编:《中国素质教育政策研究》,山东教育出版社2004年版,第67页。

③ 王钢成、张军:《从理想到实践:国家素质教育政策的演进》,载《当代教育科学》2004年第20期。

时期,教育理论研究者的参与并不积极,有关素质教育的讨论多是在政府和实践的层面产生了影响,有关素质教育的定位还比较模糊。1993 年中共中央政府和国务院联合颁布《中国教育改革和发展纲要》,提出"教育改革和发展的根本目的是提高民族素质,多出人才,出好人才","中小学要由应试教育转向全面提高国民素质的轨道,面向全体学生,全面提高学生的思想道德、文化科学、劳动技能和身体心理素质,促进学生生动活泼地发展,办出各自的特色",初步表明了素质教育的观念。① 可以说,在政府行政力量的推动下,素质教育的思想成为教育决策的指导思想。这以后,素质教育成为国家领导人和政府政策文件中的重要词汇频繁出现。如 1994 年第二次全国教育工作会议,李岚清代表党中央和国务院的总结发言中提出,"现在社会上对教学改革的呼声很强烈,基础教育必须从应试教育转到素质教育的轨道上来"。同年 8 月,《中共中央关于进一步加强和改进学校德育工作的若干意见》第一次正式在中央文件中使用了"素质教育"的概念,标明了素质教育作为提高教学质量,开展课堂教学改革的指导思想和主流话语。② 1995 年 3 月八届人大三次会议通过《中华人民共和国教育法》,原国家教委政策法规司在编写《教育法条文说明》中,对素质教育进行明确界定,指出素质教育包括"政治素质、思想素质、道德素质的培养""科学文化素质教育""身体素质教育""心理素质教育"等四个方面,素质教育的主要范畴得到了确认。③ 1996 年李岚清在《人民日报》发表《基础教育是提高国民素质和培养跨世纪人才的奠基工程》,明确指出"由应试教育转向素质教育是基础教育的紧迫任务",阐述了两种教育思想的差异,提出"对实现向'素质教育'转轨的重视和研究还不够,尤其缺乏紧迫感","各级教育部门要将实现素质教育的转轨列入重要议事日程,制定规划和措施;教育科研机构要将向素质教育转轨列为重大科研项目,为教育部门决策提供依据,广大中小学校要把实现向素质教育转轨列为学校的中心工作,抓紧抓好"。④ 在强有力的政治力量的推动下,20 世纪 90 年代中期以后,学术界对于素质教育的讨论被带动起来,很多

---

① 中共中央文献研究室编:《中国教育改革与发展纲要》,http://news. xinhuanet. com/ziliao/2005－03/18/content_ 2713789. htm。

② 中华人民共和国教育部:《素质教育大事记》,http://www. moe. edu. cn/edoas/website18/24/info16624. htm。

③ 王钢成、张军:《从理想到实践:国家素质教育政策的演进》,载《当代教育科学》2004 年第 20 期。

④ 李岚清等:《基础教育是提高国民素质和培养跨世纪人才的奠基工程》,载《人民日报》1996 年 4 月 12 日。

学者对素质教育提法的合理性、素质教育的内涵、基本结构、理论基础、实现方式、过程与评价等问题进行了广泛的讨论。其中也不乏关于素质教育的分歧和争论，主要涉及"素质教育提法是否科学""素质教育、应试教育、全面发展教育的关系""应试教育能否向素质教育转轨"等问题，"也有的论者从逻辑学或语义学的角度对素质教育提出了质疑"，①这些分歧和争论进一步促成了素质教育话语体系的形成。② 随着素质教育在政府、公众和学术界的广泛讨论，素质教育也开始从一种教育观念和思想逐步转化为一种教育实践行动，成为教育领域的主流话语体系，作为一种教育和社会理想，其象征性意义也不断加强，逐步取代了其操作性意义。

---

① 李海生：《素质教育理论研究综述》，载《上海教育科研》1997 年第 6 期。

② "素质"和"素质教育"的提法一开始就是从政府和教育实践领域最先出现的，理论研究界关于素质教育的讨论很长时间是持一种观望和忽略的态度。然而，随着素质教育作为国家教育改革指导思想的确立，理论研究人员也参与到这场讨论中，引起了 20 世纪 90 年代中后期的有关基础教育和素质教育的大讨论。对素质教育持质疑或反对态度的学者认为素质教育概念模糊、存在逻辑和文化上的悖论，在理论上不科学、在实践上不规范；而持支持和扶持态度的学者则认为素质教育的出现有其深刻的历史背景和现实需求，需要用一种发展性的眼光对素质教育进行建构、发展，强调它的功能性意义。笔者以为，争议和质疑一方面来源于素质教育概念提出之初在理论构建和实现构想上的不成熟，作为一面方向性旗帜，对于什么是素质教育和如何实现素质教育并没有一个清晰的认识；另一方面，当时教育实践领域出现了很多打着素质教育名号的改革现象，使得基础教育领域一度出现混乱，引起了社会各界的强烈反感；再一方面，反映了我国素质教育政策话语形成过程中理论研究者的角色缺失，还反映了我国教育政策出台中常见的一个缺陷，即缺少事先的理论考证，缺少专业研究和政策决策之间的有效的整合机制。在后续有关新课程政策运作过程的分析中，可看到这种"决策文化"和"学术文化"分离状态在得到改善。具有代表性的论争性文章有：萧宗六《"素质教育"的说法值得商榷》，载《班主任之友》1993 年第 2 期；罗天林《辩证地认识素质教育与应试教育的关系》，载《江西教育科研》1995 年第 6 期；郭兴汉《对"从应试教育向素质教育转轨"的质疑》，载《教育参考》1996 年第 4 期；燕国材《素质教育问题研究》，载《江西教育科研》1996 年第 4 期；黎祥君《推行素质教育面临的问题和困难》，载《教育理论与实践》1996 年第 5 期；郑金洲《"素质教育"考》，载《教育参考》1996 年第 6 期；陶西平《由"应试教育"向全面素质教育转变》，载《人民教育》1996 年第 10 期；黄甫全《素质教育的负效应及其根源》，载《江西教育科研》1996 年第 3 期；黄甫全《素质教育悖论》，载《北京师范大学学报（社会科学版）》1996 年第 5 期；张楚廷《论素质教育的科学性——与〈素质教育悖论〉商榷》，载《北京师范大学学报（社会科学版）》1997 年第 3 期；石欧《我看素质教育之争》，载《当代教育科学》1998 年第 7—8 期；石欧《我们从素质教育那里期望什么》等系列研究，载《湖南师范大学社会科学学报》1996 年第 5 期—1998 年第 5 期。

应该说，最初作为一种政治语言被标明的"素质教育"理念虽然具有强烈的政治色彩，其起源仍来自我国教育实践所面临的现实弊端和改革的需求。素质问题和素质教育的提出把政府、公众、传媒和教育界人士的注意力集中到基础教育实践的种种弊端之上，如"偏重知识传授，忽视德育、体育、美育和生产劳动教育；忽视能力与心理素质的培养；以死记硬背和机械重复训练为方法，妨碍学生生动、活泼、主动地学习，使学生课业负担过重；以考试成绩作为评价学生的主要标准甚至作为唯一标准，挫伤了学生学习的主动性、积极性和创造性，影响了他们全面素质提高"等问题。[①]　应该说，素质教育所关注的教育问题从根本上同学校日常的教育教学实践紧密相关，其中相当的一部分是那些结构不良的课程与教学问题。从这个角度来看，随着素质教育逐步转化为教育改革行动，原本抽象的素质教育理念也转化为具体的改革所指向的问题，而人们对教育领域现实问题的聚焦则促成了那些潜在的课程政策问题的明晰化，只是这些问题暂时还被整合在素质教育政策问题的大框架之下，尚未被清晰地表达和界定。

二、课程政策问题的界定与陈述

课程政策问题从素质教育这一宏大的政策话语体系中脱颖而出，确认为实体的政策问题，也经历了较长时间的酝酿和探索，是人们在寻求素质教育实践突破口的过程中逐步实现的，这一过程包含了几个关键性的事件。

一是汨罗素质教育经验的推广，这是课程政策问题确认过程中的重要准备。1996年2月，《人民教育》发表《大面积推行素质教育的探索——湖南汨罗市中小学教育改革12年写真》，大篇幅介绍汨罗素质教育改革的经验；3月，原国家教委党组书记、主任朱开轩，副书记、副主任柳斌批示要实地考察、研究、推广汨罗经验，原国家教委基础教育司也将推广汨罗经验作为当年主要工作任务；5月，时任国务院副总理的李岚清视察汨罗市教育，做出了在全国推广汨罗市大面积推行素质教育经验的指示；6月，全国督导工作会

---

①《国家教委关于印发〈关于当前积极推进中小学实施素质教育的若干意见〉的通知》(1997年10月29日，教办〔1997〕29号)，http://law.chinalawinfo.com/newlaw2002/SLC/slc.asp·db=chl&gid=31489。

议在汨罗召开,讨论推行汨罗素质教育经验。① 从政府一系列的密集行动来看,推广汨罗素质教育经验成为当时全国教育领域的重大事件,全国各地掀起了学习汨罗经验的热潮,表明了政府整体推进素质教育的政治态度和决心,也反映了当时我国教育实践领域迫切寻求变革的内在愿望。当时,汨罗素质教育改革整理了一些主要的经验,重点包括"四个面向"的教育理念、课堂教学改革的重点、管理体制与目标管理体系的改革,以及干部教师队伍的建设等几个方面。各地方在学习汨罗经验的过程中,又以深化教育教学整体改革作为重点,特别关注几个核心问题:如改革招生考试制度,小升中免试、就近入学等制度;改革评估制度,改变以升学率和考试成绩作为主要指标的评估体系;改革课程体系,对课程内容和结构进行改革;改革教学方法和教学模式,优化教学过程;加强学校和教师的队伍建设,提高教师队伍的素质等方面。② 可以说,学习汨罗素质教育改革经验的过程,正是发动集体力量从实践中聚焦教育教学关键问题,以结构化、系统化的方式界定教育政策问题的过程。通过实践的探索,人们逐步把教育改革所面临的主要问题落实到课程与教学体系、考试与评价制度和教师素质提升等几个主要方面,为我国基础教育的改革与发展提供了基本的"切入口",课程政策的问题系统也在这个过程中逐步得到了明确。这个过程"不仅仅是一个知识运用的过程,其中价值观、世界观、意识形态,甚至所谓的集体潜意识也起很大的作用"③。

二是"93年课改",这是课程政策问题确认过程中的关键事件。众所周知,"93年课改"孕育于1985年《关于教育体制改革的决定》的颁布,并以1993年《中国教育改革与发展纲要》和1994年《〈中国教育改革和发展纲要〉的实施意见》为主要的指导文件。"93年课改"是我国课程改革历史上首次具有课程意识的改革计划,用新的课程计划《九年义务教育全日制小学、初级中学课程计划(试行)》(第六套),以及义务教育阶段的24个学科的教学大纲的试用版,替代了沿用40年的"教学计划",在课程培养目标、课程设置、课

---

① 康仲德、陈铁义:《汨罗春潮逐浪高——汨罗经验在全国引起强烈反响》,载《人民教育》1997年第2期。

② 唐仲扬、胡宏文、梁友君、龚鹏飞、刘心洋:《大面积推行素质教育的探索——湖南汨罗市中小学教育改革12年写真》,载《人民教育》1996年第2期。

③ 宋锦洲编著:《公共政策:概念、模型与应用》,东华大学出版社2005年版,第96页。

程结构安排、课程内容选择、国家和地方课程管理，以及课程教材改革等方面，做出了大胆的革新。例如，在课程目标的设置上，提出"要进一步转变教育思想，改革教学内容和教学方法，克服学校教育不同程度存在的脱离经济建设和社会发展需要的现象"，认为"基础教育应把重点放在提高儿童和青少年的思想道德水平、文化科学知识、劳动技能和身心素质上"，①"重视培养学生分析问题和解决问题的能力，注意发现和培养有特长的学生"②；在课程结构的设置上，打破传统的学科中心主义，而采取了更灵活的设计，"课程包括学科、活动两部分，以分科课程为主，适当设置综合课。学科以文化基础教育为主，因地制宜地渗透职业技术教育；以必修课为主，适当设置选修课"③；在课程内容的安排上，"按照现代科学技术文化发展的新成果和社会主义现代化建设的实际需要"④，充分考虑现代化的问题，强调要删除陈旧、庞杂的知识，适当增加新的学科、技术方面的内容，注意基础知识、基本技能同社会、生活的联系；在课程管理上，改变了集中划一的管理模式，做出了国家课程和地方课程的两种安排，各地可根据本地区情况安排课程，并为地方课程安排留出了余地；在教材编制上，提出"中小学教材要在统一基本要求的前提下实行多样化，提倡各地编写适应当地农村中小学需要的教材"⑤，形成了八套不同的义务教育教材，落实和确立"编审分开""一纲多本"的教材制度。虽然由于缺乏系统的政策架构⑥、理论和实践的准备，"93 年课改"在具体的实践中遭遇了诸多困难而没能从根本上促成课程问题的有效解决。但是，"93 年课改"却明确了我国课程改革政策问题的基本内涵和结构，形成了关于课程政策问题的基本框架，澄清了改革的主要方向和内容，为后来的

---

①《国务院关于〈中国教育改革和发展纲要〉的实施意见》(1994 年 7 月 3 日)，见 http://www. edu. cn/20010823/207371. shtml.

②④⑤ 中共中央、国务院：《中国教育改革和发展纲要》(中发【1993】3 号)。

③ 马云鹏：《基础教育课程发展政策的反思》，见袁振国主编《中国教育政策评论》，教育科学出版社 2001 年版，第 145 页。

⑥《中国教育改革与发展纲要》及其实施意见中有关课程改革政策内容的阐述，都是分别散落在政策文本的不同部分的，并没有形成系统的关于课程改革政策的阐述，这也使得"93 年课改"虽然识别并界定了关键性的课程政策问题，但是由于缺乏总体的政策设计与实施支持，在实践中无法真正落实；因此，"93 年课改"也催生了之后课程政策变革进行顶层设计和系统整合的需要。

课程政策问题的系统陈述和整体设计提供了重要的基础。

三是"九年义务教育课程方案实施状况调查"以及《九年义务教育课程实施状况调查报告》的形成。通过大规模的调研对课程政策问题进行了系统的界定与陈述，并以研究报告的形式对课程政策问题进行正式的、结构化的表达，标志着课程政策问题的最终确认。这次大规模的课程改革实施状况的调研活动由教育部基础教育司（原国家教委）组织，由北京师范大学、华东师范大学、华中师范大学、南京师范大学、东北师范大学、北京大学等 6 所大学和中央教育科学研究所（现更名为"中国教育科学研究院"）的部分专家和学者组成课程调查专家小组，从 1996 年 7 月开始进行调研方案和工具的设计，在经过初测和修改后正式投入使用。1997 年 5 月开始对全国 9 个省（市）16000 多名中小学生、2000 多名校长和教师以及少量的社会人士（主要是全国政协委员）开展调研，调查内容主要包括课程目标的落实情况、教学内容的适宜性、教与学过程中的问题、考试与评价的问题、学生学业负担与对学校的体验等方面。① 1997 年底专家小组完成《九年义务教育课程方案实施状况调查报告》，报告总结出现行基础教育课程方案实施中种种病态征候，包括：教育观念滞后，人才培养目标同时代发展的需求不能完全适应；思想品德教育的针对性、实效性不强；课程内容存在"繁、难、偏、旧"的状况；课程结构单一、学科体系相对封闭，难以反映现代科技、社会发展的新内容，脱离学生经验和社会实际；教学与学习方法陈旧呆板，学生苦于死记硬背、教师乐于题海训练的状况普遍存在；课程评价功能单薄，过于强调学业成绩和甄别、选拔的功能；课程管理统一集中，知识课程难以适应当地经济、社会发展需求和学生多样发展的需求等。② 在问题分析的基础上，调查报告提出了改革国家义务教育课程的系列建议，代表性的如：突出国家义务教育课程的形式（权威性、统一性、基础性）；制定国家义务教育课程标准；完善现行课程政策（开设地方性和多样化的符合当地、当时需要的课程）；加强课程实施过程的指导（以解决课程目标与具体课程与教育、教学活动的有关问题）；建立

---

① 吕立杰：《国家课程设计过程研究：以我国基础教育"新课程"设计为个案》，教育科学出版社 2008 年版，第 104—105 页。

② 崔允漷：《新课程新在何处：解读〈基础教育课程改革纲要（试行）〉》，载《教育发展研究》2001 年第 9 期。

评价机制,加强质量监控(其中推广使用发展性评估是核心问题);成立国家基础教育课程改革发展委员会(全面承担基础教育课程改革的具体任务);尽快建立国家义务教育课程试验基地和实验校,使新课程尽快进入实验状态;提前做好师资准备,同时使之成为师资培训的基地等。①《九年义务教育课程方案实施状况调查报告》形成了重要的课程改革的思路,对课程改革政策问题进行了专业而系统的陈述。这份报告虽然没有公开发表,但是却递交给委托调研的教育部基础教育司(原国家教委),对后来的政策审议产生了重要的影响,成为新课程政策设计和相关政策文本开发的重要参考文件。

三、政府课程政策议程的确立

我国课程政策问题进入政府政策议程,转变为实质性的政策议案,是以一系列重要的政府内部会议的召开及其文件的颁布为标志的。首先是1997年9月原国家教委在山东烟台召开的全国中小学素质教育经验交流会,该会议提出要"抓住关键环节,扎扎实实地推进素质教育"。这些关键环节主要包括积极进行课程、教材的改革,建立科学的素质教育的评价体系,改革考试制度,大力提高全体教师的素质,落实德育教育的重要地位,以及加强薄弱学校建设。会议明确指出"必须完善和建立以全面提高学生素质为目标的课程、教材体系,优化教学过程","建立学生主动学习的课程模式,以及相应的评价体系"。柳斌同志在会议讲话中还指出,国家教委已经在做有关方面的调研与准备,以尽快启动新课程的制定。② 此次会议的召开标志着课程政策问题已经成为政府工作中的主要问题,成为政府相关工作部署的首要考虑。会后由原国家教委发布了会上讨论的《关于当前积极推进中小学实施素质教育的若干意见》,提出了三个部分十六条的意见,明确了建立新的课程体系、改革考试和评价方法、建设高素质的校长教师队伍等政策要求。之后,1999年1月国务院批转教育部制定的《面向21世纪教育振兴行动计划》,作为我国跨世纪教育改革和发展的战略性计划,其中的"跨世纪素质教育工程"明确提出要在"2000年初步形成现代化基础教育课程框架和标准,改革教育内容和教学方法,推行新的评价制度,开展教师培训,启动新的实

①吕立杰:《国家课程设计过程研究:以我国基础教育"新课程"设计为个案》,教育科学出版社2008年版,第106—107页。

②柳斌:《加强领导、扎扎实实地推进素质教育》,载《课程·教材·教法》1997年第11期。

验,争取经过 10 年左右的实验,在全国推行 21 世纪基础教育课程教材体系"①。随后,1999 年 6 月《中共中央国务院关于深化教育改革全面推进素质教育的决定》(中发〔1999〕9 号),也提出建立新的基础教育课程体系的政策主张,包括面向学生德智体美劳的全面发展,实行国家、地方和学校的三级课程制度,改变课程过分强调学科体系、脱离时代和社会发展以及学生实际的状况,更新教学内容的机制,加强课程的综合性和实践性,促进教材多样化发展和评审制度的完善,推进教学改革和考试评价制度等具体方面。②这些会议和政策文件充分表明课程政策问题进入我国政府政策议程的实质性层次。(见图 3—1)

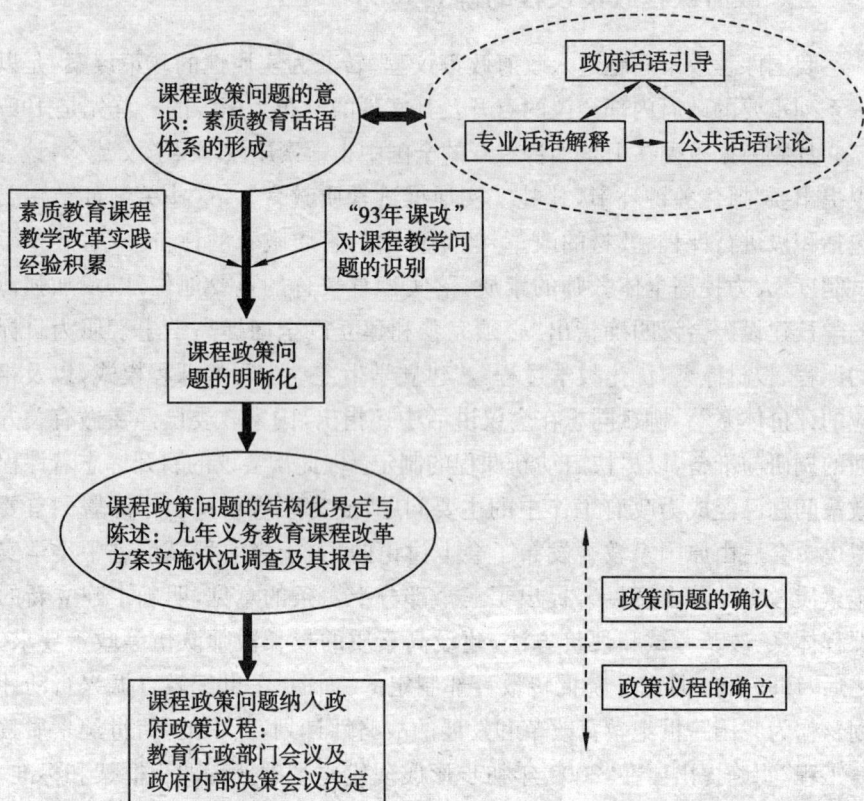

图 3—1 我国课程政策问题概念化过程的基本流程

---

① 中华人民共和国教育部:《面向 21 世纪教育振兴行动计划(摘要)》,载《人民教育》1999 年第 4 期。

② 参见《中共中央国务院关于深化教育改革全面推进素质教育的决定》(中发〔1999〕9 号)。

第二节　课程政策概念化过程的中国特征

一、概念化过程中的党政联合

正如前文所提到的,执政党一旦掌握国家权力,在政策问题的识别和确认过程中往往具有决定性作用,反映了党派的政策主张。一般而言,执政党通过掌握权力和行政机关的主要职位,将党派利益反映在国家政府的政策问题认定过程中,决定哪些政策问题是有价值和有意义的政策议程问题。在中国,这种党政联合的特征又尤其明显和直接,党对教育工作的领导不仅体现在国家最高行政机关的战略性教育政策中,还体现在教育行政机关的各类部门政策中,各级各类教育行政机关的教育工作都同党中央协调一致。这种联合同中国共产党长期以来在管理国家和教育事务上的绝对权威密不可分。在我国,党主导国家和教育行政事务,曾一度出现党政不分、以党代政的局面。因此,很长一段时间以来,政府机关的教育政策也就是党的教育主张。随着我国政治体制改革的深化,开始理清党政关系,逐步明确了党领导下的政府工作负责制的管理体制,在教育政策的确认和制定中开始强调执政党、各级人民代表大会和政府机关(主要是国家教育部和各级教育行政机关)的联合作用。但是,这种党政关系的协调仍然是以坚持党领导一切的原则为前提的,"主要体现为政治、思想和组织层面的领导"①。这种明确的联合方式同其他国家在政策问题概念化中的政党权力"隐蔽化"(隐藏在权力和行政机关背后)的方式是有显著差别的。从我国课程政策概念化的过程来看,可以概括出党政联合的两种主要形式。

一是党政的联席会议和联合决策。在我国课程政策概念化的过程中,党中央和国务院通过联合召开教育会议、联合颁布政策文件引导政策的概念化。比如1985年由中共中央和国务院联合召开的第一次全国教育工作会

① 兰秉浩、刁田丁主编:《政策学》,中国统计出版社1994年版,第82页。

议，及其颁布的《中共中央关于教育体制改革的决定》和1986年的《中共中央关于社会主义精神文明建设指导方针的决议》等，就酝酿并引发了有关素质教育的讨论，并在全社会推动了素质教育话语环境的形成，为课程政策问题的显现提供了条件。1993年中共中央和国务院联合颁布了《中国教育改革和发展纲要》，1994年联席召开第二次全国教育工作会议并在8月颁布了《中共中央关于进一步加强和改进学校德育工作的若干意见》等文件，标志着党政决策层决定确立素质教育为教育改革与发展的基本指导思想，并将课程改革作为推进素质教育的根本性问题，课程政策问题逐步被清晰化和结构化。1999年的《关于深化教育改革全面推进素质教育的决定》和同年6月的第三次全国教育工作会议，则明确提出将课程改革纳入政府政策议程，促使了课程政策问题的系统阐述与最终确认。可以看到，作为课程政策概念化的重要机制，党政联席会议与联合决策在决定课程政策问题的过程中具有举足轻重的作用。它们不仅从战略意义上引导政府和社会的认识和行动，还直接影响教育行政部门对课程政策问题的识别和确认。

二是组织和人员上的联合。课程政策概念化的过程中，参与政策问题识别、界定、陈述和确立等活动的关键的政府行政领导，也同时是各部门重要的党组成员。比如原国家教委的朱开轩、柳斌，原国家副总理李岚清等，他们不仅在政策问题察觉过程中为确立素质教育话语体系起到了重要的支持和推动作用，也是政策问题界定和陈述过程中树立改革典型、推进课程改革、组织大规模调研的决策性人物，更是决定课程政策问题进入政府议程的关键力量。可见，政府机关和党组织机构在人员设置上的联合、主要领导的多重身份，体现了课程政策概念化过程中的党政联合的紧密程度。除此以外，在我国，教育行政机关做出相关重要决定或发布相关政策文件，往往需要通过机构内设的党组会议进行讨论和审议，这种工作机制上的联合也决定了党政意见的必然整合。

二、概念化过程中的政府主导

在我国课程政策概念化的过程中，一方面，政府的力量是贯穿概念化过程始终的潜在线索，通过引导课程政策主流话语的方向，促成社会对课程问题的集体关注,实现政府进行政治社会化①的目的;另一方面,政府的力量也是实质性地引导和组织政策概念化过程的主体,包括对素质教育经验的推广、组织推进"93年课改",以及安排对课程改革实施状况的大规模调研和评估等,这些课程政策概念化过程中的关键性事件,都是由政府有意识地规划和安排的。正是由于政府力量对政策概念化过程的主动引导和组织,在我国,课程政策问题的识别和认定更多地表现为一种政府责任,尤其是"党和政府作为社会公共利益和群众意志的代表","在政策权力结构中处于政策中枢的地位",②政策的概念化过程体现了较为统一的行政负责和行政决定的意味。

因此,在我国课程政策概念化的过程中,政府会大量运用政策性文件和领导讲话,来规范政策问题的确认。这些政策文件中,除了党中央制定和批准的有关决议、决定、命令、指示、通知或意见以外,还有全国人民代表大会制定和批准的政策性文件,以及党和国家机关(国务院和教育部委等)联合发布的各种决议、文件和通知,国家行政机关(教育部)制定和发布的有关文件,党和国家领导人在某些场合作的有关教育的报告、谈话、讲话,甚至一些重要报刊的政策性文论也可以看作是相关教育政策的传达。③ 这种以政策来确定课程政策问题的方式,使得整个政策概念化的过程具有政府主导的色彩,体现出政策概念化过程的权威性和稳定性。

三、概念化过程中的"政策之窗"

所谓的"政策之窗"是约翰·金通(John Kingdon)在分析政策问题是如何在议事日程上出现以及可供选择的政策是如何被具体化和概念化的多源

---

① 所谓的政治社会化,指的是一个社会内政治取向和社会模式的学习、融合、传播和继承的过程。政治社会化是社会共同体的政治价值和行为规范的整合,是政策活动所涉及的各方的价值取向的黏合剂,旨在使不同的行为主体和目标群体对公共政策的目标和价值取向的认知、理解趋向一致,从而有利于政策的推行和贯彻实施。以政府引导政策话语的形式进行政治社会化是一种有效的途径,可以通过公众的讨论在潜移默化中形成对公共政策的认同和支持,并进而固定为一种行为模式,从而减少政策执行的阻力。参见张骏生主编:《公共政策的有效执行》,清华大学出版社2006年版,第209页。

② 黄忠敬:《我国教育政策制定过程之探讨》,载《教育理论与实践》2007年第3期。

③ 黄明东主编:《教育政策与法律》,武汉大学出版社2007年版,第9页。

流分析框架中的概念。金通指出，一个政策问题能够被提上政策议程，取决于包含着不同个体、群体、机构和组织利益的源流是否能够汇聚在一起从而打开"政策之窗"，为政策问题的推广和纳入议事日程提供机会。他提出开启政策之窗的三个重要源流：一是政治源流，代表了一种公众的观点(public opinion)和政治状态(state of politics)；二是政策源流，代表了政策共同体中对于特定问题的潜在解决方案和取向；三是问题源流，代表了问题本身的属性。① 这一概念框架带给我们的重要启示就在于，它为我们提供了政策问题从出现，到被识别、确认、纳入政策议程的清晰隐喻，即政策的概念化并不能仅仅依靠某一种力量来实现，而是各种力量综合作用的结果。

运用这一思路来理解我国课程政策的概念化过程，可以发现，除了政府行政机关在政策概念化过程中起到主导作用，课程政策问题的最终确立还得益于以下几个条件的共同作用。一是课程问题本身的迫切性已经引起了公众、政府和社会精英的关注，而且课程系统内部的矛盾也要求进行内发的系统性变革；二是在政府构建的素质教育的话语环境下，全社会对教育领域诸多问题的诟病和批判，已经形成了一种普遍的要改善课程教学现状的情绪和压力，推动了公众对改革的认识与支持；三是专业力量的参与，无论是前期的素质教育的专业论争或是后期的课程实施状况的实证调研，都是对课程政策问题的系统而结构化的整理和总结，避免了长期以来我国行政命令的随意性和经验性的缺陷，为课程政策问题的确立提供了专业分析的基础，使得政府的政策导向有了理论和实践的支撑。正是在这些力量的共同作用下，课程政策问题才顺利地成为政府的重要工作议程。从这个角度而言，政府在推进课程政策问题具体化和概念化的过程中，在力求政策运作过程的科学性和民主性方面做出了一定努力，改善了以往单一的经验型或命令型的政策问题决定机制，开始调整行政力量、专业研究力量以及公众意见之间的关系。(见图 3—2)

---

① Birklan T. A. *An Introduction to the Policy Process*：*Theories，Concepts，and Models of Public Policy* (2nd ed.). Armonk，N. Y.：M. E. Sharpe，2005，225—226.

公众和相关利益群体的问题意识

问题源流：问题的自身特质

政策源流：政府政策主张与导向

政府政策议程

政策问题的专业解读：理论、实践层面

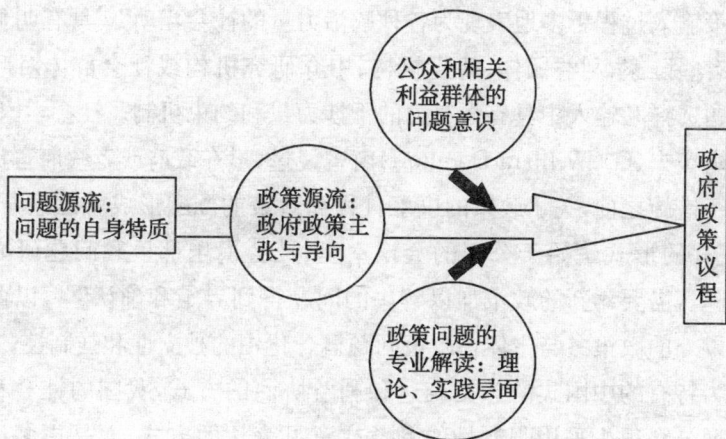

图 3—2　我国课程政策概念化过程的多源结构图

资料来源：Birklan T. A. *An Introduction to the Policy Process: Theories, Concepts, and Models of Public Policy* (2nd ed.). Armonk, N. Y.: M. E. Sharpe, 2005, 225—226.

四、概念化过程中的"中国式"意见表达

在我国课程政策概念化的过程中，多元的权力主体在参与政策活动时还表现出一种特有的属性，即政府以外的权力主体在政策问题认定过程中的意见表达，往往采取一种温和、被动的体制内允许的方式，这种特征是我国所特有的。由于长期以来政府在政策问题认定和确立过程中持有"为民做主"的姿态，这种典型的家长式的政治文化色彩，造成了政府外部的政策权力主体在表达利益诉求时所特有的"请愿"和"陈情"的特点。以这种方式向党政机关和政府机构沟通信息、反映情况，由相应的职能机关决定是否予以特别关注或"采纳建议"。具有这种特征的意见表达的机制并不能对政府产生政策压力，也不能强制政府的政策行为，更多的是一种陈情和反馈机制，寄希望于政府机构能够主动"纳谏"，采取相应的举措，政府在整个意见综合和协调的过程中仍然具有绝对的主动权和决定权。这一特征同"西方

国家政策输入过程更多地表现为各种政治力量的社会互动"①具有明显的差异。在有些国家,利益团体、智囊机构、中介研究机构或社会群体对政府在政策问题选择和输入中具有强有力的干涉力量和约束机制。社会学家 G. 威廉·多姆霍夫(G. William Domhoff)就曾说过,早在政府或者政府官员采取任何执行措施之前,关于政策的议事日程和政策的酝酿形成就已经开始了,"以非正式的形式肇始于公司的会议室里、社会俱乐部里和问题研究组织里,在那里,需要用新的政策加以解决的问题得到界定和确认"②,以此来形容政府以外的政策参与主体在政策问题概念化中的独立性和强制性。

作为特有的中国式的意见表达和利益协商的方式,我国的社会利益群体或普通公众很少采用强制性的利益或意见表达的方式,而是更多地运用中国式的"陈情"和"纳谏"的方式,对党政机关政策问题的认定进行"合理的非政府延伸",反映出"我国政策问题认定中的高度的政府整合性和组织化一体性"的特点,③具有鲜明的政治文化特征。但与此同时,这一特征也从另一方面反映出我国政策运作中民主参与和多元决策的体制限制,不仅缺乏分化的政策问题认定的主体,政府外部的政策权力主体也缺乏影响甚至监督政府权力主体的自主性和威慑力。

118

第三节　我国课程概念化过程的起点缺陷

一、问题识别机构和渠道匮乏

综观我国课程政策概念化的过程,可以发现,除了政府教育行政机关作为问题识别和确认的主体机构以外,其他问题识别和认定的机构和渠道相对萎缩,实质性的权力分化是非常有限的,并没有确立起系统而有效的课程政策问题的预警和识别机制。

---

①③ 张小明:《内部输入:解读当代中国公共政策制定的输入机制》,载《宁夏社会科学》2000 年第 5 期。

②〔美〕托马斯·R. 戴伊:《自上而下的政策制定》,鞠方安、吴忧译,人民大学出版社2001 年版,第 49 页。

一方面，在我国，并没有常设的课程政策的专门咨询机构，课程政策问题的识别更多是依托政府推动的课程改革来驱动，具有较为明显的间断性，对课程信息的系统收集也缺少制度规范和长效机制，具有较大的随意性。其实，从国际经验来看，在很多国家或地区，课程政策问题的识别已经发展成一种非常制度化的活动，通过设立专门的课程政策问题研究或咨询机构，对课程领域的政策问题进行长期的追踪。这些机构一般由政府行政机关设立或委托，但又同时保持相对的独立性，不受政府机构内部官员更迭的影响，定期对重要的课程问题或课程标准进行考察和调研，为政府的政策问题识别和认定提供专业咨询和建议。这些专业信息不但在机构内部得到有效的积累，更重要的是，通过机构化的管理形成了稳定而规范的政策决策的信息支持的渠道，为政策问题的识别提供了稳定的组织基础和研究支撑。在我国，也有一些相似类型的研究机构，如国家教育发展研究中心、中央教育科学研究所（现"中国教育科学研究院"）等。但是，这些机构在支持课程政策的专业运作中存在诸多缺陷。一是这类研究机构的研究取向较为宽泛，多以项目驱动（尤其是政府委托的课题或项目）为主要工作模式，研究具有很强的指向性和阶段性，提供的信息比较松散，无法对特定领域的政策问题（如课程领域）实现常规性和持续性的关注和支持。二是这类机构在组织关系上隶属于教育部或其他政府机关，虽然是专业的研究与咨询机构，却天然地带有较强的行政色彩和行政依附性，缺少主动发现和识别问题的动力机制，因此，并不是非常有效的课程政策问题识别的情报机构。

另一方面，在我国，教育专业研究机构和团体中的力量（如大学里的教育学院、教育专业研究团体、协会等）相对松散，无法成为独立的政策问题识别和认定的主体，难以产生规模化的专业效应来影响政策问题的选择和确立。这些组织及其成员或偏安于相对独立的专业研究，远离政府政策活动；或为政府所网罗，作为服务型的机构和专家。这两种情况都无法保证这些机构及其成员能够在政策问题识别和认定中发挥独立主体的作用。前者由于缺失直接参与和影响政策决定的有效渠道，其研究无法产生实际的政策影响；后者则受限于政府在问题识别上的特定取向，无法进行自主的问题识别和认定。在我国，专业意见的表达渠道也十分有限，像直接提案、行政游说、立法游说、司法诉讼、结盟、特别听证等提出政策诉求的方式使用并不广泛，更没有形成多元的政策问题识别和反馈的制度或机制。

再一方面，我国政策问题识别机构和渠道的匮乏，还表现在民间研究或咨询机构、利益团体和社会群体的力量薄弱。它们不但缺乏政策问题识别和认定的意识，更缺少良好的组织。这很大程度上同我国传统的二元社会结构相关，由于公民社会的结构分化不明显，政策问题认定的民间力量相对萎缩。这使得我国当前课程政策概念化的过程中，并没有强有力的中介性教育咨询机构、教师组织、家长群体，或是其他相关利益团体或组织，独立表达他们的政策诉求和意见。这些组织、机构或群体或缺乏相应的组织力量和活动能力，或没有足够的资金和专业的支撑，在很多情况下，更没有参与公共政治的合法身份和渠道，无法直接参与或影响课程决策。因此，有学者曾建议我国应该建立行业式的咨询机构，有序地将社会中的各种教育权力主体组织起来，并授权这些机构在资源、代表身份、组织规则和活动程序等方面的公共权威，确保他们的咨询权、参与权和代表权受体制的保护，[①]能够公开地进行意见表达，成为政府决策的重要规制力量。

正是由于上述问题的存在，政策概念化过程中问题识别的机构相对单一，加上缺少权力分化的制度保障和文化传统，信息表达和沟通的渠道非常有限，使得外在创始型的政策问题识别难以实现，无法形成多源头、多方位的政策问题的预警机制。我们说，相对稳定和制度化的课程政策发展的机制，不但能够"提高认定议程的时效性和有效性"，还能够根据课程问题的动态发展进行"经常性的政策问题认定"，"对各种政策建议进行收集、整理、调查、分析和认定，防止问题的积累"，是优化各国课程政策变革过程的重要机制。

从这个意义上而言，我国课程政策概念化过程的科学化和民主化发展，一方面要依托问题识别机构和渠道的"开源"：一是积极培育政府以外的相关机构和组织的政策问题意识和独立进行政策干预的能力；二是广泛疏通表达政策意见的渠道，扩大信息来源，切实设立合法而多元的信息沟通途径和方法，在政策问题概念化过程中综合运用各种形式的沟通方式，如调查、听证、提案、公开讨论、研讨、咨询等，从制度建设上加以保障，逐步建立起较为完善的课程问题的预警系统。另一方面，则要规范各种课程政策问题识别和信息沟通的活动，促成其常规化和制度化的发展，使其成为解决我国课程领域重点热点难点问题、推进课程持续发展的重要基础。

---

①② 孙绵涛等：《教育政策论——具有中国特色的社会主义教育政策研究》，华中师范大学出版社 2002 年版，第 67—68、69 页。

二、权力共享意识和机制缺失

真正的政策问题的确认不是一个封闭性的活动,需要拥有一定的公共基础。政策概念化的过程,不仅仅是政府或学者的专属活动,更需要目标群体、公众和相关利益群体了解并参与整个认定过程。不但要在政策问题出现的初始阶段进行公开讨论,让人们意识到问题的存在,更要帮助人们对政策问题的认识走向清晰化和具体化,达成系统而结构化的共识,享有课程政策过程的基本知情权和参与权。

简单回顾我国课程政策概念化的过程。在课程政策问题的察觉阶段,为了形成素质教育的话语环境,当时在全社会掀起了讨论素质教育的热潮,聚集了政府、专家、教育实践工作者、社会各界人士的广泛参与,唤起了人们的问题意识。但是,在后期课程政策问题进行实质性的界定和陈述的过程中,出现了"受益人缺席"的状态。整个政策问题的结构化界定与陈述是由政府主导的专家学者组成的调研团队为主体的,研究的结果也是在内部消化与使用,并没有获得公开的共识。虽然整个调查研究也是在吸取校长、教师、学生和相关社会人士有关课程教学问题的认识和意见的基础上形成的,但是,作为一个单向的信息收集过程,信息或意见供给者并没有同研究主体达成真正的共识,他们作为"被做出选择的人"①,被屏蔽在政策问题结构化的外围。应该说,我国课程政策的概念化过程,确实引起了公众的课程问题意识,但是对课程问题内涵、实质和结构的共识则是在有限的群体中达成的,由于缺少持续的公共讨论和信息公开,难以实现公众对课程政策问题的共享和结构化的认识,给后续的政策审议和实施埋下了诸多隐患。

其中最为显著的问题是不同群体有关课程政策问题认识水平上的不平衡。那些主导政策问题概念化的社会精英对课程问题很容易形成较为结构化和系统的认识,但是一般公众和利益相关人由于被动的地位和有限的参与,其认识水平还相对混乱和零散。这种信息的不对称导致了诸多意见和分歧的积累,并将其延续到政策实际开发和实施的阶段,增加政策实际运作过程的难度。由于缺少问题共享和讨论的机制,人们关于政策问题的认识缺乏相互协商的平台,无法"公正、及时、有效地协调和解决这些潜在的矛盾

121

①〔英〕杰弗里·维克斯:《判断的艺术——政策制定研究》,陈恢钦等译,中国青年出版社 2004 年版,第 79 页。

和冲突"①。那些本应该在政策制定之初就通过各种讨论和咨询机制进行公开解决的意见和分歧，被累积到之后的政策制定和实施之中，弊端被逐渐地暴露出来。

从这个过程中可以看出，一方面是政策问题概念化过程中共享意识的匮乏，权威性的政策权力主体始终掌握并决定着问题公开讨论的时间和空间节点，进行有效的控制。另一方面，最为根本的问题，还在于整个政策运作过程天然地缺少公共参与政策问题概念化过程的手段和方式，也就是具体机制上的匮乏。没有常规化的信息公开制度、公示制度、听证制度、公众咨询、公民请愿、公民投票等较为开放的、互动的问题共享的途径。公众只能是在单方面的官方调查、信息传递或意见咨询中充当信息提供者，而不是真正的讨论主体，无法全面地参与政策问题概念化的过程，因此无从获得对"课程政策"的拥有感。正如沃纳(Walter Werner)所说的，"教育改革的共识和起点必须始于一种共享需求的意识，并需要确立起种种机制来保护这种意识的运转，让人们意识到改革是我们的，是我们的切实需要，也是我们的智慧成果"②。这种共享的需要须从政策问题概念化的阶段就予以落实，因为这是共同决策的参与起点。从这个意义上而言，为了"让越来越多的人参与决策并成为教育和社会重大改革的动力"③，我们不仅要确立民主政治的共享意识，更要确立保护意识运转的各种机制。没有一个扎实的问题共享的基础以及有效的咨询和沟通机制，我们就无法追本溯源，从起点开始发现并解决政策运作过程中的实际矛盾。

---

① 陈永明、胡东芳等：《比较教育行政》，华东师范大学出版社 2005 年版，第 338 页。
② 屠莉娅：《一个理想主义教育家对教育改革的现实解读——沃特·沃纳教授访谈录》，载《全球教育展望》2008 年第 9 期。
③ 〔挪威〕波尔·达林：《教育改革的限度》，刘承辉译，重庆出版社 1991 年版，第 78 页。

表3—1　课程政策概念化的中国经验与特征

课程政策概念化的逻辑程序		中国课程政策概念化的行动主体	中国课程政策概念化的运作经验	中国课程政策概念化的权力关系特征	中国课程政策概念化的起点缺陷	中国课程政策运作的改进建议
政策问题的确认	政策问题提出	党中央和国务院相关部门及其领导、教育部(原国家教委)及其行政人员、教育理论研究者(主要师范大学和中央教科所的教育专家)、教育实践工作者(教研员、教师、学校管理者)、一般公众、媒体从业人员、利益相关者(教材开发者、家长群体、社会团体或其他代表)	素质教育话语体系的形成:政府引导讨论—教育实践讨论—公众讨论—专业讨论—政府话语规范　素质教育改革实践、"93年课改"经验、专家调研组的大规模调研及研究报告　党中央、国务院和教育部(原国家教委)一系列内部会议及政策文件的确认	・权力的去中心化:(1)行政权力、公共权力和专业权力并存结构(2)党政联合的权力结构　・政府权力的集中化:(1)权力运作中的政府主导(2)政府外部权力主体利益诉求的"陈情、纳谏"的中国式意见表达	・实质性的权力分化的有限性:(1)文化牵制和制度欠缺(专业力量、民间力量的薄弱性和非制约性)(2)缺少权力分化的制度保障和文化传统　・权力共享意识与机制的缺失:(1)政府主导带来的"受益人缺席"的状况(2)公众参与政策问题概念化的手段与方式的缺失,缺乏有效的参与政策过程的合理机制	(1)政策问题识别主体的"开源",培育多元的政策问题识别机构与实体(2)政策问题表达与沟通渠道的制度保障与实质性建设(3)建构政策概念化过程中民主权力的共享的意识与机制,包括信息公开制度、公示制度、听证制度、咨询制度、论证制度等
	政策问题界定					
	政策问题陈述					
	政策问题的确立					
政策议程的确立	综合性政策议程		政府动员与主导的模式			
	政府政策议程					

第四章

课程政策的审议：中国经验与特征

第一节　课程政策审议过程的中国经验

课程政策的概念化仅仅是课程政策过程的"起点"，它需要后续的政策行动的支持，也就是实际的课程政策的开发、方案抉择、合法化和采纳。课程政策的审议不同于一般政策审议的关键，在于它既是一个课程政策方案规划和决策的过程，也是一个课程体系开发和设计的活动。特别是第八次课程改革致力于我国课程体系的重建，更加强调了政策审议过程的专业属性。从 1999 年 12 月教育部基础教育司为落实新课程改革公布的《国家基础教育课程改革项目概览》来看，新课程政策的审议过程，从一开始就具有系统的项目研发的特征，不仅包括课程改革的纲领性政策文件的开发，也包括课程体系的全方位的设计，如各科课程标准、指导纲要、实验教材以及辅助性的课程项目的研发。接下来，我们就从两条线索出发，分别对课程改革纲领性政策方案——《基础教育课程改革纲要》（以下简称《纲要》）的形成和决定过程，以及以各科课程标准开发为核心的课程体系的研发过程进行追踪，探讨我国课程政策审议的实现过程。

一、《基础教育课程改革纲要》的形成

（一）确定构建基础教育新课程体系的政策目标

随着课程政策问题进入政府的政策议程，关于启动新一轮基础教育新课程改革，构建新的课程体系的政策目标也逐步确立起来。其实，早在 1997

年5月针对九年义务教育课程实施情况组织的全国性调研,以及同年9月召开的全国素质教育经验交流会上,构建新课程体系的目标已经日益明确。1997年12月课程实施情况调查小组递交的《九年义务教育课程方案实施状况调查报告》更是明确提出了进行新的义务教育课程改革的建议,对课程改革的性质定位、课程标准的制定、改变课程实施过程、建立评价机制、完善课程管理政策等方面都提出了建议,为确立构建基础教育新课程体系的政策目标提供了基本雏形。

　　构建基础教育新课程体系这一政策目标的最终确立,同当时我国"科教兴国"的基本国策的确立有紧密联系。自1996年八届全国人大四次会议正式提出了国民经济和社会发展"九五"计划和2010年远景目标,把"科教兴国"确立为基本国策以来,教育改革就成为重要的工作重心。1997年9月,江泽民在党的十五大会议讲话中提出了"切实把教育摆在优先发展的战略地位"的基本方针;1998年3月,江泽民在北大百年校庆的讲话上进一步强调"要使科教兴国真正成为全民族的广泛共识和实际行动";当时的国务院总理朱镕基也宣布将实施科教兴国战略作为政府的最大任务。[①] 同年3月国务院进行机构体制改革,专门成立了国家科技教育领导小组,全面管理国家科教事业的发展,领导小组的成员主要由国务院以及各部委的主要领导人组成,是一个跨部委的协同行政管理机构。为了贯彻党中央和国务院的战略决策,1998年4月,教育部(1998年3月九届人大一次会议通过了将原国家教育委员会更名为教育部的决定)开始着手开发《面向21世纪教育振兴行动计划》。当时教育部党组的主要负责人组织了调研小组,一方面通过召开专题座谈会、意见征集等活动向教育界、科技界、经济界和社会各界的专家代表征询意见;另一方面委托教育部各司局、部分省市的教育部门和教育科研单位进行专题研究,在调查研究的基础上由教育部党组多次会议讨论形成了该行动计划的基本框架。10月,该计划由国家科教领导小组审议通过,并根据朱镕基、李岚清的指示和科教领导小组成员的意见进行了修改。

---

① 《叱咤百年教育录(三):1978—2000迎来春天、走向辉煌》,载《中国教育报》,见http://www.jyb.cn/gb/jybzt/today/xsjtk/31.htm。

12月,报国务院领导审阅修改后再次递交国家科教领导小组各成员及相关部门审改,并召开部分省、自治区、直辖市教委主任、教育厅(局)长会议听取意见。12月下旬,教育部党组根据反馈意见进行最终的修订,呈报国务院审批。1999年1月,国务院发布了《国务院批转教育部面向21世纪教育振兴行动计划的通知》(国发〔1999〕4号),要求"各级人民政府和有关部门切实把教育摆在优先发展的战略地位",实施《面向21世纪教育振兴行动计划》。①该计划提出了"跨世纪素质教育工程""跨世纪园丁工程""高层次创造性人才工程""现代远程教育工程"等系统工程,对我国教育事业的各个层次各个方面做出了全面规划。其中"素质教育工程"部分提出了建立"21世纪基础教育课程教材体系",形成"现代化基础教育课程框架和标准"的要求,并要求启动新课程改革的实验。由此,关于启动基础教育新课程改革、构建基础教育新课程体系的目标通过国家教育政策文件的形式被确定下来。由于涉及基础教育课程体系的整体变革,而不是针对课程教学领域的局部修补或调整,因此需要进行系统的规划。这就引发了开发课程改革纲领性政策的需要,也就是后来形成的《基础教育课程改革纲要(试行)》,成为我国第八次课程改革的基本政策方案。

(二) 课程政策方案制定的信息收集

为了确保课程改革政策方案的设计具有充分的研究保障,相关的理论研究早在1997年底原国家教委召开全国素质教育经验交流会议后就已经启动。教育部召集了部分师范大学和教育研究机构的研究者进行课程政策研发的前期准备,主要包括课程改革的理论和思想基础的研究、课程改革的国际比较研究以及我国课程教学改革和实验的经验研究。

首先,是有关课程改革的理论和思想的基础性研究。由于一直以来我国课程改革政策更多地寻求技术改造或外部的政治、经济和社会功能,而较少反思改革的理论依据和思想基础。因此,在新课程政策研发的准备中,为了凸显新课程政策主导价值取向的更新,特别注重对现代的知识观、课程

---

① 朱文琴:《〈面向21世纪教育振兴行动计划〉是怎样制定诞生的?》,见 http://www.edu.cn/20010823/207374.shtml。

观、教学观和学习观等基础性问题的探讨，①并对社会科学领域在哲学、心理学、社会学等方面的前沿理论与观点，如知识社会学、建构主义的认识论、后现代主义的哲学观、认知神经科学的新发现、多元智力学说和成功智力学说等进行了较为全面的研究。虽然这些研究并不直接地对应课程政策的特定观念或主张，但是却为课程改革整体目标、理念和内涵的定位，为实现课程功能、内容、模式的多元融合，为关注学生经验、活动和缄默知识的学习，为促进学生个体生命自由的发展，为聚焦学生创造能力和批判精神等开放的课程选择提供了重要的理论基础。除此以外，研究团队特别强调基础性课程理论研究，包括课程思想流派和课程教学设计的理论系统，打破了长期以来以传统教学理论（德国、前苏联为代表）主导的教学改革研究的理论格局，开始运用课程的理论和观念探讨学校课程的目标、结构、内容、实施及评价的问题，为厘清课程改革政策体系提供了课程研究基础。

其次，是较为系统的课程改革的国际比较研究，包括国别比较研究、专题比较研究和学科课程比较研究。对美国、英国、加拿大、墨西哥、德国、法国、俄罗斯、瑞典、芬兰、澳大利亚、新西兰、日本、韩国、泰国、印度、印度尼西亚、菲律宾、巴西、埃及、中国台湾和香港等20多个国家和地区的课程改革经验进行了梳理与比较。一方面，是对各国课程改革理念及其内容的描述性

----

① 朗吉伦曾指出，知识观是课程编制与设计的重要来源，它决定着课程改革的方向，并影响着课程的实施与评价。不同的课程观念和课程流派的发展所带来的不同的课程实践，从根本上是以人们知识观的变化为主导的。传统知识观更多地将知识看作是客观、中立和价值无涉的，课程就是系统性地传授这些客观真理；现代知识观则打破了知识作为科学探索结果的静态观，提出知识是人的认识结果与认识过程的统一，于是课程设计者们开始将学生的经验、兴趣以及社会发展作为课程的重要取向，产生了学生中心课程、社会中心课程和知识中心课程等不同取向。当代知识观在种种哲学思潮的影响下，不仅出现了新的知识范型，如哈贝马斯的"实践的知识"和"解放的知识"、波兰尼的"个人知识"和"缄默的知识"、利奥塔等的"叙事知识"，还出现了对知识、课程的意义阐释，如讨论知识、课程与个体的意识解放、个人体验和经验等社会性、人文性、审美性的意义，更是有一大批学者从社会学、政治学等视角展开知识和课程的批判和反思，如伯恩斯坦等人关于教育知识成层的过程和社会权力结构的关系，阿普尔等人关于知识选择与分配的文化、权力交互作用所形成的符号暴力、文化霸权的观点，福柯的话语理论和权力技术学、布迪厄的"社会实践理论"等。这些新的观点和理论都要求我们对知识进行重新诠释，并重构课程取向。参见黄书光主编：《中国基础教育改革的历史反思与前瞻》，天津教育出版社2006年版，第97—109页；郭晓明：《知识与教化：课程知识观的重建》，载《华东师范大学学报》（教育科学版）2003年第6期。

介绍；另一方面，则对国际范围内课程改革的政策趋势进行分析与预测，概括了新时期国际课程改革的共同特征，包括重新厘定教育目标和课程目标、协调国家发展与学生发展需要，设置更加灵活和合理的课程结构，对课程内容进行综合化和现代化改造，倡导多样化的课程教学组织形式，鼓励民主分权的课程管理和教材开发等。除此以外，还对各国课程改革的具体措施和策略进行了专题研究，包括课程标准、综合课程、综合实践活动、研究性学习、探究性学习、校本课程、教材改革、评价改革、学科课程改革、课程资源开发等。[1] 这些研究为我国《纲要》政策文本的研制提供了框架和内容的参考，很多的主张也被吸收到《纲要》的设计、课程标准和周边课程产品的开发中。

此外，还有一部分的研究则是对改革开放以来我国课程教学领域改革与实验的经验的研究。教育部专门召开会议追踪和总结改革开放以来我国教育领域课程教学改革的实践成果，包括前文所提到的综合课程的实验、校本课程的实验、活动课程的实验、学校整体改革实验等。专家学者对国家、省市以及学校等不同层面的改革经验进行分析、整理和提炼，并融入到后来的《纲要》设计中，成为重要的政策内容。

课程政策方案制定的信息收集与研究的工作一直延续到政策方案的实际起草和论证的阶段，不仅积累了政策开发和课程设计的实质性内容，还探讨了如何进行课程政策设计的技术性和策略性问题，更对课程政策发展的社会条件和背景作了合理的分析，为政策方案的制定提供了重要的决策基础。

（三）课程政策方案的形成与论证

1999 年 1 月，教育部基础教育司正式成立了"基础教育课程改革专家工作组"，由来自全国 5 所师范大学、省教研室、教科院的课程、教育、心理方面的专家及中学校长代表 40 多人组成，负责基础教育课程改革的纲领性文件《纲要》的设计。除了这一专门的工作组负责课程政策的开发外，为了加强政府对课程改革的全面管理，同年，教育部基础教育司成立了基础教育课程

---

① 参见汪霞：《课程改革与发展的比较研究》，江苏教育出版社 2000 年版；钟启泉、张华主编：《世界课程改革趋势研究》（分"课程改革专题研究""课程改革国别研究""学科课程改革研究"三部分），北京师范大学出版社 2005 年版。

教材发展中心①,作为教育部直属的课程改革管理和研发机构。2000年1月开始,"又先后在15所大学和中央教科所建立了基础教育课程研究中心"②,作为基础教育课程理论研究和实践推进的机构,承担国家或地方教育行政部门委托的课程改革任务,如开展课程改革的研究和实验、进行课程研究人员及实验教师的培训、提供课程研究信息和咨询服务等。这些组织机构及其成员不仅参与了《纲要》的讨论和咨询活动,也广泛地参与到之后的各科课程标准的研制、课程改革项目研发、课程改革实验试点、实施推广以及评价等活动中,为推动课程政策实际开发与运作提供了重要的专业支持。(见图4—1)

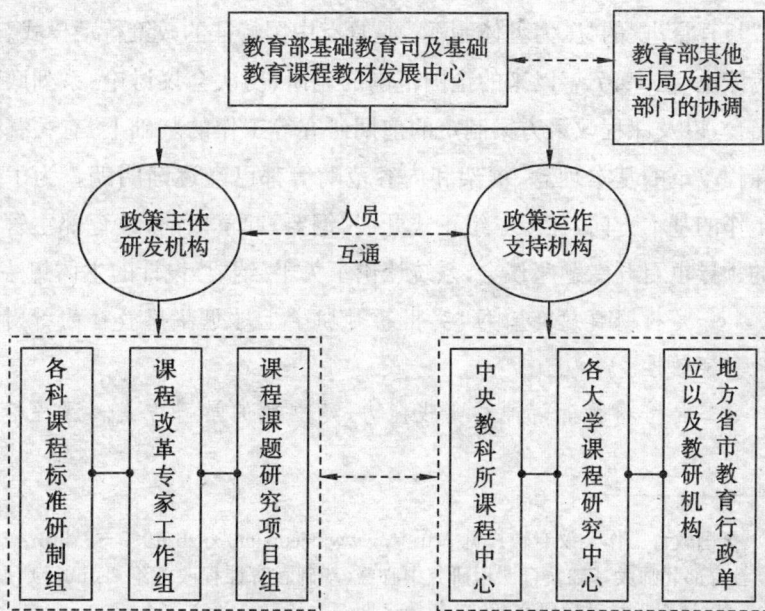

图4—1　我国课程政策审议的组织结构图

① 教育部基础教育课程教材发展中心是教育部直属事业单位,主要职责是配合教育部基础教育司组织研究我国基础教育课程教材发展建设等方面的重大问题,参与拟定基础教育课程教材改革方案及课程计划;组织、协调基础教育教材的编写、实验和教学软件及其他相关教育教学资源开发工作;组织实施基础教育课程及教育教学成果等的评价工作;组织开展基础教育教材方面的国际交流与合作;承担全国中小学教材审定委员会的事务工作。参见陈莉:《教育部基础教育课程教材发展中心简介》,载《实验教学与仪器》1999年第6期。

②《教育部基础教育课程改革进展情况新闻发布会》,2004年2月18日,见 http://www.china.com.cn/zhibo/2004—02/17/content_8784572.htm。

1999年6月，第三次全国教育工作会议的召开以及国务院《关于深化教育改革全面推进素质教育的决定》的公布，要求"动员全党同志和全国人民，以提高民族素质和创新能力为重点，深化教育体制和结构改革，全面推进素质教育，振兴教育事业，实施科教兴国战略"①。在此次会议的推动下，教育部党组多次开会学习第三次全国教育会议以及江泽民关于教育问题的讲话精神，并根据李岚清对中小学课程、教材改革的多次批示，推动基础教育课程、教学改革的研究，这些政府行为极大地推进了《纲要》研制的进展。在党中央和国务院的特别关注下，当时的教育部领导如陈至立部长、王湛副部长都对《纲要》的起草作过专门指示。② 在我国，政策研发活动中的"领导人动员"和"长官督进"的"压力型体制"③，是具有中国特征的政策行动模式。

应该说，在1997年以来的全国范围的调研、历次会议讨论、系列政策文件的出台，以及课程政策方案制定的前期研究等工作的基础上，有关基础教育新课程改革的基本理念、框架和内容范畴等都已经逐渐明朗。为了明确研发工作的基本方向，在专家组正式开展《纲要》起草以前，教育部主管基础教育的领导也召开专题座谈会，系统谈论了关于《纲要》设计的主体想法：④

一是将德育放在首位，突出新时期学生思想品德教育的针对性和实效性。

二是培养创新精神和实践能力，建立新的学习方式。课程标

---

① 《全国教育工作会议专辑》，见 http://www.sjedu.cn/xxzb/1999-6.htm。

② 教育部北师大基础教育课程研究中心：《〈基础教育课程改革纲要（试行）〉是怎样制定的》，载《课程教材教学研究》2002年第7期。

③ 所谓压力型体制，指的是一种权力约束的关系，特指我国政治权力关系中通过层级组织逐级加压的途径进行政策动员和管制的方式。在我国课程政策形成的过程中，表现为具体的党政领导和教育部主管领导的指示和施压，促使下级行政官员及下级组织产生"追随效应"，并执行指令，反映出一种特有的权力观念和权力控制的方式。可以说，其利弊相间，一方面可以通过压力机制促成中央政策的落实，具有行政决断力和凝聚力；但另一方面则可能走向官僚主义的极端，崇尚权力和层级观念，在行政活动中追求"政绩"和上级依赖，而非依照合法合理的组织监督机制。参见黄卫平、陈文：《中国政治体制改革现状及其成因浅析》，载《社会科学研究》2008年第2期。

④ 教育部课程中心：《基础教育课程改革纲要》咨询座谈会纪要（2000年7月29日），转引自吕立杰《国家课程设计过程研究：以我国基础教育"新课程"设计为个案》，教育科学出版社2008年版，第113页。

准的制定，都要引导学生建立新的学习方式：探究、发现、质疑、调查、实验、操作等。教材的编写要倡导新的学习方式，教材不能再是圣经，要促进学生、教师的发展。

三是明确区分义务教育和非义务教育阶段的性质。义务教育阶段突出普及性、基础性、发展性。高中课程突出多样性、层次性；选修课程要多样化，实现学分制的管理；尝试设置技术类的课程，以社区为中心，和当地的社会、经济发展相联系。课程结构：小学以综合课程为主；初中综合课程与分科课程并行，由地方、学校选择；高中以分科为主，加强选修课。

四是加强评价功能。提倡发展评价，发展学生自我、认识自我、建立自信，起到教师了解教学状况的作用。

五是课程管理政策。三级管理政策，主要提高课程的适应性，促进学生发展。

显而易见，这次座谈会所阐述的政策主张，是综合吸收了《九年义务教育课程实施状况调查报告》《关于当前积极推进中小学实施素质教育的若干意见》《面向21世纪教育振兴行动计划》《关于深化教育改革全面推进素质教育的决定》以及基础教育课程改革前期研究的认识成果，并由政府行政领导来标明。之后，由课程改革专家工作组负责将这些构想或主张进行具体化、明晰化和结构化，并通过政策文本的形式表现出来，是一个较为典型的行政推动的政策开发模式。

从1999年初到2001年6月近两年半的时间里，课程改革专家工作组就制定基础教育课程改革指导纲要，课程目标，课程结构与设置，课程标准，评价制度和考试改革，三级课程管理政策，教材的开发与管理，综合实践活动，综合课程设计，农村课程改革，实验区工作以及各门学科的课程标准，现行义务教育课程和高中课程的调整和修订等主题，组织召开了上百次的专题研讨会。参与咨询研讨的人员除了课程改革专家工作组以外，也包括教育部、课程教材发展中心、各大学的课程研究中心的相关教育行政人员和研究人员，以及研究机构、出版社等部门的知名人士和专家。从1999年10月第一稿到2001年的意见征询稿的形成共用了27稿。《纲要》意见征询稿成形以后，由基础教育司和基础教育课程教材发展中心组织在全国范围内征求意见，"先后在北京、天津、福建、上海、武汉、南京、重庆等地向教研员、校长、教师、部分高校理论工作者征求了意见,向各省主管基础教育的管理人员,如全国的基教处处长和省教研室主任、九省市的教委主任等进行了意见征询"①,同时召开由各方面专业人士参加的咨询会议。根据这些咨询反馈意见,进行了政策文本的进一步修订,形成了第28稿,即后来审议通过的《纲要(试行)》。《纲要(试行)》主要分九个部分对课程改革的目标、课程结构、课程标准、教学过程、教材开发与管理、课程评价、课程管理、教师的培养和培训、课程改革的组织与实施等方面提出了政策要求,涵盖了课程理念、课程制度(课程开发机制、教材管理制度)和课程体系三个维度,核心是有关课程目标、课程结构、课程内容、课程实施(学与教的方式变革)、课程评价和课程管理等六个方面课程体系建构的内容。

• 课程目标:改变课程过于注重知识传授的倾向,强调形成积极主动的学习态度,使获得基础知识与基本技能的过程同时成为学会学习和形成正确价值观的过程。

• 课程结构:改变课程结构过于强调学科本位、科目过多和缺乏整合的现状,整体设置九年一贯的课程门类和课时比例,并设置综合课程,以适应不同地区和学生发展的需求,体现课程结构的均衡性、综合性和选择性。

• 课程内容:改变课程内容"难、繁、偏、旧"和过于注重书本知识的现状,加强课程内容与学生生活以及现代社会和科技发展的联系,关注学生的学习兴趣和经验,精选终身学习必备的基础知识和技能。

• 课程实施:改变课程实施过于强调接受学习、死记硬背、机械训练的现状,倡导学生主动参与、乐于探究、勤于动手,培养学生搜集和处理信息的能力、获取新知识的能力、分析和解决问题的能力以及交流与合作的能力。

• 课程评价:改变课程评价过分强调甄别与选拔的功能,发挥评价促进学生发展、教师提高和改进教学实践的功能。

• 课程管理:改变课程管理过于集中的状况,实行国家、地方、

132

---

① 姬秉新、苟正斐主编:《基础教育课程改革的历程与趋势》,首都师范大学出版社2003年版,第126—127页。

学校三级课程管理,增强课程对地方、学校及学生的适应性。

可以发现,经过课程政策的形成与论证的过程,课程政策的主张不仅在用词上更加精准,在结构上也更具逻辑性和系统性。一方面,可以反映出课程政策审议的过程实质上是一个政策目标和内容不断聚焦和调整的自我演化过程,体现了审议过程中集体讨论和意见协商的重要作用;另一方面,更为重要的是,政策文本的清晰化和结构化的表达,也从根本上体现了课程意识和课程逻辑在政策文本开发过程中的渗透,运用专业的课程语言对课程政策体系进行建构,而这种课程意识与逻辑也是在实际的课程政策的开发与论证的过程中不断发展与明确的。

（四）课程政策方案的合法化与采纳

在我国第八次课程改革中,作为部门政策的《基础教育课程改革纲要(试行)》采用的是行政机关的合法化程序。在我国,行政机关采用的是首长负责制,也就是行政首长一人执掌法定最高决策权,其他成员有建议权,没有决定权。通常,行政首长对政策方案的决定、签署和政策公布都需要经过政府常务会议或全体会议讨论决定。我国最高行政机关国务院实行总理负责制,各部委,如教育部则实行部长、主任负责制。2001年6月,《纲要(试行)》经过教育部党组决策会议,由党组成员集体审议通过,2001年6月7日教育部发出了《教育部关于印发〈基础教育课程改革纲要(试行)〉的通知》(教基〔2001〕17号),将《纲要》以"试行"的形式颁布,要求各地教育行政机关结合实际认真执行。至此,《基础教育课程改革纲要》这一课程政策文本获得了合法地位。

在我国政策的合法化过程中,像《面向21世纪教育振兴行动计划》这样的跨部委的有关基础教育的重大战略政策,在经过教育部党组领导决策会议通过以外,还需要上报国务院进行审议,通常需要通过领导决策会议审议、修订、再审议、意见征询、再修改、再送审等反复论证的程序。除此以外,政党机关的合法化程序在我国也较为常见,中国共产党的全国代表大会、中央全会、政治局会议、政治局常委会议和书记处会议,以及各行政机关内部党组的高层会议所通过的决定,也都是政策获得合法地位的重要方式。如《关于深化教育改革全面推进素质教育的决定》这类对我国教育起到战略指导意义的政策,通常都是由中共中央和国务院联合审议通过,并予以采纳。虽然全国人民代表大会及其常务委员会是我国法定的最具权威性的政策合法化机构,但是,一般的教育领域的政策和法规都可以根据规定由具有行政决策和行政立法权的国务院相关部门或教育部委审议通过,只有那些具有最高法律权威的教育政策文本,才需要经过立法机关的合法化程序进行采纳。值得一提的是,在我国,一项课程政策一旦被制定出来,其合法化程序往往形式大于内容,通常都是在教育行政机关内部进行审查、讨论、表决与公布,这同国际上课程政策合法化中严格的第三方政策审查制度存在显著的差距。

二、以课程标准为核心的课程体系研发过程

除了纲领性政策文本的研发以外,课程政策研发中的相当重要的部分就是新课程体系的设计,包括国家课程标准的制定以及新课程体系中相关课程项目或产品的研发,如课程评价体系、课程管理体系、课程资源开发、教师培训项目等,这个过程与纲领性政策文本的研发过程相同步。

(一) 国家基础教育课程改革项目的确立

1999 年 12 月,在国家专款的支持下,教育部基础教育司启动了基础教育课程改革项目,发布了《国家基础教育课程改革项目概览》,包括"制定基础教育课程改革指导纲要、制定基础教育课程计划、制定基础教育课程标准、基础教育课程评价体系研究、基础教育课程管理体系的研究、课程资源(含教材)开发管理系统的研究、基础教育课程改革实验与推广、调整现行中小学课程计划与教学大纲和基础教育课程理论研究"等九个大类的项目,每个项目又细分为若干分支,通过"委托研究"和"组织申报"的方式,系统地对新课程体系的各个专题进行研究与设计。其中,制定基础教育改革指导纲要,制定基础教育课程计划,研制义务教育阶段语文、数学、英语课程标准等项目由教育部委托研究,其他项目则通过公开招标的形式进行落实。为了确保项目招标过程的公开、合理和科学,教育部同时出台了《国家基础教育课程改革项目申报、审批与管理办法》,由教育部基础教育司委托基础教育课程教材发展中心承担改革项目的申报、评审与管理的组织协调工作。2000 年 1 月,教育部基础教育课程教材发展中心在华南师范大学召开了国家基础教育课程改革项目启动会议,向八所参加会议的师范大学(北京师范大学、华东师范大学、东北师范大学、西南师范大学、华中师范大学、华南师范大学、西北师范大学和南京师范大学)和中央教科所(现"中国教育科学研

究院”）、人民教育出版社课程教材研究所等单位的领导和专家介绍了项目及其申报办法，并介绍了先行一步的语文、数学、英语课程标准研制工作的思路和进展。之后，教育部基础教育课程教材发展中心又以文件形式向全国 31 个省、市、自治区教委下达了通知，号召教育行政部门会同教研部门依据《项目概览》组织申报研究项目。

2000 年 3 月至 4 月，主要由基础教育课程改革专家工作组及相关工作人员组成的 31 人的初审委员会对各地提交的项目研究方案进行了初审，向评审委员会提出项目承担者的建议。2000 年 5 月，由 22 位专家组成了项目复审委员会①，根据项目申请书和初审小组的建议进行复审，基本通过了所有项目的送审方案，并提出了项目承担建议报告和修改意见。首批通过了 36 个专题研究项目，其中包括从幼儿园到义务教育阶段的各科国家课程标准、指导纲要（综合实践活动指导纲要、中小学研究性学习指导纲要、探究性学习过程与单元探究课程设计、科学探究课程的设计与试验等研究），以及综合类的课程项目，包括地方课程管理与开发指南、学校课程管理与开发指南、西南地区基础教育课程改革与发展的研究与实践、建立促进教师成长和学生发展的评价体系、合作和探究型教师培训模式研究等。② 根据复审通过的课题，正式成立了 18 个负责各科课程标准研制的课程标准研制组和新课程课题研究项目组。值得指出的是，课程标准研制组的成员并不是由某个单一项目申报单位组成，而是由项目申报成功的部门牵头，在自愿组合、吸收优势力量的原则下整合其他申报单位成员的基础上组成的。各科课程标准编制组的成员基本上包括了学科专家、学科教育专家、课程专家、教研员、教育行政人员、中小学校长或教师以及出版社人员等。

（二）各科课程标准的形成与论证

考虑到国家课程标准是新课程设计中重要而关键的政策文本，是教材

---

① 复审委员会由国家总督学柳斌担任主任委员、基础教育司司长李连宁担任副主任委员，中科院院士顾方舟、周毓麟，清华大学教授吴文虎，中国教育学会会长顾明远，原中国史学会会长戴逸，北京师范大学校长袁贵仁等国内知名专家学者以及李吉林等中小学一线教师代表组成。参见教育部课程中心：《基础教育课程教材改革工作简报》第一期；转引自吕立杰：《国家课程设计过程研究：以我国基础教育"新课程"设计为个案》，教育科学出版社 2008 年版，第 124 页。

② 周长祜：《国家基础教育课程改革项目启动》，载《中小学图书情报世界》2000 年第 5 期。

编写、教学评估、考试命题的依据和国家管理、评价课程的基础，这一部分我们就以各科课程标准的形成和决定过程作为主要的分析对象，对我国课程政策审议过程进行补充性的认识。

2000年7月，各科课程标准的研制工作同步展开，准备工作主要分为两部分。一是在教育部基础教育课程教材发展中心的领导下，对课程标准研制人员进行集中培训，主要通过召开研讨会、听取课程专家组成员的报告和教育部基础教育司领导的讲话，来理解和讨论课程标准设计的基本理念和精神。从时间上来看，课程政策的纲领性文件《纲要》和各科课程标准的研发在时间上是相互重叠的。二是根据课程改革项目概览的要求，规定所有课程标准研制小组在课程标准具体研发之前，都要开展五个方面的专题研究。① 其一是各科课程实施现状的调查和分析，通常以问卷调查和访谈为主要形式，分析各个学科课程实施中的现实情况和存在的问题。其二是社会需求的调查，即研究课程发展与社会需求的关系，将具体学科课程的新发展同当代社会生活和职业需求整合起来，通常以较大规模的社会调查为基础。以义务教育阶段语文课程标准的编制为例，为了了解语文课程发展的社会需求，课程标准研制小组对"常用字的技术统计，对汉语拼音教学所需时间的调查分析，对常用成语的统计，对不同学段学生学习情况的技术分析，对不同地区、不同民族、不同性别学生学习的抽样调查和分析"②等问题进行了大量的调研和科学的分析。其三是各科课程标准的国际比较研究，也就是对不同国家和地区课程标准编制的经验借鉴。其四是关于学科发展现状的研究，即追踪本学科的前沿研究与成果，将新的学科发展状况反映到新课程标准的内容设计中，各学科课程标准研制组或通过文献研究，或通过向学科专家、大学教授进行咨询，将学科发展的新内容整合在课程标准的设计中。其五是从心理学或教育学的视角探讨学科教学与学习的规律，旨在为各科课程标准的研制提供心理学依据。

2000年8月，教育部召开了"国家基础教育课程改革理科、文科项目负责人会议"，标志着课程标准研制进入了全面展开的阶段。这次会议对各科

---

① 参见吕立杰：《国家课程设计过程研究：以我国基础教育"新课程"设计为个案》，教育科学出版社2008年版，第139—145页。

② 徐国英、朱长华：《对九年义务教育语文课程标准研制的几点思考》，载《中学语文》2000年第5期。

课程标准的研发提出了结构要求和时间安排。在结构上,各科课程标准都应包括导言、课程目标、内容标准、课程实施建议和课程评价等不同的部分,内容上要涵盖知识与技能、过程与方法、情感态度和价值观的三维目标;在时间进度上,教育部要求各课程标准编制小组在 2001 年 3 月之前递交各科课程标准初稿。① 在各科课程标准编制的过程中,负责《纲要》设计的课程改革专家工作组成员也被分派到不同的学科组参与研讨,一方面将新课程研发的基本政策原则和理念传达给课程标准研制组的成员,另一方面也收集各科课程标准研制的情况,反馈到课程专家工作组内部,促成相互的沟通和协调。2001 年 1 月,教育部对各科课程标准的研制情况进行了内部评估,并向负责修改现行教材的全国特级教师进行了意见征询。② 之后,教育部基础教育课程教材发展中心委托七所大学的课程研究中心对各科课程标准的初稿在教育系统内进行广泛的意见征询活动,包括一线教师、教研员、教育专业工作者,共计 200 多位教师参与了审阅。在此基础上,各科课程标准研制组进行了修改,形成了各科课程标准的初稿(征求意见稿)。2001 年 3 月,教育部党组在全国 10 个地区(广东、广西、福建、江苏、辽宁、河北、湖北、上海、西南、西北的主要城市)组织了三轮大规模的意见征询活动,首先向教育界、各省教委组织了广泛的意见征求;其次是向社会各界人士以及 67 位大型国有企业、中外合资企业、国外独资企业、民营科技企业的高层领导征求意见;再次是以教育部名义向中科院、工程院和中国社会科学院的院士和知名学者就 18 种学科课程标准进行意见征询。③ 这些对于学科课程标准的可行性论证和意见征询的结果进一步反馈给课程标准编制小组,形成了之后供实验区使用的实验稿。

各科课程标准的研发过程,基本上遵循了"集中设计—内部意见征集—

137

---

① ③ 参见吕立杰:《国家课程设计过程研究:以我国基础教育"新课程"设计为个案》,教育科学出版社 2008 年版,第 147 页、150—152 页。

② 为了保证课程改革的和缓过渡,国家基础教育课程改革项目中专门设立了关于调整现行中小学课程计划与教学大纲的项目,组织力量修订现行教学大纲和各科教材,积极推进教学改革,为过渡到新课程做好充分准备。2000 年,根据教育部颁发了九年义务教育 13 个学科(小学 2 科、中学 11 科)的教学大纲修订稿精神,召开了 13 个学科的主编会议,全面部署了教材的修订工作,组织了资深的一线教师参与教材修订。参见孟叶:《新课标教材出版:格局明朗　变数增多》,载《中国图书商报》2004 年 2 月 20 日,见 http://www. sinobook. com. cn/press/newsdetail. cfm? iCntno=1379。

修订—外部审议—修订"的程序,由于标准研制时间的限制,大部分的课程标准是在研制基本成型之后,才开始公开论证的程序,并经过多次的修订完成。但是,如果我们回顾先行一步的数学课程标准的研制(1999 年 3 月启动),可以发现,它在标准研制的程序上更具有开放性和建设性。1999 年 3 月数学课程标准首次工作会议之后,数学课程标准组就将"数学课程标准研制的初步设想"公开刊登在《课程·教材·教法》上,欢迎全国的数学教育工作者就相关主题来信来稿。① 这种在标准正式研发之前就开展广泛的意见征集活动的方式,不但能够帮助课程标准研制小组实现最大范围的集思广益,更有助于形成一个公开讨论的氛围和共享基础。从 1999 年 4 月到 8 月期间,数学课程标准组还做了几次大规模的区域性咨询。② 1999 年 10 月数学课程标准研制组召开了"国家数学课程标准研制工作研讨会",由国内知名数学家、数学教育家,来自全国 24 个省、直辖市和自治区的教研员,30 多所高师院校的数学教育工作者,现行中小学教材的部分主编,具有影响力的十几家中小学数学教育杂志的主编,以及 20 余位来信、来稿提出设计意见的代表等,根据"数学课程标准研制的初步设想(修改稿)"和工作组前期研究成果,对研制工作中可能出现的问题进行广泛的讨论。这次"集体会诊"对课程标准研制中的很多实质性和具有争议性的问题进行了讨论,不仅涉及标准具体内容的取舍和程度的把握,还提出了"双轨制"的课程考试评价的方式,以推进新课程标准的实验工作。③ 1999 年 10 月至 11 月底,数学课程标准研制小组多次召开起草工作碰头会,形成了数学课程标准的草稿,在部分省市进行了多次意见征询。2000 年 3 月提交了经过修改的征求意见稿,在全国内大范围地进行审议,并完成了修订稿。可以说,由于研制具有较长时间的跨度,数学课程标准的研制在前期准备上更加扎实,公众基础也更加广泛,审议程序也更具规范性,并对标准研制之前、之中、之后的公开论证与专家研讨都给予同等的重视,特别强调研发与论证的整合性,对整个学科发

---

① 数学课程标准研制工作小组:《关于我国数学课程标准研制的初步设想》,载《课程·教材·教法》1999 年第 5 期。

② 参见吕立杰:《国家课程设计过程研究:以我国基础教育"新课程"设计为个案》,教育科学出版社 2008 年版,第 134 页。

③ 参见数学课程标准研制工作小组:《国家数学课程标准研制工作研讨会纪要》,载《中学数学教学参考》2000 年第 1—2 期。

展的状况以及对课程标准编制和实验中可能出现的情况具有较为清晰的构想。但是，在后期相对集中的课程标准研发中，各科课程标准研制组从正式成立到投入工作和初稿的形成，基本上都在半年左右的时间内完成，集体行动和时间表的限制使得游刃有余的讨论变得不切实际，专题研究的程序性意义更大于其准备性意义，公开的论证与研讨被集中安排在政策文本出台之前，这些都成为课程标准研制中值得我们反思的问题。

（三）各科课程标准的合法化与采纳

各科课程标准及其教材的合法化审定是通过行政程序的合法化而实现的。2001 年 6 月，教育部党组决策会议经集体审议通过义务教育 18 个学科的课程标准。2001 年 7 月，教育部下发了义务教育全日制学校语文等 18 科课程标准（实验稿），完成了义务教育新课程设置、新课程标准的研制工作，并使其获得了合法地位。随着后期课程改革实验工作的推进，各科课程标准也进行了再修订。与此同时，相应的实验教材的开发和审定工作也已经完成。2001 年 6 月，为了配合教材开发与管理的相应改革，教育部颁发中华人民共和国教育部第 11 号令，出台《中小学教材编写审定管理暂行办法》，对教材编写的资格和条件、教材编写的立项和核准、教材的初审与实验、教材的审定以及相应的表彰与惩处进行了明确规定。① 2001 年，为了配合课程标准的实验，全国中小学教材审定委员会先后召开 5 次课程标准实验教材初审会议，对 14 家出版社出版的 49 种新课程标准实验教材的 1 至 3 册进行了初审，也就是后来最先投入 27 个省、自治区、直辖市的 38 个国家级实验区进行试教的教材。同年，全国中小学教材审定委员会召集了部分参与教学大纲修订和新课程标准研制的专家及第一线的特级教师，参与了对 13 个学科的 118 套修订教材、22 套小学英语教材和 20 套高中信息技术教材的审查，②通过法定的程序确立了相应教材的合法化。

---

① 参见孟叶：《新课标教材出版：格局明朗　变数增多》，见 http://www. sinobook. com. cn/press/newsdetail. cfm? iCntno=1379。

② 参见臧爱珍撰稿，朱慕菊审稿：《教材建设：中小学教材管理体制改革》，见 http:// www. moe. gov. cn/edoas/website18/00/info6900. htm。

政策设想的形成 ← → 政府行政推动 → 先前界定的课程政策问题 ← 政府战略支持

组织专业研发团队

开展先导性研究

集中研发阶段

教育调研、专题研究、大范围意见征集

教育部内部会议讨论和文本拟定

国务院及科教领导小组决策会议审议

部意见征集 / 教育系统内意见征集

行动计划：素质教育工程

会议研讨

再修订　起草

反复论证、讨论

教育科技界、经济界、社会各界人士的政策论证和意见征集

政策形成的过程

教育部决策会议审议

政策决定的过程

课程改革政策文本及相关设计成果的公布

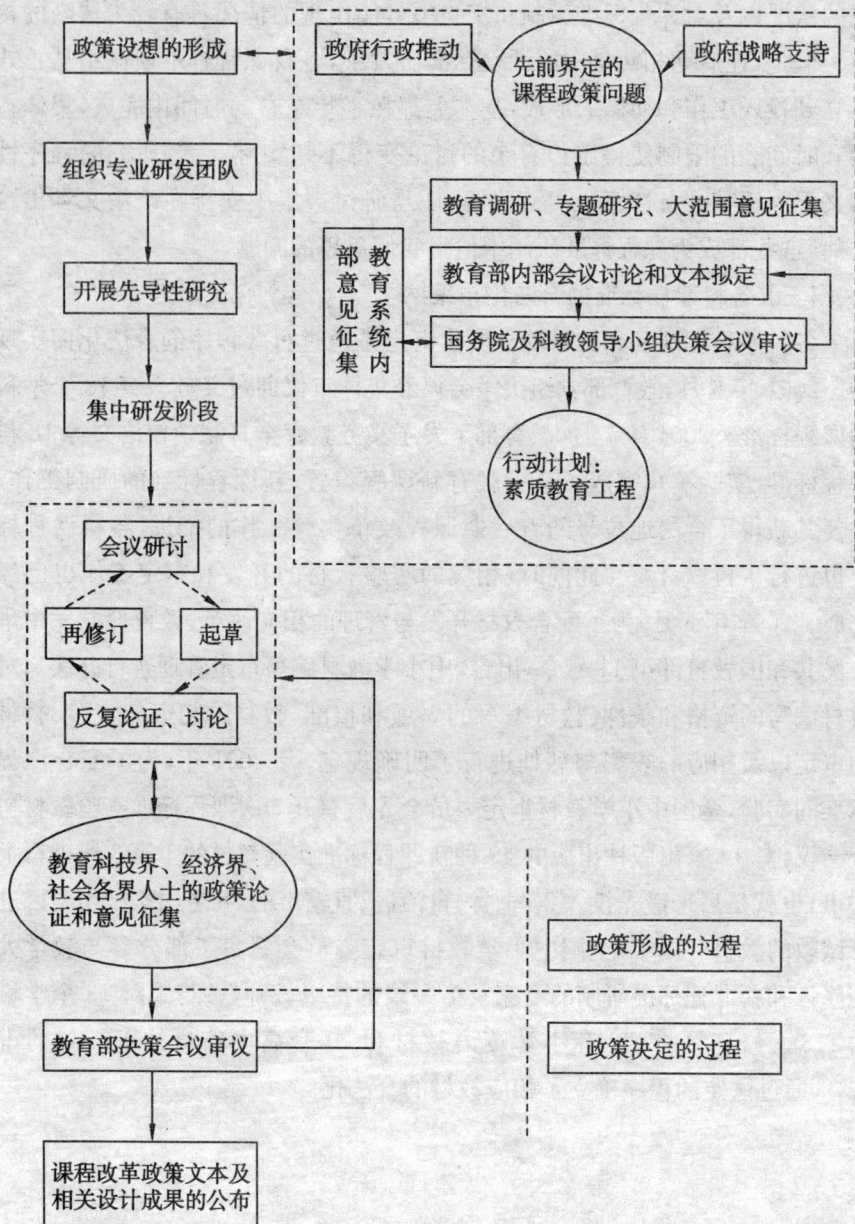

图 4—2　我国课程政策审议过程的运作流程

第二节　课程政策审议过程的中国特征

一、"民主协商、科学决策"的政治诉求

为了摆脱传统政策决策中盛行的行政中心、权力集中与经验主义,在课程改革政策审议的过程中,有一种强烈的"民主协商、科学决策"的政治诉求,也就是,通过不同的手段或形式强调课程审议过程中的权力分化、专业引领与公众参与,这已经成为我国课程政策审议中新的发展特征。

首先,以程序正义来保障课程政策审议的规范化与合法性。从第八次基础教育课程改革的政策审议来看,在程序上严格遵循了"形成政策研发设想—组织专业研发队伍—开展先导性研究—专业研发小组的集中研发—多次循环的政策方案论证和修订—社会范围的意见征集—方案再修订—政府决策会议审议—政策文件公布—政策实践中的意见征集与反馈—政策的修订与优化"的流程。整个政策审议过程综合协调并鼓励多元主体的参与,引入社会讨论、咨询、提案、意见征询、专家论证、调查访问、会议研讨等不同的审议形式,以提升课程政策审议过程的规范性。

其次,强调专业参与以提升课程政策审议的科学化水平。在新课程政策的审议中,特别强调专家参与和研究引领。一是坚持研究引领,将课程政策的形成、论证、决定和修订都建立在科学研究、信息综合分析的基础上;二是在组织机构上,成立了一系列专业机构,如课程政策研发小组、基础教育课程教材发展中心,以及大学的基础教育课程中心等,全面参与课程政策的研发与咨询;三是在人员设置上,广泛网罗高校、教育研究机构和学校组织中的课程、学科、教学专家,以及社会各领域的知名学者,使得专家成为课程政策审议中的主体力量。

再次,以拓宽公众基础促成课程政策审议的民主化与公开化。在第八次基础教育课程改革的政策审议中,特别注重审议过程参与人员的多样化。实际参与课程政策研发的人员不但有教育行政人员、教育领域的专家学者,还有来自实践领域的一线教师、教研人员的代表、教材出版人员等相关人

士,他们直接参与到政策方案讨论、草拟和修订的过程中,代表了不同政策主体的利益与意见。此外,为了进一步拓展审议基础,在课程政策方案的后期的论证、意见征求和修订调整的过程中,不仅在教育系统内部向未直接参与政策研发的教师、教研员、省市教育行政人员和学者进行意见征询,还向社会各个领域的精英群体,如经济界的企业高层、科技界的知名人士、知名学者和院士进行了意见征询,使得教育系统以外的相关人士也能参与到政策审议的过程中,提升政策审议活动的参与度。

二、强有力的政府战略支持和行政推力

首先,我国第八次课程改革政策的形成和决定自始至终都有来自党政机关在教育基本战略上的支持,通过党政会议出台重要的政策文件,促成课程政策的形成和决定。从课程改革政策目标确定之初的第八届全国人大、党的十五大等一系列会议和领导讲话所确立的"科教兴国"的战略,到1998年国务院专设国家科技教育领导小组,全面管理科教事业发展,将科教兴国列为政府的重要工作内容,再到1999年1月为了贯彻科教兴国的基本战略而公布的《面向21世纪教育振兴行动计划》,到1999年6月《关于深化教育改革全面推进素质教育的决定》和国务院第三次全国教育工作会议的召开对全面推进基础教育改革所作的政策指示,到2001年5月《国务院关于基础教育改革与发展的决定》的颁发和6月国务院召开的改革开放以来第一次全国基础教育工作会议,要求进一步加快基础教育的改革与发展,努力提高基础教育的质量和水平,这一系列的会议和政策文件,贯穿课程政策审议过程的不同阶段,形成了政策审议过程强劲的战略支撑,为课程政策获得合法地位创造了有力的政治和制度环境。

其次,除了政府的战略支持外,我国课程政策的审议还依赖于强有力的行政力量的推动,即强化行政机构以及关键领导对政策审议过程的督进。一方面,教育部基础教育司在政策审议中的人员组织和流程管理上实现全面负责。他们不仅负责核心成员的召集(包括成立课程改革专家工作组、课程标准研制组、课题研究项目组等),还决定课程改革专题项目申报的评审委员会的人员组成,更为关键的是,教育行政机关还全面操控审议过程中的具体流程、时间节点和工作职责的安排,对审议过程拥有最终决定权。另一方面,教育行政机构内部的主要领导对政策审议过程的实质性参与,特别是

党政机关和教育部主管行政领导对政策文本开发的直接审阅和指示，体现了行政力量的实质性的存在。从《纲要》正式起草之前教育部基础教育司主管领导对《纲要》设计主体想法的传达，到李岚清副总理、陈至立部长、王湛副部长在《纲要》起草过程中的多次批示和专门指示，以及主要领导在政策文本论证和修订中的专门审阅和特别批示，都在课程政策形成和决定过程中形成了明显的"行政压力"。应该说，行政机关及其领导的积极和主动参与，造就了一股强有力的行政推力，使得课程政策的审议过程表现出紧凑而集中的工作节奏，体现出政府在课程政策审议中特殊的政治权力效应。

三、法定权威与专业权威的联合效应

任何理性、民主的政策审议或协商都是有限的，在不可避免的矛盾、冲突或者问题面前，总是会有权威性力量的引领或干涉。在我国新课程政策的审议过程中，就显现出非常明显的法定权威与专业权威的联合效应。

其中的法定权威，也就是从中央到地方的以教育行政机构为代表的行政力量，他们因为拥有被"正式赋予的权力"[1]，可以通过"全局控制和有效使用权力资源而产生对社会的影响作用"[2]。从这个意义上而言，法定权威具有一种合理的法定强制性和威慑力。一方面，人们可以通过服从行政权威而避免遭受惩罚或者给自身带来不便；另一方面，还可以通过"服从权力行使者的权威而获得安全、个人能力发挥、自我价值实现等机会"[3]，这就使得行政权威的效力变得直接而确定。另一支重要的权威力量则来自于拥有领域性知识的专业群体，他们或是大学和教育机构的教育研究者，或是社会各个领域的知名学者和专家，或是具有丰富实践经验的实践权威（教研员、校长、教师等），在政策审议的不同阶段中发挥关键性的作用。专业权威的权力发生机制不是强制性的，其影响力量来源于他们的专业能力、个体魅力或公众信任，他们或能够提供政策审议所需要的具体的知识、技术或策略，或能够引领人们关于文化、价值和规范的理解与反思，或是源于一种社会传

143

①　吴志宏：《教育行政学》，人民教育出版社 2000 年版，第 144 页。

②③　〔瑞典〕T. 胡森、〔德〕T. N. 波斯尔斯韦特主编：《教育大百科全书》第 1 卷，张斌贤等译，西南师范大学出版社 2006 年版，第 154、155 页。

统、习俗，甚至是世俗偏见，通过创造经验影响他人的观念或行为，来产生社会影响，从而获得合法的权力。显而易见，前者的权威性来源于它的法定的权力，而后者的权威性源于它在社会交往中形成的影响力。

在我国课程政策形成与决定的过程中，法定权威与专业权威并不是相互排斥或相互平行的力量，而是通过有机的联合，达到彼此增益的效果。从传统的政治文化中可以发现，在中国，知识阶层一直以来都是社会政治生活的重要力量，"士志于道""得君行道"的政治诉求从根本上决定了知识阶层经世治国的价值取向，而统治阶层也乐于借助知识阶层的学识能力强化其权力运作。虽然传统的社会结构在现代社会已经分崩瓦解，但是专业力量参与政治决策的传统却一直延续至今，成为我国政治生活中的重要特征。在新课程政策审议的过程中，一方面，法定权威通过借助专业权威的力量，来提升政策决策过程的科学性与民主化水平；另一方面，专业权威也借力法定权威，利用参与课程政策活动的机会推进课程专业力量的发展与壮大。首先是政府推动下的大量的课程理论与实践的先导性研究促成了我国课程专业领域的发展；其次是由行政部署在全国范围内建立专业的课程研究与实验基地，扩大了课程研究的专业力量和组织基础；再次是实际地参与大规模课程改革政策运作的经验，锻炼了我国课程专业团队的实战能力，促成了实践能力的建构。这是法定权威和专业权威在政策审议过程中的联合所产生的衍生性的效应。在这个过程中，法定权威和专业权威的权力都得到了强化，达到了共赢与协同发展的效应，也一定程度上反映了我国专业力量发展的特殊动力或路径。

第三节　我国课程政策审议过程的现实问题

应该说，伴随着政治民主化程度的日益提高，公众参与课程决策、监督课程政策的科学运作已经成为根本的趋势。在我国新课程政策的审议中，追求审议程序的规范性、审议手段的多样化、组织架构的合理性、审议人员的多元性，也已经成为一种有意识的政策行为，表达了政府政策行动中鲜明的政治取向。但是，正如知识积累的过程并不能直接带来人的发展一样，政策审议活动在程序和形式上合理性累积并不能从实质上保障审议活动的实效性，两者之间并非自然的同一。我国课程政策审议过程在形式上的规范背后所表现出来的松散性、随意性、形式化、封闭性和非专业化等问题，极大地影响着政策审议制度在实质意义上的规范化发展，需要我们作进一步的反思与探索。

一、临时性审议团队的先天缺陷

延续了课程政策概念化中缺少专门的课程政策问题识别专业咨询机构的问题，同样，在我国课程政策的审议中，也没有国家层面常设的课程审议的实体机构或团队，能够长期并有针对性地开展课程政策的追踪、设计、研发和论证的活动。在第八次课程改革的政策审议中，我们确实组建了由专业人士组成的调研团队和课程研发团队，但恰恰是这种临时性团队所带来的松散的组合，给政策审议过程带来了先天的缺陷。

首先，临时性的课程审议团队在人员构成上具有随意性，降低了政策审议工作的实效性。虽然组织构成更多地服从了多样性和民主化的原则，囊括了包括课程、学科、教学专家、教研员、教育行政官员以及一线教师等不同类型的人员。但是，这些人员组成在选拔原则、配备比例和具体分工上并没有严格的标准或规范，什么样的人员配备或分工能最大限度地发挥团队的政策审议功效，并没有成为临时性的课程政策审议团队在组建过程中认真思考的问题。换句话说，简单地遵循多样化的原则通过拼盘组合、平均分配或拿来主义的方式来组建政策审议团队，并不是实质上达成科学审议的有效方式。

其次，临时性的课程政策审议团队会产生能量内耗，影响政策审议的实际水平。临时组建的审议团队，要在有限的时间内既完成团队磨合，又要同时进行有效的分工和高效的工作，是非常困难的。不同的成员由于各自的话语系统、价值观念、行为方式、能力水平、人际偏好等方面的差异，会在磨合过程中造成团队能量的内耗，并最终由于团体内部成员在利益的诉求、意见的表达和情感的宣泄等方面无法得到合理满足，而降低政策开发与论证的水平。

再次，众所周知，课程政策的研发往往具有较高的专业要求，特别是在具体的课程标准和课程要素的设计中，不光需要课程领域性知识的基础，还需要研发人员对特定的学科或专题领域具有敏锐的洞察、系统的积累和持续的反思，要有充足的研发理论和实证的依据，而要满足这些条件，必须依靠专业团队长期而持续的研究积累来实现。临时性的课程政策审议团队采用人员集聚的方式以项目托管的形式进行政策研发，很难在有限的时间内高质量地完成这项专业活动，并保证政策设计的连贯性、完整性和科学性。

从国际课程政策审议的经验来看，负责任的政策审议往往需要依靠专业团队长期而持续的研究与推导。尤其当课程以国家课程政策的形式表现出来的时候，就更需要依托长期的专业反思和持续的政策改进。通过建立固定而专业的课程审议机构（团队），将课程政策的审议作为一项常规化的工作来推进，定期对课程政策进行调整与修订，保证政策及其审议活动内在的连续性和渐进性，而不是采用一种简单的有项目就聚集、无项目就解散的实用主义的工作方式。有关设立国家层面的专门和专业的课程审议机构或团队的问题，近年来也受到了我国教育部的关注。① 非常重要的是，这样的审议机构需要是一种实体的专业建构，而不是虚体的组织或行政管理性质的机构，要通过科学规范的人员选拔和组织，对国内外综合性和领域性的课程改革与发展进行长期而系统的研究，建立我国课程政策研发与修正的长效机制，并建设可供全国课程理论、政策和实践工作者公开使用的资源库。2010 年 3 月，教育部成立了基础教育课程教材工作领导小组、国家基础教育课程教材专家咨询委员会和国家基础教育课程教材专家工作委员会等 3 个

① 受教育部基础教育司委托，由崔允漷教授牵头的相关团队在 2008 年向教育部提交了《国家课程教材指导/审议委员会：国际与港台地区经验》的咨询报告。该报告就世界部分国家和地区课程改革指导机构及其运作机制的问题进行了研究，建议我国建立教育部层面的基础教育课程教材审议委员会，就基础教育课程教学的基本文件、有关重大改革事项以及教材审核等议题进行调研、评议，为指导委员会提供决策咨询意见。上设一个由教育部部长作为总召集人（主任），教育部主管基础教育和高校招生的副部长，教育部有关司局领导，以及重要的教育机构的代表共同参加的课程改革指导委员会作为领导小组（行政职能），协调教育行政系统各部门同审议委员会的工作。并建议课程教材审议委员会分设为两层结构，包括上层基础教育课程教材审议委员会，主要负责制定课程教材审议的基本原则，规划重大安排，遴选各小组成员，协调各小组工作，审议、签发各小组报告，向指导委员会定期提交工作报告，以及有关咨询报告、决策建议；下层是课程审议组和教材审议组，负责本领域的课程、教材评议和审查工作。参见华东师范大学社科处：《大夏人文》2009 年第 1 期，见 http://www.sinoss.net/userfiles/daxuesheke/daxia200901.pdf。

机构,①作为我国基础教育课程教材决策中重要的行政领导、专业咨询和专业工作的机构。这些机构是否能够在实质上建立一种稳定、持续而公开的对于我国课程改革与发展的问题识别、政策研发、专业设计、实施论证、评价修整与问题解决的工作机制和工作体系,将成为我国课程政策审议实现专业化、系统化和增值性发展的重要保障。当然,除了专业的政策审议机构的设置、发展专门化的政策审议的队伍以外,推动课程学科的理论和实践发展,尤其是加强政府教育行政机构工作人员的内部专业化,提升政策审议人员的政策审议的意识与能力,也是全方位推进课程政策审议的专业化和制度化运作的重要途径。这里的专业能力不仅是人们了解并遵循政策审议工作规范,有效地参与政策开发、设计与决定的能力,也包括能够从教育发展的内在属性出发,对课程变革的政策作出合理的判断和进行专业的研发、追踪与调整的能力。

---

① 国家基础教育课程教材工作领导小组是专门负责基础教育课程教材建设的领导决策机构,由教育部有关司局以及中宣部、中央党史研究室、外交部、文化部、新闻出版总署、中科院、社科院、工程院和中国科协有关部门负责同志组成,主要职责是研究确定基础教育课程教材建设规划和重大政策,研究确定基础教育课程重大事项,协调解决有关问题,审核基础教育课程方案、各学科课程标准审议结果和教材审查结果,指导国家基础教育课程教材专家工作委员会的工作。国家基础教育课程教材专家咨询委员会是为基础教育课程教材重大决策提供咨询的高层次的专家咨询机构,由学术造诣精深、在本领域有较高学术地位或具有较高社会知名度的资深专家学者41人组成,主要职责是接受教育部、国家基础教育课程教材专家工作委员会关于基础教育课程教材建设工作的咨询,研究提出国家基础教育课程教材建设的意见和建议。国家基础教育课程教材专家工作委员会是组织专家配合、协助教育行政部门围绕国家基础教育课程教材建设开展专业工作的机构,由基础教育相关学科以及教育、课程、心理等领域的专家和教育教学一线专家116人组成,主要职责是组织研究制订基础教育国家课程方案和各学科课程标准,组织审议并提出审议意见,组织审核教材编写人员资格并提出审核意见,组织审查教材,协调处理教材审查中的重大问题,组织开展对课程教材重大问题的研究和监测评价,对地方和中小学课程改革工作进行专业指导和服务,接受教育部和国家基础教育课程教材工作领导小组交办的专题研究工作。参见《国家基础教育课程教材专家咨询和工作委员会成立》,载《光明日报》2010年4月15日,见 http://www.gov.cn/jrzg/2010-04/15/content_1581191.htm;中华人民共和国教育部:《教育部关于成立国家基础教育课程教材专家咨询委员会的通知》,教基二函〔2010〕2号。

二、审议过程中制度性规范的缺失

追踪我国课程政策审议的实际过程，便可以发现隐藏在政策审议工作"合理和科学"的工作程序背后的重要问题，即政策审议过程缺少实质性的制度规范。缺少强有力的制度规范建设，使得审议过程在本质上具有随意性，甚至导致形式主义的倾向，迫切需要建立完备而细致的课程政策审议的过程规范。

首先，是审议人员选择与组织上的规范性操作。课程政策的审议过程是一个多方参与的集体协商的过程，在课程政策开发和论证的不同阶段，需要选择不同的审议人员参与政策的讨论。很大程度上，审议人员选择的科学性、针对性和代表性，决定了审议过程的实际水准。然而，现实的情况是，我们在审议人员选择与组织中只是简单地强调审议人员组成的多样性，却忽略了审议人员选择与组织过程中的实质性规范，如选拔主体是如何确定的（如何防止主观偏好影响审议人员选择的科学性）、选拔流程是否遵循一定的程序、选拔对象的类型与数量的组合有没有科学依据、不同人员的具体参与方式是否有不同的规定。这些具体的问题都没有明确的工作原则或制度，反映了实际政策审议工作中的方便原则和经验主义，其结果是由于审议人员选择与组织的失范而带来审议决策活动中缺乏有效的权力制衡与意见协商。

其次，是政策审议方式选择以及审议过程在组织程序上的规范性缺失。我们知道，政策审议的方式有不同的形式，可以通过问卷调查、访谈、提案、研讨会、咨询会、座谈会、论证会、听证会、网络研讨等不同方式进行运作。选择什么样的审议方式更为合理，往往需要专业的判断和科学的依据，而不是简单地依据主观判断或经验决定。另外，在我们选择了特定的政策审议方式之后，审议活动如何组织，也就是具体的信息收集、整理、反馈、使用和保存，也需要固定的工作程序、具体的组织规范和工作标准。举一个简单的例子，同样是座谈会，是主题研讨还是综合研讨，是专家引领还是轮流发言，是个别座谈还是集中座谈，座谈后信息的整理是分组总结还是集体总结，以及是否需要对座谈信息进行集中反馈，如何对座谈信息进行整理归档，用什么样的工作机制确保政策研发小组的成员能够最大程度占有和运用座谈所提取的信息，诸如此类的细节性问题都需要我们根据审议活动的目标做出审慎判断并严格遵守工作的规范。但是,如果缺少这些细节性的规范,大部分政策审议工作就会变得随意而程式化,不仅影响我们获取有效和高质量的信息,甚至会影响关键信息在政策研发中的实际应用,那么审议活动也就失去了其实质性的意义。

再次,我国课程政策的审议过程,缺少必要的审议信息备案、反馈和公开的工作制度。无论是课程政策研发前期准备中的理论研究和实证调研,还是政策研发过程中的方案内部论证和公开意见征询,乃至政策公布后的后续调整修正,我国课程政策审议过程中产生的相关研究成果或政策信息,都被限制在有限的群体内,或仅供政府内部使用,并没有有效的信息备案、反馈与公开的机制来保障审议过程中的信息的开放性。我们说,课程政策审议中所产生的信息并不仅仅是供直接的政策设计者所使用的,对这些信息的占有也不应成为专属群体的特权,这是同课程政策审议在本质上的公开与民主的属性相违背的。课程政策审议中信息收集的公开性与民主性和信息反馈中的公开性与民主性应该是对等的。一个规范的课程政策审议的过程,应该是政策研发主体与公众之间的互动过程,而不是一种单向的或封闭的意见征集的过程,是要不断地将不同来源的政策意见即时总结并反馈给公众,让人们能够在先前意见的基础上持续而有效地参与政策论证的过程。如果没有具体的信息备案、反馈和公开的制度,那么所谓的审议也就成了无水之源、无本之木,空留形式上的审议而已。

此外,值得一提的是,我国课程政策审议的合法化阶段,还缺乏严格的政策审查制度。依照国际课程政策审议的经验,课程政策的合法化往往需要经过严格的法制审查,由第三方的法制机构进行严格的调查、听证、咨询和审核,而且这些审查行为都有非常严格而固定的工作制度作为支撑。如在法国,"行政法院依据宪法对政府各部门拟提出的计划报告要进行强制性的咨询和审查"①。按照一般行政机关合法化的工作程序,我国课程政策的合法化过程中,在政策进入政府行政决策会议讨论之前,也有将相关政策文件提交法制工作机构审查的程序。但是,我国课程政策的审查并不是由第三方法制机构来执行的,而是在教育系统内部,由教育部政策法规司来执行,政策法规司按规定"承办全国教育机关有关规范性文件的合法性审核工

---

① 王满船:《公共政策制定:择优过程与机制》,中国经济出版社 2004 年版,第 274 页。

作，承担有关行政复议和行政应诉工作"①。但是，这种法制审查的过程通常相对简单，一方面，并没有从第三方的视角对政策文件进行全面而严格的审查，更多的是依托政策文件起草机关的自行审议结果做出判断；另一方面，政策审查的形式比较单一，除了会议审核外，很少运用其他的审议模式，政策合法化过程中缺乏成熟和完备的审查制度基础。

课程政策的审议过程是一系列非常细致的活动，如果没有一定的工作制度来规范，政策审议的实际运作很可能会流于经验，陷入形式主义的泥淖，带来政策审议工作的现实无力感，造成大量程序性工作的浪费。这不仅会影响政策方案形成和决定过程的科学性，影响公众的政策质询和参与水平，影响政策方案的论证和审查水准，更会直接影响方案本身的适用程度以及人们对政策运作可能达成的共识水平。从这个角度而言，政策审议工作还有待制度化和精细化的发展，提出更为细致的工作规范和要求，使政策审议的过程能够在形式和实质上都有所依据。

三、缺乏联结政策与行动的实践构想

任何一项好的政策设计最终都要走向实践，面临理想与现实之间的落差。虽然政策审议本身并不可能是完全理性的，无法预见政策实施中的所有问题，或者消除所有的不利因素，但是，如果政策的审议仅仅满足于对政策目标及其内涵的系统陈述，而无法对政策实践的基本形态进行预测和准备，那么政策审议就是不完整的。从现实的经验来看，我国课程政策的审议，无论在政策研发的阶段还是在政策方案的实际论证中，普遍存在理论构想高于实践构想的问题。也就是，更多地停留于对政策理念或目标的讨论，而对于政策理念或目标如何转化为现实的"课程结构的各要素"，并在"建议或预测课程改革可能出现的问题及解决的有效途径"等方面，②却相对薄弱，很少从潜在使用者的角度、从实践运作的角度反思一些现实性的问题。

一般而言，在课程政策的审议中，非常重要的部分就是对政策方案进行可行性论证，这是有关政策方案是否具备实施条件的分析和判断，具有较强

① 中华人民共和国教育部：《教育部司局机构设置》，http://www. moe. edu. cn/edoas/website18/54/info1215409633434154. htm。
② 钟启泉：《开发新时代的学校课程：关于我国课程改革政策与策略的若干思考》，载《全球教育展望》2001 年第 1 期。

的应用和实践的取向。可行性论证的过程其实就是探讨有关政策与行动相互联结的一些实质性的问题，如政策方案是否能够获得其实施所需要的一般性资源和特殊性资源，政策方案是否能够获得政府行政部门在执行能力和工作效率方面的支持，政策方案在现行技术条件下可否实现，以及社会对政策方案的认同和支持的可能性判断等。其目的在于判断一项课程政策是否具有可理解性和可用性，以此作为选用和修订政策设计的基础。从这个意义上而言，一项好的政策方案的设计不仅能够就政策的基本目标、试图达成的结果和政策的基本特征等问题做出清晰的论述，更关键的还在于从现实的角度对课程政策的实践表达方式进行预先的构造，设想政策的实现方式、预期表现、可能出现的问题。只有从实践层面对课程政策进行了预案，我们才能说这项政策的设计是清晰的，是可用的，是能够为政策行动提供良好起点的。然而，目前我国课程政策审议中的可行性论证，几乎都是指向政策目标和内容的文本性讨论，而并没有切实的对政策实施进行的预案性研究——假定可能出现的各种情况或问题，并进行应对性的预案。这种实践取向的论证意识或规范的匮乏，也恰恰反映了我国政策运作中政策研发与政策实施相互脱节的现实。

因此，在课程政策审议中，为了提高政策设计的现实意义，有必要让政策设计达成一定的标准、遵循一定的原则，反映政策实践的需求，特别对政策付诸实践可能面临的现实、可以使用的方法、可能带来的结果及其应对进行预先的考虑和规划。如果从政策设计的起始阶段，就无法对政策实践的蓝图进行构造，那么审议的价值又在何处？ 课程政策的实践链条又何以为继？ 正如罗伯特森（David Brain Robertson）在《方案执行与方案设计：谁应为政策失败负责》中指出的那样，"政策设计者不能回避五项实质性的任务"，"首先，政策设计者必须清晰地阐明改革的性质以及改革所期望达到的方向和目标；其次，设计者必须选择以何种政府资源（金钱、政策权力）来推动政策目标的达成；其三，他们必须能够说明哪些人会因为这项政策而受益，这项政策对哪些人可能造成不利，哪些人是这项改革的可能支持者，而哪些人可能会倾向于抵制改革；其四，设计者必须决定由什么机构来评价监督政策以及政策的执行情况；最后，他们必须做出决定，是否需要在已有的相关政府机构之外授权另外的组织（如其他公共和私人机构），让他们来担当和分享一定的改革权责和利益，以更好地推动改革"。① 也就是说，在课程政策的审议中，审议主体的主要任务不仅仅在于课程政策的理论建构，审议的重心要从设计转到论证，转移到如何将理论建构同课程改革的实践路径联系起来，在政策运作正式进入实施过程之前，就对各种情况有一个基本的构造和预案。加强政策审议中的实践构想不但能够成全政策设计自身的完整性，更是连接政策理论和政策实践、政策制定者和政策实施者的重要桥梁，可以为我们从整体上把握和追踪政策实施运作提供一个理性的框架。

四、政策审议形式与渠道的有限性

不可否认的是，我国课程政策的审议在打破单向度的政府行政命令的既有模式的前提下，正在逐步走向民主开放。但是，从政策审议形式的相对单一与审议渠道的相对封闭的现实来看，我国课程政策的审议还是有限的审议。

首先，无论是课程政策设计和内部论证阶段的研发小组的内部会议、专题研讨会、全体会议，还是政策公开论证阶段的不同类型的咨询会，我国课程政策审议中最常用的审议形式就是会议。诚然，会议研讨在聚焦问题、集中意见、权力制衡与意见协商等方面具有特定优势。但是，会议审议的形式存在很多弊端。一方面，会议审议相对封闭，与会人员通常是选定的特定领域的精英群体，其代表性是有限的，带有鲜明的与会人员的个体经验和价值取向的影响，很难保证会议缺席者的集体利益；另一方面，在我国，会议组织普遍存在着松散、低效的特点，由于缺乏具体的有关会议召集、组织、发言、表决等方面的严谨的规则，很难"有效地把大家的意愿形成统一的行动，也无法有效地制约权力的行使，甚至不能保障会议决定的严格有效"②。除了会议的主要形式以外，在我国课程政策的公开论证的阶段，也有较大范围的书面和口头意见征询的审议形式，主要面向教育领域和社会其他领域中的精英群体，包括教育系统内的行政官员、教研员、部分优秀校长、教师代表和高校理论工作者，以及社会工商界领袖、各个领域的科学家和知名学者等。

① Robertson D. B. *Program Implementation Versus Program Design*：*Which Accounts for Policy "Failure"*. in *Policy Studies Review*. 1984，3(3—4)：391—405. 转引自柯政：《课程政策的执行与设计》，载《教育发展研究》2005 年第 10 期。

②〔美〕亨利·罗伯特：《罗伯特议事规则》，彭天鹏、孙涤译，世纪出版集团 2008 年版，第 2 页。

虽然这类审议活动不同于会议审议，其覆盖面具有一定的广度，但是从其面向的群体来看，主要集中在各个领域的精英阶层，一般的社会团体、普通公众和教师群体，很难有机会参与实际的政策审议活动。从这个角度来看，政策审议形式的有限性一定程度上限制了审议过程的民主化与公开化的水平，不仅使得审议活动限制在一定的范围内，缺乏足够的公共基础，也客观地限制了信息获取和意见收集的有效性，用"少数人"的意见来代替"多数人"的意见。因此，除了传统的政策审议的形式以外，我们完全可以同时使用多种意见协商与沟通的方式，如网络公开讨论、政策提案、代表大会、公众咨询、公开听证、社会调查等，拓展课程政策的审议形式，更有针对性和代表性地征集不同群体和不同层面政策主体的意见。

其次，我国课程政策审议的渠道较为有限，更多的是政府选择与组织的自上而下的官方审议渠道，而正式或非正式的自下而上的意见表达的渠道则相对匮乏，极大地影响了政策审议的公开与民主参与的水平。众所周知，在自上而下的审议渠道中，不同的政策主体能否参与课程政策的审议取决于他们是否被选择，只有那些成为政策制定权威机构锁定对象的群体，才有机会获取有关政策形成与决定过程的信息，并给出相应的意见。在这个过程中，课程政策的审议是一种被动的、限定性的行为。但是，从政策审议所应遵循的集体协商、民主公正的基本原则来看，政策审议应该是一种主动的、开放性的活动。不同政策主体参与课程政策审议的权力，并不应该受限于他们是否被官方选择参与具体的政策审议，而应该取决于他们是否具有获取信息和表达意见的客观可能和主观意愿。因此，无论政策主体是否能够有机会进入到政策审议的官方渠道，他们都应该拥有其他公开进行政治参与和权力表达的渠道。然而，在我国的课程政策审议中，这种主观意愿和客观可能却被政策信息的非公开性、政策过程的相对封闭所限制。一般而言，在政策正式公布以前，一般的社会群体、普通公众和教育系统内部的成员并没有有效的信息获取的渠道，也没有能够直接产生政策影响力的意见表达的途径，他们被动地扮演了"被代表者"的角色，无法真正地参与政策审议的过程。从这个意义上而言，在政府选定的自上而下的官方政策审议渠道以外，还应该提供便利和充足的政策审议的公共渠道，通过落实公共政策审议渠道中的信息公开、听证、问责、意见沟通与反馈的制度，来保障不同政策主体自由地获取政策信息、表达政策意见、影响政策过程的天然权力，真正意义上扩大政策公开审议的空间与可能。

表4—1 课程政策审议的中国经验与特征

课程政策审议的逻辑程序		中国课程政策审议的政策行动主体	中国课程政策审议的运作经验	中国课程政策审议的权力关系特征	中国课程政策审议的现实问题	中国课程政策运作的改进建议
政策形成	确定政策目标	教育部基础教育司、国务院及国家科技教育领导小组	·形成政策研发设想（基于1997年调查报告、科教兴国的国策支持、教育部《行动计划》推动、教育部基础教育司课程改革项目的启动） ·组织专业研发队伍 ·开展先导性研究（项目申报、前期的五大专题研究） ·专业研发小组的集中研发 ·内部的政策方案论证和修订 ·社会范围公开的意见征集 ·政策方案的再修订	·理性的权力协调：(1)"民主协商、科学决策"的政治诉求与趋向——审议程序的规范化、专业人员的引领、审议主体的多样化、公众参与 ·权威力量的强制性干预：(2)政策审议中的战略支持和行政推力——长官督进和行政压力(3)法定权威与专业权威的联合效应——法定权威的强制性和专业权威的社会规制相互强化达到权力控制的效果	(1)临时性审议团队的先天缺陷：随意性、能量内耗、缺乏连续性和累积性(2)审议过程制度性规范的缺失：人员选择与组织的规范、审议方式及组织的规范、信息备案、反馈和公开的规范、审查制度的缺失(3)缺乏联结政策与行动的实践构想(4)政策审议形式与渠道的有限性	(1)稳定而专业的课程审议机构（团队）以及教育行政人员的自身专业化(2)制度化和精细化的政策审议的工作规范的确立(3)在政策理论建构的同时，加强政策实践的基本构造与预案(4)拓展政策审议的多样的形式和公共审议的渠道
	政策信息收集	教育部基础教育司、基础教育课程教材发展中心、基础教育课程改革专家工作组、各科课程标准研制小组、综合性课程课题项目组、课程研究中心（包括大学和教育研究机构专家、校长、教师代表、教研员、教育行政官员、出版社人员等）				
	政策方案设计					
	政策文本拟定					
	可行性论证与意见征集	教育系统内部的专业工作者（各省主管基础教育的领导、教研员、校长、教师代表、高校理论工作者等）、工商企业界领袖与精英、各个领域的科学家和知名学者				
政策决定	政策合法化与采纳	教育部及其党组领导	教育部党组决策会议集体审议通过、政策文件的颁布			

第五章

课程政策的实施与评价：中国经验与特征

第一节　课程政策实施与评价的中国经验

　　《纲要(试行)》的颁布、18 科课程标准以及配套新课程实验教材(20 个学科的 49 种实验教材)的审核通过，为课程政策的实践提供了基础性条件。正如普雷斯曼(Jeffrey L. Pressman)和韦达夫斯基(Aaron B. Wildavsky)在《执行》一书中所指出的，"再好的政策方案，如果没有正确、有效地执行，仍将导致失败"①。政策实施作为促成政策目标实现的重要途径，在整个政策过程中都具有关键性的意义。在这一部分，我们就将着眼点放在我国课程政策的实践过程，具体考察课程政策的实施是如何推进课程政策行动的，同时也对贯穿于课程政策运作过程始终的评价活动做一并分析。

一、课程政策的实施过程

(一) 课程政策实施的整体规划

　　为了系统地推进新课程政策的实验试点和实施推广，教育部基础教育司对课程改革的政策实施进行了整体规划。首先，在《纲要(试行)》的政策文本中就有对"课程改革的组织与实施"的具体规定，明确提出由教育部领

---

　　① 张骏生主编：《公共政策的有效执行》，清华大学出版社 2006 年版，第 1 页。

导并统筹管理全国基础教育课程改革工作,省级教育行政部门领导并规划本省(自治区、直辖市)的基础教育课程改革工作。《纲要》指出要始终贯彻"积极进取、稳妥推进、先立后破、先实验后推广"的工作方针,在各省建立课程改革实验区,实行分层推进,发挥示范、培训和指导的作用,加快实验区的滚动发展,为过渡到新课程做好准备。此外,《纲要》还对课程改革中"民主参与、科学决策"的政策实施原则、课程改革持续发展的经费保障、实验区配套政策支持以及激励机制等做出了规定。2001 年 7 月,全国基础教育课程改革实验工作会议在辽宁大连召开,由来自全国 31 个省、自治区、直辖市的教育行政部门、教研部门、师资培训部门以及 38 个首批基础教育课程改革国家实验区的负责人参加了会议。会议将基础教育课程改革的实施工作大体分为三个阶段,包括酝酿准备阶段、试点实验阶段和全面推广阶段,为课程改革的政策实施确立了基本的时间表和流程,计划用三年时间启动并扩大国家级和省级实验区的试点,并从 2005 年秋季开始,在全国义务教育的初始年级推广新课程。王湛副部长在会议讲话中,提出了课程改革实验工作的六大任务,包括:验证、修订并正式颁发各学科课程标准;形成教材编写、审定、选用的有效机制;形成三级课程管理的具体工作机制;形成与新课程相适应的教学管理制度;初步形成促进学生发展、教师提高、课程不断发展的评价体系;促进广大教师更新教育观念、提高专业水平等六个方面。讲话还全面部署了课程改革的实验和推广工作的程序和步骤,并就开展新课程实验推广工作在更新观念、加强学习、优化领导管理、推进教师培训、关注科学研究和加强社会参与等方面提出了相应要求。①

2001 年 10 月,教育部印发了《关于开展基础教育新课程实验推广工作的意见》的通知,②以正式文件的形式向各省、自治区、直辖市教育厅(教委)传达了开始进行基础教育新课程实验推广工作的意见,明确规定了未来五年新课程改革的实验组织和推广工作。

2001 年秋季,义务教育各科课程标准(实验稿)及其实验教材

---

① 王湛:《扎实推进素质教育,开创基础教育课程改革新局面》,参见钟启泉、崔允漷、张华主编《为了中华民族的复兴 为了每位学生的发展——〈基础教育课程改革纲要(试行)〉解读》,朱慕菊主审,华东师范大学出版社 2008 年版,第 1—15 页。

②《教育部关于印发〈开展基础教育新课程实验推广工作的意见〉的通知》,2001 年10 月 17 日,见 http://www.ncct.gov.cn/zcwj/ShowArticle.asp? ArticleID=59。

将在 38 个国家课程改革实验区展开试验；同时探索三级课程管理的具体工作机制，探索评价、考试制度的改革。

2002 年秋季，扩大实验范围，启动省级实验区的工作：义务教育新课程体系（包括三级课程管理的运行机制、评价制度等）全面进入实验阶段，根据各地的具体条件，原则上，各省（自治区、直辖市）在所属的每个地级市可确定一个省级课程改革实验区（以县为单位），全国实验规模达到同年级学生的 10％—15％。

2003 年秋季，修订义务教育阶段课程计划、各学科课程标准，以及《地方课程管理与开发指南》《学校课程管理与开发指南》和中小学评价与考试的改革方案；在全国范围内，起始年级使用新课程的学生数达到同年级学生的 35％左右。

2004 年秋季，认真总结国家和省两级实验区的经验，进行全面的评估和广泛的交流，新课程进入推广阶段，将正式颁布义务教育阶段课程计划、各学科课程标准以及其他相关文件，起始年级使用新课程学生数达到同年级学生的 65％—70％。

2005 年秋季，中小学阶段各起始年级的学生原则上都将进入新课程。

普通高中新课程的研制工作：2001 年全面启动普通高中新课程的研制工作；2002 年形成新的普通高中课程结构与管理制度，完成普通高中各学科课程标准（实验稿）的起草工作；2003 年组织高中新课程的实验与推广工作；2005 年正式颁布普通高中课程计划、各学科课程标准以及其他相关文件。

幼儿教育改革实验工作：《幼儿教育指导纲要（试行）》于 2001年正式颁布，教育部将对幼儿园教育的改革进行全面部署，拟用三年左右的时间全面落实《幼儿教育指导纲要（试行）》。

（二）课程政策实施的动员和准备

1. 课程政策实施的机构和人员安排

我国现行的教育体制遵循“统一领导、分级管理”的原则，从中央到地方形成了五级教育行政管理结构，包括国家层面的教育部及地方省、市、县、区各个级别的教育厅（局）、局（科）、组等专门管理机构，地方各级教育行政组织接受中央统一领导。在这样的教育行政格局中，我国课程政策的实施，也采用逐级委托代理的实施模式，由教育部委托地方各级教育行政机关及其实施机构作为课程政策实施的代理人，逐级落实课程改革政策。

因此，在机构和人员的安排上，教育部基础教育司、基础教育课程教材发展中心、课程改革专家工作组以及教育部在大学和中央教科所（现"中国教育科学研究院"）设立的课程研究中心等机构主要负责课程政策实施的总体领导、协调和指导工作，各个省级（自治区、直辖市）教育行政部门则承担所在区域基础教育课程改革实验试点、推广的具体领导和组织。根据《关于开展基础教育新课程实验推广工作的意见》，"各省（自治区、直辖市）要成立课程改革实验领导小组和专家工作组，由省级教育行政部门的主管领导直接负责，小组成员应包括省级教育行政机关相关处室，教研、教师培训机构负责人，及教育部在部分师范大学成立的基础教育课程研究中心的人员、实验区校长和骨干教师代表"等。[1] 一般而言，课程改革实验工作领导小组都由当地政府的教育行政机关领导担任，实验工作的专家工作组则包括大学课程研究中心的专家学者、省级和市地实验区的教育科研机构的研究人员、部分校长和特级教师代表等。除了设立省级的课程改革实验的统筹管理机关，各个实验区也在所在市、区设立课程改革实验领导和指导机构。越是基层的课程改革实验领导和指导机构，其机构设置上也就更为具体。[2] 这种统筹性的从中央到地方的层级递进的课程政策实施的组织架构，一方面为落

---

[1]《教育部关于印发〈开展基础教育新课程实验推广工作的意见〉的通知》，2001 年 10 月 17 日，见 http://www.ncct.gov.cn/zcwj/ShowArticle.asp? ArticleID=59。

[2] 以国家级实验区义乌市的机构和人员安排为例，该市成立了以教育局长任组长、分管副局长任副组长的义乌市基础教育课程改革实验领导小组，下设领导小组办公室，办公室设在市教研室，由教研室主任任主任；并设立义乌市基础教育课程改革实验指导小组，在省专家工作组指导下，负责全市小学、初中的实验指导工作，实验指导小组下设 13 个中小学各科指导小组，分别负责各学科课程改革实施的研究指导工作；还设立了义乌市基础教育课程改革办公室，办公室下设培训组、宣传组、课程改革评价组、课程改革研究及资源开发小组，全面负责课程改革实施中的宣传、培训、研发、资源供给、评价等方面的工作。各区成立了以分管区长为组长，全区各部、委、办、居、街道负责同志参加的义务教育课程改革工作统筹领导小组，并抽调当地教育行政部门相关处室、教研和教师培训机构人员成立试教办公室，负责课程改革实验的日常工作。除此以外，各实验区试教办公室下设由学科教研员、骨干教师组成的学科实验中心组，负责实验区的各学科教师的培训和实验指导工作。参见义乌市教育局：《关于设立义乌市基础教育课程改革实验指导小组等机构的通知》，载《义乌课改动态》2002 年第 11 期。

实改革政策实施提供了组织和人员基础；另一方面，其多层级的委托关系和繁复的行政链条，也为后续的课程政策实施带来了诸多隐患。实际参与课程政策实施过程的人员，主要都来自教育系统内部，包括教育行政机构的工作人员、大学教育科研机构、教研机构、教师培训机构以及具体学校中的专家学者、教研人员、师资培训人员、校长和各科教师等。（见图5—1）

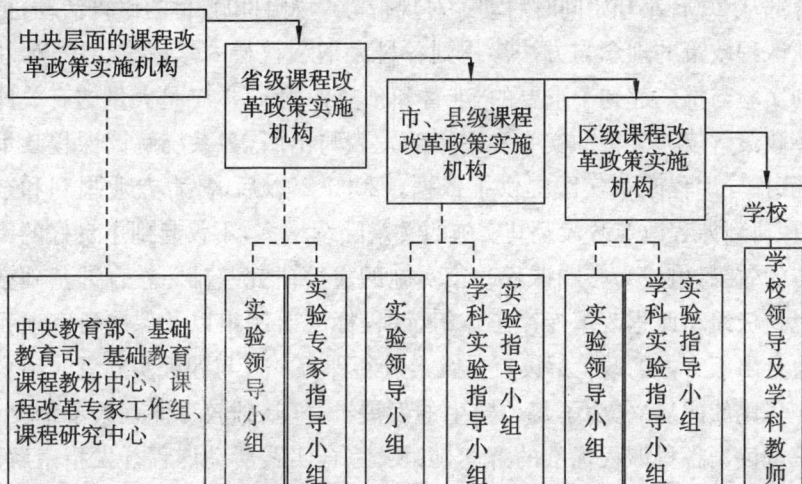

图5—1　我国各级各类课程改革政策实施机构关系图

2. 课程政策实施的宣传和动员活动

一项政策的宣传和理解是否到位、充分、深入和切中要害，对于人们形成有关政策的基本认识和态度，更具有决定性的作用。我国新课程改革政策的实施，也特别强调政策宣传和动员的重要性。《关于开展基础教育新课程实验推广工作的意见》就此提出两项要求：一方面"要有计划、持续不断地利用各种形式和媒体向全社会宣传《决定》和《纲要》精神、改革的内容，引导全社会参与并支持新课程实验推广工作，形成有利于推进新课程实验推广工作的舆论氛围"；另一方面"各省级教育行政部门要广泛组织教育行政人员、教研员、中小学校长及教师认真学习《决定》和《纲要》精神，并结合实际进行深入的研究和讨论，树立新的教育观念"。从其工作要求来看，前者是扩大政策认识的辐射范围与广度，以形成有利于课程政策推行的社会环境和舆论氛围；后者是深化政策理解的程度，意在达成政策实施主体对于课程政策内涵的共识，以提高政策实际运作的有效性和针对性。

一方面，为了形成政府、学校、社区在新课程实验工作中的合力，各省、市、县、区政府成为进行新课程政策社会宣传的主要力量，通过广播、电视、网络、报刊等媒介进行政策宣传。① 另一方面，在教育系统内部，为了深化人们对于课程政策的理解，中央、地方各级教育行政机构、教研机构和学校开展了多种形式的政策宣传和动员活动。一是《纲要》和各科课程标准颁布之前，新课程理念在教育系统内部的初步宣传。即为了保证稳妥推进新课程，教育部从2000年开始同时启动了对现行教学大纲和教材的修订活动，把有关新课程政策的理念与方法渗透到各科大纲和教材的修订工作中，为新课程的实验与推广起到了重要的"准备和预热作用"。② 二是大量的有关课程改革政策解读与分析的文章和书籍的发表与出版，为系统解读课程政策的内涵、指导课程改革实践提供了依据。2000年以后，教育专业报刊和杂志中，探讨新课程改革政策及其实施的文章陆续增多，不仅起到了良好的舆论宣传的效果，也成为影响课程政策实施的重要研究基础。教育部基础教育司也积极组织课程改革专家工作组、课程标准研制组以及课题研究项目组的力量出版官方的政策解读，包括《走进新课程——与课程实施者对话》《为了中华民族的复兴、为了每位学生的发展——〈基础教育课程改革纲要（试行）〉解读》、各科课程标准的解读，以及《综合实践活动课程开发指南解读》《研究性学习指南解读》《地方课程管理指南解读》等。三是启动从中央到地方和学校层面大量的面向教育行政人员、教研人员以及骨干教师的课程改革培训和动员活动。教育部专门发布了《关于开展基础教育新课程师资培训工作的通知》，要求各省（自治区、直辖市）"基础教育课程改革实验工作领导小组"领导本地区的师资培训和改革动员工作。各省、市、区和学校也都确立了分级培训的方案，对不同类型的课程改革参与人员进行培训。培训

---

① 如天津课程改革实验区在《每日新报》《天津日报》设专版系统介绍课程改革的背景、目标、结构、课程标准、新教材及组织与实施等方面的内容；黑龙江省大庆市等实验区在当地电视台开辟课程改革专题节目，并成立家长委员会支持课程改革的推进；山东省高密市等实验区建立了课改网站，作为课改实验宣传基地；浙江省一方面通过专题汇报的形式将课程改革纳为政府工作的重要部分，另一方面则在电视、广播、报纸、互联网上开辟课程改革实验专栏，编写课程改革汇编手册和宣传手册，举办家长学校，发放告家长书，向教育行政人员、教师、家长、学生、其他社会人士大力宣传新课程改革，介绍课程改革实验运作的情况。参见《国家基础教育课程改革实验工作进展顺利》，载《基础教育改革动态》，2002年第8期。

② 马云鹏：《新课程实施的特征与推进对策》，见《第六届全国课程学术研讨会论文集》，2008年10月。

一般包括通识培训和学科培训。通识培训是对《纲要（试行）》政策文本的学习；学科培训是对课程标准和新编教材的学习，帮助教师了解新课程标准在目标、内容、评估、教学方法和手段上的变迁，以及新编教材在编写思路、结构、内容、要求等方面的特点。除了召开大规模的宣讲会、动员大会、专家报告会以外，也根据分级培训的需要就专题内容开展主题培训、研讨进修等活动，学校也尝试进行校本培训，将教师的课程改革实施培训同学校实际的教研活动相结合。

3. 课程政策实施的资源和经费准备

"推行新事物并使之制度化一般要比维持现存的事物需要更多的资源"，"资源在减少，而对教育质量的要求却比任何时候更高"。[①] 特别在我国教育资源相对稀缺、受教育群体规模巨大、各地区发展极度不平衡的现实中，课程政策实施中的资源和经费准备就显得至关重要。在此次新课程改革的资源和经费支持上，我国采用的是中央和地方分级管理的模式。一方面，根据《面向 21 世纪教育振兴行动计划》规定，将基础教育课程改革工程定为国家重大项目，以一级财政拨款方式对课程改革进行专款资助，建立国家课程改革专项经费，主要用于中央层面课程政策的研发、培训、评价等工作。另一方面，国家要求地方各级政府和教育行政主管部门承担经费和资源支持的主要责任，要求比照国家级专项，划拨地方基础教育课程改革专项经费，比如省级课程改革专项经费主要用于省级课程改革组织及方案制定、地方课程开发、培训和评估工作，以及补助国家和省级课程改革实验区，奖励省级课程改革实验先进集体和先进个人等。除此以外，省级（自治区、直辖市）教育行政部门则进一步要求各市、县（市、区）教育行政部门乃至学校设立专项经费用于课程改革工作。

4. 地方课程政策实施计划的制定

课程政策实施准备工作中非常重要的一部分，就是各省（自治区、直辖市）、市、县（市、区）和学校依据本地区和学校的特点，制定不同层次和阶段的课程改革政策实施计划，这个过程其实就是对国家课程政策文本的再度开发。随着改革实验工作从国家级实验区推进到省级实验区，各省也相应地制定了推进省级实验工作的实施方案。从不同省份公布的课程改革实验

---

① 〔美〕波尔·达林：《教育改革的限度》，刘承辉译，重庆出版社 1991 年版，第 42 页。

推广工作的实施意见、基础教育课程改革实施计划来看,基本上都对课程改革实验工作的指导思想和任务、改革的工作重点(课程设置、课程教材开发、教学过程、改革评价、教师培训和培养等问题)、课程改革的组织和推进、课程改革实验工作的保障措施以及实验工作的要求等方面做出了具体规定。此外,各省教育行政机关也要求市、县(市、区)和学校制定相应的改革实施方案,以具体规定所在区域和学校的课程改革实施工作,确保政策实施的稳妥推进。

实际上,越是深入课程改革的实践层面,越是会遭遇更多实质性的问题,需要更强有力的机构、人员、经费、资源、智力和策略的支持。因此,课程政策实施的一系列准备工作,不应仅限于政策实施的初始阶段,而应该伴随课程政策实施推广和制度化发展全过程,真正为课程政策的实施提供持续性和全方位的保障,成为课程政策实施过程中各级教育行政机构首要的和长期的工作,而不是一项阶段性的工作。

(三) 课程政策实施的实际运作

1. 课程政策实施的实验试点

2001 年,根据各地自愿申报、各省级教育行政部门推荐的原则,教育部在全国 27 个省、自治区、直辖市的 38 个区(县、市)确立了国家级基础教育课程改革实验区,作为课程改革实施的先导性实验基地。(见表 5－1)2001 年 7 月全国基础教育课程改革实验工作会议召开,动员并部署了国家级课程改革实验区的实验试点工作,提出了课程改革实验试点的主要工作目标和安排。同时,伴随着义务教育阶段新课程进入实验试点阶段,普通高中阶段课程改革工作也正式启动,以 1999 年开展的普通高中课程计划、教学大纲和教材的修订为基础①,2001 年秋季,教育部正式启动了普通高中课程方案(实验)和各科课程标准(实验)的研制工作。

---

① 为了同义务教育课程改革相衔接,同时促成课程改革的和缓过渡,1999 年教育部对普通高中课程计划、教学大纲和教材进行了修订,2000 年秋季在全国 10 个省份进行实验试点,2001 年扩大到 25 个省份,并于 2002 年 4 月颁布了再次修订后的《全日制普通高级中学课程计划》和语文等 7 科教学大纲,这同 2000 年义务教育阶段 13 个学科的教学大纲和教材的修订是相互配合的,也成为新高中课程方案与课程标准研制的重要基础。参见高众:《教育部颁发再次修订后的普通高中课程计划和各科教学大纲》,载《课程·教材·教法》2002 年第 6 期。

表5-1 国家级基础教育新课程改革实验区分布①

山东	云南	湖北	山西	安徽	贵州	内蒙古	四川	黑龙江
高密青岛	石林县	武昌	迎泽区(太原)曲沃	芜湖	贵阳贵定	海勃湾区(乌海市)	郫县(成都)	大庆宁安
吉林	湖南	天津	广东	河南	甘肃	河北	新疆	青海
龙山区(辽源)朝阳区	开福区(长沙)	大港区	南山区(深圳)	金水区(郑州)	七里河城关(兰州)	鹿泉(石家庄)	天山区沙伊巴克区(乌鲁木齐)	湟中区(西宁)
江西	宁夏	江苏	海南	辽宁	福建	重庆	广西	陕西
西湖(南昌)大余(赣州)	灵武市	锡山惠山(无锡)	海口市	大连	厦门	北碚区	柳州城区、玉林玉州区、南宁新城区	雁塔区(西安)

注：2002年秋季又新增了浙江省的义乌、余杭、北仑以及北京市海淀区4个国家级实验区。

依照《关于开展基础教育新课程师资培训的意见》（教师〔2001〕2号）中"先培训、后上岗；不培训、不上岗"的工作原则，率先对已确定为国家基础教育课程改革实验区的地区进行新课程师资培训。国家级实验区的新课程师资培训由教育部直接邀请参与课程政策研发的专家学者主持，采用集中培训的方式对各实验区的教育管理者、培训人员和骨干教师进行一级培训。与此同时，各实验区所在省市也建立了相应的课程改革实验领导小组和专家工作组，在机构、人员、经费、资源、培训等方面为国家级实验基地提供地方层面的支持。另外，根据《关于开展基础教育新课程实验推广工作的意见》，各省从2001年秋季也开始制定本省的新课程实验推广工作的规划和实施方案，逐年扩大省级实验区的规模和数量。

---

① 参见付宜红、李健：《义务教育课程改革实验全面铺开》，载《基础教育课程杂志》2005年第9期。

2002年6月,品德与生活、品德与社会新课程标准(实验稿)正式公布,开始投入课程实验区进行实验试点。2002年秋季开始,全国省级课程改革实验区启动,课程改革进入了全面实验阶段,原则上规定全国各省、自治区和直辖市至少有一个省级课程改革实验区,由省(自治区、直辖市)教育行政机关负责选择、组织和落实。除了新增4个国家级实验区(浙江省三个以及北京市海淀区),全国共启动528个省级实验区,实验规模扩大到同年级学生的10%—15%。"第一批省级实验区的运行方式基本采用国家级实验区的方式,动用国家以及省的智力资源和物质资源,组织较为系统的培训与指导,配备一定数量的教学设备与资源。"①针对省级新课程实验区的实验推广工作,教育部师范司于2002年3月和4月组织了义务教育阶段26个学科新课程省级骨干培训者的第一期国家级培训,组织部分师范大学的"基础教育课程研究中心"对各省的骨干培训者进行基础教育新课程国家级的培训。除了教育部组织的培训外,对各省市也逐步推进分级培训,由省级教育行政部门负责对本省新课程改革的管理者、培训者和骨干教师进行培训,逐级落实到每所学校新课程实施的基层管理人员和普通教师。

2003年5月教育部正式颁发全日制义务教育《思想品德课程标准(实验稿)》,至此,义务教育阶段所有学科的课程标准(实验稿)已经全部研制完成,投入实验区使用。② 2003年秋季开始,"全国又有1072个县(区)进入新课程省级实验区,至此,全国开展基础教育新课程的实验区共计1642个,占全国县数的57%",超过预期计划的35%的比例。"教育部师范司利用国家专项资金1700万,于2003年下半年举办了'第二期基础教育新课程骨干培训者国家级研修',遴选并委托29所师范院校和教师培训院校举办了'省级骨干培训者国家级研修';同时,委托12所师范大学组织了'师范院校学科教

---

① 马云鹏:《新课程实施的特征与推进对策》,载《第六届全国课程学术研讨会论文集》2008年10月。

② 与此同时,2003年3月,经教育部党组和课程标准专家审议会的审议,教育部正式发布了《普通高中课程方案(实验)》和语文等十五个学科课程标准(实验),高中阶段的课程方案与课程标准也研制完成,并计划通过自愿申请的方式于2004年秋季在部分省市进行实验。参见《教育部关于印发〈普通高中课程方案(实验)〉和语文等十五个学科课程标准(实验)的通知》,2003年3月31日,教基〔2003〕6号,见 http://www.moe.gov.cn/publicfiles/business/htmlfiles/moe/moe_711/201001/xxgk_78378.html。

育学和教学法教师国家级培训'。"①在前两年实验的基础上，新课程师资培训的工作也在原有的基础上有所发展。在培训目标上除了帮助培训学员理解新课程以外，还注重解决培训者在课程政策实施过程中的问题；注重以案例为基础进行参与式培训，研究开展新课程校本培训的途径和方法；在培训方式上引入专家讲座、合作研讨、小组交流、案例教学、现场观察、问题解决等多种研修方式；在师资设置上实现高校理论工作者、教育行政领导、中小学校长和优秀教师相整合的培训队伍。在课程改革实验试点的过程中，各级教育行政主管机关和课程改革领导小组都非常重视新课程的培训工作。其中，教育部组织的国家级培训特别注重培养新课程师资培训者（包括教育管理者、师范院校和教师进修学校等培训机构教师、教研机构教研员等）和骨干教师的培养，强调骨干培训者和骨干教师在推进地方新课程培训和实施过程中的中介作用和影响力。而地方各级新课程培训的任务则更为具体，主要面向不同层级的教育行政管理者、培训者和基层教师，实现层级推进和全员落实。

　　为了评估与监控课程改革的实验试点工作，教育部委托"新课程实施与实施过程评价"课题组（由部分省、市、自治区教育主管领导、大学校长、教育部协调员、大学基础课程研究中心代表、国家级实验区代表、媒体记者和特级教师等组成），分别于 2001 年 12 月、2003 年 3 月组织评估团对实验区实验工作进展情况进行评估。前一次实验区启动工作的评估主要在全国 10 个国家级课程改革实验区展开，就实验区课程改革工作的启动和实施情况，如实验准备情况、实验的组织、专业指导与政策保证、新课程培训、新课程的进展情况、家长和社区参与等进行评估。② 后一次评估活动则抽取了全国 13 个国家级实验区展开调研，通过听取领导小组情况介绍，查阅相关文档材料，召开面向校长、教师、学生、家长、教研人员、行政部门的座谈会，发放调查问卷等形式收集了大量实验区新课程启动和运作的资料，并针对实验区工作提出了反馈意见和建议。先后两次评估活动共辐射了"21 个省的 23 个国家级实验

---

　　① 中华人民共和国教育部：《大力开展基础教育新课程师资培训，为推进素质教育和基础教育新课程改革提供高质量师资——新闻发布会背景材料之三》，http://www.moe. gov. cn/edoas/website18/96/info12096. htm。

　　② 国家基础教育课程改革实验区工作评估团：《国家基础教育课程改革实验工作评估报告》，载《课程教材教学研究》2002 年第 7 期。

区,对实验工作进行全面评估,形成了近百万字的评估报告"①。

由于国家级实验区还承担了义务教育《课程设置实验方案》以及各学科课程标准(实验稿)的实验任务。2003年5月,教育部基础教育司发布了《关于开展义务教育课程方案及课程标准实验情况调研和修订工作的通知》(教基司函〔2003〕30号)。根据"基础教育课程标准评价研究"项目组研发的《义务教育课程调研与修订工作方案》《义务教育课程标准修订工作调研提纲》和各学科课程标准征求意见表,就义务教育课程设置方案和各学科课程标准的实验情况和经验对实验区教育行政部门、教研部门、校长和教师进行调研,形成《义务教育课程设置实验方案》和各学科课程标准的修订报告。2003年6月到8月,根据通知要求,教育部就国家级实验区新课程各科课程标准实施状况组织了大规模的调研,调研覆盖了29个省、市、自治区的42个国家级实验区。调研主要"以新课程的实施过程、效果以及实施者(教师、教研员、教材编写人员等)的亲身经历和体验为基础",旨在了解通过两年的实施,各科课程标准"在科学性和可行性方面的反映","对教学、教研及教材编写的指导和实施效果","系统整理课程标准实施以来的研究成果","同时征集实践层面的建议和案例",为修订和完善课程标准,调整课程设置实验方案提供基础。② 按照《通知》的要求,除了对国家级实验区的标准使用情况进行调研和座谈外,各科课程标准编制小组还要对实验期间围绕课程标准实验稿进行的讨论、意见和建议进行综述。根据这些前期调研的结果,各科课程标准小组先后召开课程标准修订会议,着手进行标准修订。如2003年8月语文课程标准研制工作组召开了"语文课程标准在实施中的相关问题研讨会",对调研所得的语文课程标准修订报告、征求意见的调查结果以及两年来各报刊对语文新课标实施的相关研究进行了整理,形成了《全日制义务教育语文课程标准(实验稿)》修订建议汇总报告,该报告之后发表在《语文建设》2003年第10期和第11期上。③ 同年10月义务教育数学课程标准研制工作组召开了"义务教育数学课程标准修订工作研讨会",召集了来自全

---

① 教育部基础教育课程改革进展情况新闻发布会,2004年2月18日,见 http://www.china.com.cn/zhibo/2004-02/17/content_8784572.htm.

② 中华人民共和国教育部:《关于开展义务教育课程方案及课程标准实验情况调研和修订工作的通知》(教基司函〔2003〕30号),见 http://www.moe.edu.cn/edoas/website18/39/info739.htm.

③《义务教育语文课程标准修订工作全面展开》,载《语文建设》2003年第9期。

国 25 个省、直辖市、自治区，包括大学和研究机构的专家学者、一线教研员、教师、已经投入使用或已经获得编写资格的实验教材主编、反映数学课程研究进展的学术期刊代表及标准研制组成员，对数学课程标准的修订和如何进一步做好数学新课程的实施和推进展开了讨论，就《标准》的修改思路、课程目标、内容标准、实施建议等方面提出了讨论意见。① 10 月，历史课程标准组也邀请全国各实验区代表召开课程标准修订工作研讨会，征求有关课程标准的修订意见，②其他各科课程标准研制组也展开了一系列修订准备工作。2004 年 2 月，教育部基础教育司和课程教材研究中心组织召开了义务教育课程标准修订暨普通高中各学科标准培训工作研讨会议，全面部署义务教育 18 科课程标准的修订工作，各学科课程标准研制组根据先期调研和研讨的结果进行各科课程标准(实验稿)的修订，并于 2004 年上半年完成各实验区教材的修订工作。

在整个课程改革实验研究和推进的过程中，教育部召开了两次全国电视电话工作会议，一方面总结实验区工作中的经验和问题，推进全国范围改革实验工作的开展，另一方面则为各实验区提供了进行全国性经验交流和研讨的机会。这两次会议分别是 2002 年 4 月召开的"全国基础教育课程改革实验工作电视电话会议"以及 2003 年 7 月召开的"全国基础教育课程改革实验推广工作电视电话会议"。除此以外，教育部也在深圳、哈尔滨、福建、北京等地多次召开全国性经验交流会，并召开各类专题研讨会，及时探讨和解决实验进程中的问题。作为对课程改革国家和省级实验区实验推进过程的全面记录和经验总结，依据实验工作中的各类评估和调研工作形成的资料，教育部于 2003 年出版了《来自课程改革实验区的声音·共同迎接挑战》《来自课程改革实验区的声音·分享经验与困惑》《来自课程改革实验区的声音·携手共行共创辉煌》三本书，追踪了 2001 年 9 月至 2003 年 6 月间，课程改革实验区的实验与反思的历程。

2. 课程政策实施的推广和持续

2004 年 3 月，国务院发布了《国务院批转教育部 2003—2007 年教育振兴行动计划的通知》(国发〔2004〕5 号)，这是继《面向 21 世纪教育振兴行动

---

① 参见义务教育数学课程标准研制工作小组：《义务教育数学课程标准工作研讨会》，载《数学通报》2004 年第 3 期。

② 朱汉国：《坚持课改精神、完善课程标准——关于〈全日制义务教育历史课程标准(实验稿)〉修订的若干说明》，载《历史教学》2004 年第 4 期。

计划》实施以后我国教育发展的另一纲领性文件。该文件提出继续实施"新世纪素质教育工程"，深化基础教育课程改革，结合新课程的全面推进，加快考试评价制度的改革。2004年6月，教育部召开了全国基础教育课程改革工作电视电话会议，在总结基础教育课程改革几年工作成果的基础上，就深入改革，学习典型经验，着重教师培训和培养，严格规范教材选用和管理，加强分类指导和农村地区课程改革支持，完善新课程推广机制等方面的问题提出了具体要求。特别在完善新课程的推广机制上，会议强调了省级教育行政部门在制定推进新课程整体规划、明确工作进度、落实责任要求、确保经费投入、加强教师培训培养和健全政策机制等方面的主要责任。会议再次强调了基础教育课程改革作为深化推进素质教育的重大意义，可以说，是为新课程实验的大幅度推进所做的全国性动员。从2004年秋季开始，"全国有2576个县区实施义务教育新课程，进入新课程的学生数近7000万"①，课程改革实验工作进入了全面推广阶段，推广到全国90％以上的县市。同年9月，教育部基础教育司在全国分6片召开了由地方教育行政人员、教研人员、中小学校长和教师参加的座谈会，分别听取了基层基础教育工作者关于义务教育新课程实施以来所取得的成效、存在的突出问题和进一步深化基础教育课程改革的建议。2004年11月，组织由大学校长或省教育厅厅长、国家督学、大学基础教育课程中心负责人和专家、基础教育教材审查委员会审查专家代表和地方教育部门代表组成的七个评估组，对辽宁、重庆、山西、河南、江西、安徽、湖北等七省（直辖市）贯彻落实中央8号文件②，推进基础教育课程改革的情况，进行调研和评估。③ 2005年秋季开始，除个别地方外，全国义务教育阶段小学、初中起始年级全面进入新课程。随着义务教育阶段课程改革的全面推进，为了衔接初中与普通高中的课程改革，教育部于2003年12月发布了《教育部关于开展普通高中新课程实验工作的通知》（教基〔2003〕21号），根据规划，从2004年秋季开始，在自愿申报的基础上，首先确定了广东、山东、海南和宁夏四省（自治区）为首批高中新课程改革实验

---

① 中华人民共和国教育部：《基础教育课程改革全面推进》，见 http://www.moe.gov.cn/edoas/website18/53/info1223455673534853.htm。

② 中央8号文件指的是2004年2月26日颁布的《中共中央国务院关于进一步加强和改进未成年人思想道德建设的若干意见》。

③ 乔玉全：《教学与课程改革》，朱慕菊、杨进、郑增仪审定，见 http://www.moe.edu.cn/edoas/website18/65/info25165.htm。

省。为进一步加强对实验工作的指导,探索建立有效的工作机制,确保实验工作有序进行,教育部在 2005 年公布了《教育部关于进一步加强普通高中新课程实验工作的实施意见》(教基〔2005〕6 号),指导高中新课程实验的推广。①

可以看到,随着课程改革工作的全面展开,课程改革培训工作的重点也出现了转向。一是面对数以百万计的教师进入新课程,开始加强全员培训。2004 年 4 月,教育部发布了《教育部关于进一步加强基础教育新课程师资培训工作的指导意见》(教师〔2004〕1 号),要求各地区教育行政机构建立以本地专家为主、师范院校、师训机构、教研室、教科研部门和中小学教师中的优秀成员为主体的高素质专业化的新课程培训队伍,并在 2005 年秋季开学之前,基本完成对义务教育阶段起始年级教师新课程岗前培训任务。2004 年 9月,颁发了《教育部关于加快推进全国教师教育网络联盟计划,组织实施新一轮中小学教师全员培训的意见》(教师〔2004〕4 号),制定了“2003—2007年中小学教师全员培训计划”,新课程的培训工作更加面向基层和全体。二是培训工作更加深入基层。国家级培训除了继续组织实验区(主要针对高中新课程)教育管理者及骨干培训者的通识培训外,还开始注重学科骨干培训者和骨干教师的培训,并支持各省(自治区、直辖市)组织县级教师培训机构开展农村中小学一线骨干教师新课程培训。三是在培训方式上更为多样。在集中培训以外,引入了研修一体、“送培到省”的培训模式,并积极建立校本研修制度,推进各级各类学校学习型组织的建设,结合新课程实施过程中的实际问题进行培训,注重理论与实践相结合。四是由于高中课程改革的实验工作开始启动,培训重心转移到高中。针对 2004 年秋季率先进行普通高中新课程实验的广东、山东、海南和宁夏四省(自治区),展开国家级

---

① 实验区工作启动以后,为了及时地发现实验试点中的问题,对高中新课程的实施进行跟踪与监控,2004 年底,教育部在海南省召开了首次普通高中新课程教学工作研讨会,针对实验初期教学中的各种疑难问题进行“会诊”。2005 年 2—3 月间,教育部基础教育司和师范司组织了 30 余位专家在海南和山东进行了实地调研,研究解决问题的措施。之后,2005—2006 年间,教育部又组织专家工作组分别赴山东、宁夏、广东、海南等四省(自治区)调研,旨在发现并总结高中新课程实施以来的成功经验与存在问题。参见:《切实加强对高中新课程实验工作的指导——教育部基础教育司负责人谈高中课程改革》,载《基础教育课程》2005 年第 7 期;教育部山东大学基础教育课程研究中心调研组:《高中课程改革的进展、问题与建议——基于山东省实验区的调查研究》,载《山东师范大学学报》(人文社会科学版)2006 年第 6 期;董洪丹:《海南省普通高中课程改革实验工作调研报告》,载《教育科学论坛》2006 年第 12 期。

和省级培训,教育部还专门聘任并组建了专家组对高中课改工作进行专业指导和追踪,采用"送培到省"的培训形式,对新课程实施进行针对性的培训。

　　另外,在课程政策实施的过程中,为了配合辽宁、河北、内蒙古等 17 个拥有首批新课程初中毕业生的国家级基础教育课程改革实验区的新课程推进,尝试进行初中毕业考试与普通高中招生制度改革。2004 年 2 月,根据《教育部关于积极推进中小学评价与考试制度改革的通知》(教基〔2002〕26 号)中有关中小学升学考试与招生制度改革的精神,教育部印发了《国家基础教育课程改革实验区 2004 年初中毕业考试与普通高中招生制度改革的指导意见》(教基厅〔2004〕2 号),改变以升学考试科目分数简单相加作为录取标准的做法,在初中毕业生学业考试、综合素质评定、高中招生录取三方面予以改革,对实验区初中毕业考试采取单独命题、高中招生单列计划、单独招生。要求实验区所在各省制定《初中毕业与普通高中招生制度改革方案》,领导并组织本地区的毕业和招生制度的改革,为 2005 年更大范围内进行初中毕业与普通高中招生制度改革奠定基础。2005 年中考改革实验区拓展到 500 多个。为确保中考改革的顺利进行,2 月教育部在京组织召开了"2005 年中考改革国家级实验区专题研讨会",①进行经验交流和中考改革工作的推进。同样,为配合高中新课程改革,各省也开始推进高中会考和高考制度的改革。2005 年 4 月,教育部基础教育司和师范司共同召开了"普通高中新课程实验省(自治区)高校招生考试方案研讨会",要求各实验省(自治区)制定高考改革方案,并建立新课程实验省(自治区)高校招生考试制度改革联席会议,成立各实验省(自治区)的具体工作组。② 2006 年浙江省新课程高中会考改革出台,采用等级制,分四个学期分别进行,新增新课改开设的通用技术课程的考核,并设置了"自选综合"科目,主要考核语言与文学、数学、人文与社会、科学等 4 个学习领域选修内容。2007 年,首批实施高中新课程的四个省份制定了新高考方案,经教育部批准实施,广东为"3＋文科(理科)基础＋X"模式,山东为"3＋X＋1"模式,海南为"3＋3＋基础会考"

---

　　① 课程教材中心办公室编:《教育部基础教育课程教材发展中心工作简报》,2005 年第 1 期。

　　②《切实加强对高中新课程实验工作的指导——教育部基础教育司负责人谈高中课程改革》,载《基础教育课程》2005 年第 7 期。

模式,宁夏为"3＋文综/理综"模式,在考试内容、命题方式和评价标准等方面做出了积极探索,[1]凸显综合能力、开放性和综合素质评定等特色,寻求反映新课程理念的多样化考选模式。这些在评价和考试制度上的先期改革,为课程改革政策在全国范围内的推进提供了经验,促成了新课改与评价考试制度的有机衔接,也反映了课程政策的实施需要多方协调和多元政策的支撑。

此外,各科课程标准的修订工作也随着新课程的逐级铺开而继续推进。2005 年 5 月,教育部重新组建了义务教育阶段数学课程标准修订工作组,率先启动了义务教育数学学科课程标准的修订工作。修订工作组通过问卷、课堂观察、访谈等形式进行广泛的实验区实地调研,收集了大量来自一线教师和教研员的意见,完成了修改初稿。于 2006 年 6 月至 9 月向全国 30 多位专家、学者和一线教师寄发修改稿初稿和征求意见表,并邀请中科院院士和数学家座谈,征求修改稿意见,于 2007 年 4 月形成《全日制义务教育数学课程标准(实验修订稿)》。之后,教育部基教司又组织力量就数学课程标准修订稿在北京等 10 个省市教育系统内征求意见,进一步完善标准的修订。2007 年 3 月教育部开始重新组织各科课程标准修订工作组,各科课程标准修订组在吸纳原课程标准研制组部分成员的基础上,邀请学科领域的专家和学者、部分院士、一线教研人员和教师共同参与。以小学科学课程标准修订工作组为例,工作组主要由从事不同领域科学研究的专家 7 人、一线教研员 2 人、原小学科学课程标准研制组成员 2 人、高等师范学校科学教育专业协作组代表 1 人、人民教育出版社专家 1 人、基础教育司推荐的教育专家 2 人等成员组成。[2] 2007 年 4 月,义务教育课程标准修订会在北京召开,全面启动义务教育阶段 18 个学科课程标准的修订工作,并就《义务教育课程标准(实验稿)》征求意见工作、组织工作及步骤提出了具体要求。教育部专门下发通知,从三个不同渠道扩大调研和意见征集活动,为修订工作提供广泛的讨论基础。一是要求各省级教育行政部门和国家级课程改革实验区在本行政区内进行广泛的意见征询,包括征求高等院校、科研院所的意见,城镇和

---

① 参见肖娟群、覃红霞:《让新课程高考成为高考改革"领头羊"》,载《中国教育报》2007 年 12 月 5 日。

② 小学科学课程标准修订工作小组:《2007 年小学科学课程标准修订工作组工作汇报》,见 http://blog.handsbrain.com/waiyu/entry/313832。

农村学校及不同办学水平学校的意见，教科研部门及相关部门的意见，并特别强调要最大限度地听取一线教师的意见和建议。二是由中国科协组织听取科技界的意见，同时协调中国文明办在社会科学界征求意见。三是向各套教材编写组的教材编写人员征求意见。此外，各科课程标准修订组也根据需要进行相关调研，并通过网络等多种方式向全社会征求意见。① 以义务教育英语课程标准修订过程为例，修订小组为了了解英语课标在课程实验中的适应性问题，还专门组织了实验区的调研，与一线教师、教研员进行座谈、听课，并向全国小学、初中英语教师发放上千份问卷。② 2008 年 1 月，义务教育阶段部分学科课程标准修订汇报会在北京召开，会议要求完成修订工作的各科课程标准提交教育部组织审议和统一印发。

随着义务教育阶段课程标准第二次修订工作的持续推进，改革的中心也开始逐步向高中阶段转移，参加普通高中新课程实验的省份逐年增加。2005 年秋季江苏省开始普通高中新课程实验，2006 年福建、辽宁、天津、浙江和安徽也进入高中新课程实验，2007 年教育部印发了《教育部办公厅关于2007 年推进普通高中新课程实验工作的通知》（教基厅〔2007〕1 号），决定进一步扩大实验范围，确定北京、湖南、黑龙江、吉林和陕西全面进行普通高中新课程实验，并根据教育部课程改革整体规划，计划到 2010 年在全国全面推开普通高中新课程。

2008 年 2 月教育部基础教育司发布了《教育部基础教育司 2008 年工作要点》，其中就有关深入推进基础教育课程改革、努力减轻中小学生课业负担、提高学生综合素质的部分，对课程改革政策在全国范围的持续推进提出了具体的工作要求。

> • 颁布修订后的义务教育课程标准。启动义务教育阶段各学科《教学指南》和《学业质量评价标准》的研制工作。修改颁布《中学生研究性学习实施指南》。启动高中课程方案和各学科课程标准使用情况的调研工作。

---

① 赵小雅：《深化改革，进一步提高基础教育质量——教育部有关负责人就义务教育课标修订答记者问》，载《中国教育报》2007 年 4 月 11 日。

② 王晓珊：《全日制义务教育〈英语课程标准〉修订工作初步完成》，载《21 世纪英语教育周刊》电子版，2008 年 9 月 8 日，见 http://www.21stcentury.com.cn/story/46874.html。

- 根据新颁布的义务教育课程标准,部署教材修订工作。继续调研教材使用情况,颁布《中小学教材选用暂行办法》。完善教材审查机制。

- 推动建设与新课程相适应的教学管理制度,减轻中小学生过重课业负担。

- 巩固和推进中考改革,积极推行初中毕业生学业考试与综合素质评价相结合的招生制度,推广将部分普通高中招生指标均衡分配到区域内初中的办法。

- 继续扩大普通高中新课程试验范围。召开实验省和学校改革经验总结交流会。深化教学改革,组织研究创新人才培养的途径与政策,推动建立高中校本教研制度。研究建立普通高中学业水平考试制度,参与指导普通高中新课程省份的高校招生考试综合改革。

- 积极推动农村地区课程改革工作,有针对性地加强对西部地区和农村学校课改工作的指导。

2008 年 12 月,周济部长在教育部 2009 年度工作会议上的讲话对 2008 年课程改革的工作进展进行了总结,指出"义务教育学科课程标准修订工作基本完成,普通高中课程改革实验扩大到 21 个省[1];初中毕业生学业考试与综合素质评价相结合的高中阶段招生改革全面实施,中考改革全面推进到制度建设的新阶段;以素质教育为导向、与高中课改相衔接的高考内容改革取得新的进展,普通高中课改试点省份高考综合改革深入推进"[2]。2009 年 1 月教育部印发了《教育部 2009 年工作要点》,提出要深入推进基础教育课程改革,全面提高基础教育质量。对扎实推进义务教育课程标准教材修订工作,进一步改进和完善中小学教材审查标准和程序,扩大普通高中新课程改革实验范围,建立和完善教学常规制度,加强教学管理,深化教育教学改革,切实减轻中小学生过重的课业负担,深化招生考试和质量评价制度改

---

① 2008 年,又有山西、江西、河南和新疆(包括新疆兵团)四个省份进入普通高中新课程的实施,共计 21 个省开始实施普通高中新课程改革。

②《深入学习实践科学发展观,促进教育事业优先发展科学发展——周济部长在教育部 2009 年度工作会议上的讲话》,见 http://www.moe.edu.cn/edoas/website18/00/info1234920639844900.htm。

革,坚持义务教育就近、免试入学,中考改革和学生评价方式改革,高校招生考试内容改革,以及指导和推动 10 个省(直辖市)积极稳妥开展高考综合改革等较为关键的改革问题提出了工作要求。根据工作要点要求,为了全面部署教材修订工作,教育部基础教育司委托教育部基础教育课程教材发展中心启动了基础教育(义务教育阶段)新课标实验教科书使用情况调查专项工作。2009 年 5 月前,参加高考综合改革试点的山东、广东、宁夏、海南、江苏、辽宁、天津、安徽、福建、浙江等 10 个省(自治区、直辖市)陆续出台了新课改高考政策,在实施平行志愿投档录取模式的基础上,通过将综合素质评价、学业水平测试纳入招生考试评价,增加自主选择的模块或考题等方式,探索与新课改相适应的高考制度。2009 年秋季,河北、湖北、云南和内蒙古等省(自治区)也开始进入普通高中新课程改革实验。

2010 年 2 月教育部发布《教育部 2010 年工作要点》,提出了以学习贯彻《国家中长期教育改革和发展规划纲要(2010—2020 年)》和全国教育工作会议精神为主旨,在新的历史起点上推动教育的进一步发展的工作使命,对义务教育阶段课程改革政策的深化推进和普通高中新课程实验的推广提出了具体要求。

• 启动实施《国家中长期教育改革和发展规划纲要(2010—2020 年)》。按照中央的部署和要求,抓紧研究制定规划纲要和筹备召开全国教育工作会议,全面部署到 2020 年教育改革和发展。

• 深化教育教学改革,注重启发式教学和因材施教,培养学生的创新精神和实践能力。

• 建立健全基础教育课程教材审议制度,发布义务教育学科课程标准并修订教材,编写好思想品德、语文和历史课程教材。

• 扩大普通高中新课程实验。

• 研究制定义务教育学业质量基本标准和学校督导评估意见。深入做好基础教育质量监测工作。减轻中小学学生过重课业负担。

• 改革学校考试招生制度。成立国家教育考试指导委员会。支持和扩大各地开展高考综合改革实验,鼓励高水平大学和示范性高职院校进一步探索多元化人才选拔模式。完善初中和普通高中学业水平考试和综合素质评价办法。深化高考内容和形式改革,重点考查学生的素质和能力。规范特殊类型招生和高考加分政策。

2010 年 6 月，经过两年的酝酿研制和大规模的公开征求意见，中共中央政治局最终召开会议审议并通过了《国家中长期教育改革和发展规划纲要（2010—2020 年）》（以下简称《规划纲要》），并由中共中央、国务院正式印发。《规划纲要》作为 21 世纪我国第一个中长期教育改革和发展规划，是今后一个时期指导全国教育改革和发展的纲领性文件，对义务教育阶段课程改革、普通高中课程改革以及考试招生制度改革等做出了具体规划，并确立了相应的教育改革试点计划。

"发展任务"中有关课程改革的关键条目：

•提高义务教育质量。建立国家义务教育质量基本标准和监测制度。严格执行义务教育国家课程标准、教师资格标准。深化课程与教学方法改革，推行小班教学。配齐音乐、体育、美术等学科教师，开足开好规定课程。

•各级政府要把减负作为教育工作的重要任务，统筹规划，整体推进。调整教材内容，科学设计课程难度。改革考试评价制度和学校考核办法。规范办学行为，建立学生课业负担监测和公告制度。

•全面提高普通高中学生综合素质。深入推进课程改革，全面落实课程方案，保证学生全面完成国家规定的文理等各门课程的学习。创造条件开设丰富多彩的选修课，为学生提供更多选择，促进学生全面而有个性的发展。逐步消除大班额现象。积极开展研究性学习、社区服务和社会实践。建立科学的教育质量评价体系，全面实施高中学业水平考试和综合素质评价。建立学生发展指导制度，加强对学生的理想、心理、学业等多方面的指导。

"重大项目和改革试点"中有关课程改革的关键条目：

•推进素质教育改革试点。建立减轻中小学生课业负担的有效机制；加强基础教育课程教材建设；开展高中办学模式多样化试验，开发特色课程；探索弹性学制等培养方式；完善教育质量监测评估体系，定期发布测评结果。

•考试招生制度改革试点。完善初中和高中学业水平考试和综合素质评价；探索实行高水平大学联考；探索高等职业学校自主考试或根据学业水平考试成绩注册入学；探索自主录取、推荐录取、定向录取、破格录取的具体方式；探索缩小高等学校入学机会区域差距的举措。

从《规划纲要》的叙述中可以看到，随着基础教育课程改革政策在实践中的推进，义务教育阶段的课程改革政策已经逐步稳定并成为学校的现实，开始寻求更为细致、科学和系统的工作方式，关注课程体系的衍生性支持系统的优化发展，包括教材建设、师资发展、学业质量检测与评估体系等；高中阶段的课程改革政策则进入全面深入推进的阶段，主要是落实高中课程方案中的新要素，如模块选修课程、研究性学习、社区服务和社会实践等，并结合考试招生制度这一关键性制约因素的改革，全方位地深化高中课程改革，同时开始准备高中课程方案和各科课程标准的修订工作。这些工作内容在教育部 2011 年至 2012 年的工作重点中都得到了强化和体现。

《教育部 2011 年工作要点》中与课程改革相关的关键条目：

• 全面推进素质教育，深化课程教材、教学方式和考试评价制度改革，注重引导和培养学生独立思考、实践创新的能力。发布新修订的义务教育阶段课程方案和学科课程标准，全面启动教材修订工作。研究制定基础教育学科学业质量标准。切实做好中小学教材建设、使用跟踪和质量监控。落实率先实现小学生减负的要求，切实减轻中小学生课业负担。

• 制定普通高中学生发展指导纲要，开展普通高中改革试点，促进多样化发展。全面实施普通高中学业水平考试制度，深入推进学生综合素质评价。

• 积极稳妥推进高考改革。成立国家教育考试指导委员会，研究制定考试改革方案，指导高考改革试点。

《教育部 2012 年工作要点》中与课程改革相关的关键条目：

• 健全基础教育质量保障体系。启动研制基础教育各学科学业质量标准。启动中小学教育质量综合评价改革试验。做好义务教育教材的修订和审查工作，启动普通高中课程方案和各学科课程标准的修订，进一步提高教材的质量和水平。组织实施基础教育国家级教学成果奖励工作。公正、科学评价学生。

• 积极稳妥推进考试招生制度改革。研究高考改革重大问题，制定发布改革方案，指导各地根据实际探索本地区高考改革。规范高校自主选拔录取改革，逐步扩大改革试点范围。指导高中新课程省份探索高考与高中学业水平考试和学生综合素质评价相结合的综合评价方式。

根据教育部课程改革的相关工作要求，2010 年，教育部基础教育课程教材发展中心完成了全国 24 个省 390 个县区的义务教育阶段新课标实验教科书使用情况的专项调查，调查的义务教育课程标准实验教材共计 192 套，占教育部审定通过的 214 套义务教育课程标准实验教材的 89.72%，并于 2011年 7 月向教育部基础教育二司提交了 1 个总报告、24 个学科教科书使用情况报告、192 个教科书使用情况报告。① 针对教材使用的调研和审查结果，2011 年 7 月，教育部在北京召开义务教育课程标准实验教材修订工作会议，义务教育有关学科课程标准实验教材主编、教材编写出版单位负责人和国家基础教育课程教材专家工作委员会部分专家出席会议，全面启动并部署了义务教育课程标准实验教材的修订工作。② 同时，根据 2011 年《教育部办公厅关于启动义务教育课程标准实验教材修订送审工作的通知》（教基二厅函〔2011〕21 号）精神，在 2012 年秋季前完成了全部起始年级新课标教材的修订与审定，并计划在 2012 年下半年启动义务教育阶段教材的后续修订与送审，在 2013 年完成所有新教材的修订与审定工作。除了教材修订工作的全面落实外，教育部也开始着手完成 2007 年以来第二轮义务教育各学科课程标准的修订、审议和发布的工作。2010 年年底，教育部基础教育司启动了义务教育各学科课程标准修订稿的审议工作，委托国家基础教育课程教材专家工作委员会负责组织课程标准修订稿的意见征求、学科审议和综合审议，并于 2011 年 12 月由教育部正式印发义务教育各学科课程标准（2011 年版），从 2012 年秋季开始执行。③ 至此，义务教育阶段基础教育课程改革的各项基础工作基本上完成，改革进入到内在深化与制度化发展的阶段。与此同时，2010 年以来，随着四川、甘肃、青海、贵州、西藏、重庆等省（自治区、直辖市）进入高中新课程实施，高中阶段新课程改革也开始在全国范围内铺开。为了进一步了解普通高中新课程方案及课程标准的实施情况，从 2010

① 教育部基础教育课程教材发展中心：《我中心完成义务教育教科书使用情况调查》，见 http://www.ncct.gov.cn/plus/view.php?aid=119。

②《教育部召开义务教育课程标准实验教材修订会议》，载《新课程研究》（上旬刊）2011 年第 8 期。

③《教育部关于印发义务教育语文等学科课程标准（2011 年版）的通知》，教基〔2011〕9 号。

年到 2012 年间，教育部基础教育司启动了一系列关于高中新课程及各科课程标准实施情况的调研。同时，为了推动后续的普通高中课程方案和课程标准修订工作，教育部特别在 2012 年 6—9 月间，启动了普通高中课程方案修订专项调研和普通高中各科课程标准修订调研工作，为 2013 年的高中课程方案的修订和各科课程标准的修订提供了调研准备。① 2012 年 7 月，根据《规划纲要》的要求，教育部成立了由教育、科技、经济、法律、管理等领域 26 名专家组成的国家教育考试指导委员会，着力研制高考改革方案，对考试招生综合评价改革进行整体设计和评估论证，力图通过深化教育考试评价改革，推动课程改革政策的重点领域和关键环节取得实质性突破。

表 5—2　义务教育阶段基础教育新课程实施过程表

实施时间	实施推进过程	重要工作
2001	确定 38 个首批基础教育课程改革国家实验区	2001 年 12 月，开展国家级实验区课程改革工作启动与实施情况调研
2002	启动 528 个省级实验区，实验规模扩大到同年级学生的 10%—15%	

---

① 其中对普通高中新课程方案及其课程标准实施情况的调研主要包括 2011 年 3—8 月委托首都师范大学基础教育课程中心承担的对北京、广东、河南、江苏、宁夏、山东等 6 省（自治区、直辖市）的高中选修课程开设情况进行的"普通高中选修课设置情况调研"，2011 年 11 月至 2012 年 1 月委托西南大学课题组对云、贵、川、渝、桂 5 省（自治区、直辖市）的基础教育课程实施情况开展的"西南地区农村基础教育课程实施状况调查"，2011 年底委托东北师范大学课题组对东北三省和内蒙古农村中小学进行的"东北地区农村课程改革实施状况调研"，以及 2012 年 6 月启动的由中国教育学会高中教育专业委员会承担的对全国范围内 22 个样本省（自治区、直辖市）的高中课程方案实施情况开展的"《普通高中课程方案（实验）》实施情况调研"。2012 年 6 月开始，针对普通高中课程方案和各科课程标准的修订，教育部基础教育司委托基础教育课程教材发展中心组织了 10 个高校调研组和 10 个教研系统调研组对全国高校和教研系统开展访谈、座谈和问卷调查，开展"普通高中课程方案修订专项调研"，征集课程方案修订的意见和建议；同时委托由来自高等院校、教研系统和教育行政系统的人员组成的"教育部普通高中课程标准调研组"，就数学、物理、化学、通用技术、信息技术、语文、政治、历史、地理、英语、日语、俄语、音乐、体育、美术和艺术等学科课程标准修订展开专题调研。相关调研报告提交教育部基础教育司，为高中课程方案修订与课程标准修订提供基础性的研究支持。

实施时间	实施推进过程	重要工作	
2003	1072个省级实验区进入新课程改革实验，共计1642个实验区，占全国县数的57％，超过预期计划35％	2003年3月，针对国家级实验区课程改革实施工作开展调研。	2003年5月，启动义务教育课程方案及课程标准实验情况调研与修订工作，各科课程标准研制组启动课程标准修订工作
2004	2576个县区实施义务教育新课程，实验工作进入全面推广阶段，推广到全国90％以上的县市	开始启动国家基础教育课程改革实验区初中毕业考试与普通高中招生制度改革 2004年11月，针对基础教育课程改革的推进情况进行七省市的调研与评估	2004年上半年，启动并完成实验区各科课程教材修订工作
2005	除个别地方外，从2005年秋季起，全国义务教育阶段小学、初中起始年级全面进入新课程		2005年5月，重组义务教育阶段数学课程标准修订工作组，率先启动义务教育数学课程标准的修订工作，2007年4月完成修订稿
2006			
2007		2007年4月，开始启动各科义务教育课程标准（实验稿）修订的调研与征求意见工作 2008年，巩固和推进中考改革，积极推行初中毕业生学业考试与综合素质评价相结合的招生制度	2007年3月重新组织各科课程标准修订工作组，2007年4月全面启动第二轮义务教育各科课程标准修订工作
2008			
2009		2009年启动，2010年完成全国义务教育阶段新课标实验教科书使用情况的专项调查	2010年底，启动义务教育各科课程标准修订稿审议工作
2010			
2011			2011年7月，全面启动义务教育课程标准实验教材审定与修订工作 2011年12月，教育部正式印发义务教育各学科课程标准（2011年版），并从2012年秋季开始执行
2012			2012年秋季完成起始年级新课标教材修订与审定，预计2013年全部完成第二轮新教材的审定与修订

表5-3　普通高中新课程实施过程表

180

实施时间	实施推进过程	重要工作	
2004	广东、山东、海南和宁夏四省(自治区)为首批高中新课程改革实验区		
2005	江苏省开始普通高中新课程实验	2005年2—3月间,基础教育司与师范司对海南和山东进行新课程实施调研	
2006	福建、辽宁、天津、浙江和安徽也进入高中新课程实验	2005—2006年间,组织专家工作组赴山东、宁夏和广东、海南调研高中新课程实施情况	
2007	北京、湖南、黑龙江、吉林和陕西全面进行普通高中新课程实验	首批实施高中新课程的四个实验区制定了新高考方案,经教育部批准实施	
2008	山西、江西、河南和新疆(包括新疆兵团)四个省(自治区)进入普通高中新课程的实施,共计21个实验区开始实施普通高中新课程改革	开始建立普通高中学业水平考试制度,全面指导普通高中新课程省份(自治区、直辖市)的高校招生考试综合改革	
2009	河北、湖北、云南和内蒙古等省(自治区)也开始进入普通高中新课程改革实验	参加高考综合改革试点的山东、广东、宁夏、海南、江苏、辽宁、天津、安徽、福建、浙江等10个省(自治区、直辖市)陆续出台了新课改高考政策,探索高考制度改革	
2010		2010年工作重心包括开展高考综合改革实验,完善普通高中学业水平考试和综合素质评价办法	
2011		2011年3—8月,对北京、广东、河南、江苏、宁夏、山东等6个实验区进行"普通高中选修课设置情况调研"	
2012	四川、甘肃、青海、贵州、西藏和重庆,全面进入高中新课程实施阶段	2011年11月至2012年1月,对西南地区(云、贵、川、渝、桂)和东北地区(东北三省和内蒙古)农村中小学开展"西南地区农村基础教育课程实施状况调查"和"东北地区农村课程改革实施状况调研" 2012年6—9月,启动《普通高中课程方案(实验)》实施情况调研""普通高中课程方案修订专项调研"和各科课程标准修订调研工作 2012年7月,成立国家教育考试指导委员会,全面研制高考改革方案,进行考试招生综合评价改革	2012年开始启动普通高中课程方案和各科课程标准修订工作,为后续高中课程方案修订和各科课程标准修订提供研究准备

可以说，我国课程政策的实施过程，经历了从启动到实际运作和持续发展的不同阶段。从 2001 年义务教育阶段课程改革实验试点开始，经历了十余年的运作，课程政策已经开始进入持续化和制度化发展的阶段，成为课程与教学体系的内在部分。伴随着十多年的改革实践，课程政策的实施也开始具备其内在的工作流程与规范，各项工作都有条不紊地加以推进。随着课程政策的制度化发展及课程政策实践重心的转移，我们需要清楚地认识到，课程政策的持续推进会逐步从一种特殊的国家行政推动转向基于地方和校本行动推进的改革项目。这不仅意味着政策推进方式的转变，也意味着经费、人员、课程支持、资源、培训及监督评价等各个方面①都要纳入地方和学校的日常工作结构之中。从这个意义上讲，当课程政策的实践进入深水区，随着国家层面课程政策实践推进的主体工作的完成，课程政策实施或推进的责任开始更多地转向地方和学校，它的持续和深入也更大程度上依托地方各级教育行政部门的行政支持、政策实践能力以及学校教育工作者的行动意愿与工作能力。

二、课程政策的评价活动

作为一项系统而有组织的活动，我国课程政策的评价贯穿于课程政策过程的各个阶段。

首先，在课程政策的概念化阶段，教育部在全国范围内就九年义务教育课程实施情况所开展的大规模的调查研究，其实正是"课程改革开始之前的需求评价，或课程问题的诊断性评价"②。一方面是对"93 年课改"实施状况和成效的总结，另一方面则是对课程改革政策问题的诊断和界定，目的在于通过有组织的调研与评估，诊断现行的课程问题，为决策活动提供信息依据。这种预先的诊断性评价由专门的调查专家小组展开，系统地设计了调研方案和工具，并最终形成了《九年义务教育课程方案实施状况调查报告》，直接影响并引导了课程改革政策的开发。教育部在 2001 年启动高中课程改革方案和课程标准研制工作时，也组织力量针对高中课程实施状况在全国

---

① Fullan M. The New Meaning of Educational Change（4th ed.）. New York：Teachers College Press，2007，101.

② 刘志军：《课程评价的现状、问题与展望》，载《课程・教材・教法》2007 年第 1 期。

范围内进行了大规模的调研①，教育部华东师范大学基础教育课程研究中心与华东师范大学出版社也联合组成调研组开展了"普通高中课程公众满意度调研"②。这些调研工作都可以看作是课程政策方案研制前的诊断性评价研究，目的在于了解普通高中课程实施的现有水平与问题，调研所形成的报告成果都成为后续高中课程改革决策的重要依据。

其次，在课程政策审议的过程中，对《纲要(试行)》、义务教育各科课程标准(实验稿)、普通高中新课程方案(实验)和各科课程标准(实验稿)研制中所组织的意见征集、会议研讨、可行性论证与评估，可以视为对课程改革政策方案所开展的形成性评价。比如，教育部在《纲要(试行)》从1999年初到2001年6月两年半的研制过程中，组织召开了上百次的面向教育系统内部和外部的专题研讨会，同时还形成了纲要意见征询稿在全国范围内向三类人群征求意见或召开咨询会议；在义务教育各科课程标准(实验稿)从2000年7月至2001年6月的研制过程中，各科课程标准研制组也是组织了一系列的研讨工作会议，并于2001年3月形成了各科课程标准的征集意见稿在全国10个地区组织了三轮大规模的意见征询；在《普通高中课程方案(实验)》和各科课程标准(实验稿)的研发过程(从2001年7月到2003年3月)中，也先后召开了13次高中新课程方案研制工作会议，并于2002年形成

---

① 2002年到2003年间，教育部针对普通高中课程实施状况开展调研，一是面向高考落榜生、大学生、大学教师以及专家、院士；二是面向北京、黑龙江、辽宁、江苏、广东、江西、广西、河北、山西、宁夏等10个省(自治区、直辖市)的在校生、校长和教师；三是面向4个省的高中学生家长和主管科学、技术、文化、宣传等领域的负责人，形成了详细的调研报告。这些报告都递交给教育部作为相关政府决策的依据，并没有公开发布。参见《教育部基础教育课程改革进展情况新闻发布会》，2004年2月18日，见 http://www.china. com. cn/zhibo/2004－02/17/content_8784572. htm? show＝t。

② 教育部华东师范大学基础教育课程研究中心和华东师范大学出版社联合组成"普通高中课程满意度调研组"，对上海、黑龙江、辽宁、山东、江苏、浙江、安徽、江西、河南、湖北、湖南、广东、广西、四川、宁夏、甘肃等16个省(自治区、直辖市)的高中学生、高中教师和校长、社会各界人士(共计12000多个样本)进行问卷调研，了解包括教师、学生在内的社会各界人士对普通高中课程实施总体状况及问题的看法，形成了《普通高中课程的公众满意度调研报告》。作为高中课程改革方案研制的前期研究之一，该报告后收录在2003年10月出版的《普通高中新课程方案导读》一书中关于高中课程改革的背景分析的部分。吴刚平、王俊：《普通高中课程的公众满意度调研报告》，载《教育发展研究》2003年第12期；钟启泉、崔允漷、吴刚平编：《普通高中新课程方案导读》，朱慕菊主审，华东师范大学出版社2003年版。

了意见征询稿分别向四类人群进行意见征询,同时组织了不同地区普通高中校长和部分省地教育厅(局)长就方案的可行性和推进策略进行论证,并组织了有关学科专家代表教育部审议各科课程标准。① 这些在课程政策审议过程中发生的即时性和过程性的政策评价活动,实质上为课程政策的形成与决定提供了实用性的改进信息,真正发挥了政策评价活动的发现问题、改进实践的功能。形成性的评价使得课程政策的研发过程保持开放,不仅面向教育系统内部的教育工作者,还向教育系统外部的社会各界人士征求意见,为课程改革政策文本的开发与完善提供了决策依据。

再次,在课程政策实施的过程中,也穿插着两类评价活动。一类是针对各科课程标准使用情况及其修订而进行的评价,另一类是针对课程政策实施的整体状况、运作水平和效果进行的评价。从前文的论述中可以发现,在义务教育新课程实施过程中,第一类对各科课程标准的评价及修订被集中安排在 2003 年和 2007 年,由"基础教育课程标准评价研究"项目组负责,教育部基础教育司统一协调,委托各省教育行政机构和实验区教育行政机构、各科课程标准研制组,以及后来新组建的各科课程标准修订组展开大规模的调研评价,系统地收集教育工作者在实际使用课程标准时出现的具体问题、对标准文本的评价和建议等,作为各科课程标准全面修订的基础。从 2012 年下半年开始,教育部也开始集中启动普通高中课程方案修订和普通高中课程标准修订的专项调研,通过统一部署,针对各科课程标准实际使用中的问题与经验进行全国范围内的系统调研,作为实际的课程方案与课程标准全面修订工作的基础。这类涉及政策文本修订的评价活动,由于其牵涉范围较广,评价结果直接指向关键性文本,所以往往由国家统一部署,进行系统的意见征集和修订论证。第二类对课程政策实施整体状况、运作水平和效果的评价,则根据评价主体的差异有几种不同的情况。一是国家层面针对课程改革实施情况进行的系统评估。其中针对义务教育课程实施情况的评价,主要由教育部委托"新课程实施与实施过程评价"项目组负责,分别在 2001 年 12 月、2003 年 3 月和 2004 年 11 月对国家级和省级课程改革试验区的课程实施情况进行了三次较大规模的评估。"前两次以国家级实

---

① 李建平:《高中新课程方案精彩绘就——教育部有关负责人详析高中课改五大目标》,载《中国教育报》2004 年 2 月 19 日。

验区为主,第三次以省一级实验区,特别是农村地区实验区为主","三次评估工具基本相同,每一次在前一次的基础上略有修改"。① 综合采用了访谈、观察、文件分析、问卷调查等方法,针对实验区在"课程实施方案、实施准备、实施启动、形成常规、观念转变、教学活动、学习效果、课程开发与管理"②等方面的实施状况进行全面调研,发表了一系列的评估报告。③ 这三次评价活动,一方面肯定了新课程实施所取得的成效和经验,如校本教研制度的建立、实验区的管理机制的形成、教学观念与行为的转变等;另一方面,则厘清了政策实施过程中的主要问题,如配套支持体制的滞后、资源匮乏、专业指导和培训的缺失、评价机制和方法的落后、教学改革和校本教研的表面化、教材编制水平的差异、实施中的区域和学段差异等。高中课程改革实施至今,国家层面的有关课程改革实施情况的调研也进行了两次:一次是 2005 年至 2006 年间针对首批四个试点省份的高中新课程的实施情况展开的调研;另一次则是 2011 年底到 2012 年间启动的面向全国高中新课程方案实施情况(包括农村地区)的调研。这两次调研对于总结普通高中课程实施过程中

① "新课程实施与实施过程评价"课题组:《课程改革实验区追踪评估的最新报告》,载《教育发展研究》2005 年第 5 期。

② 根据教育部颁发的《基础教育课程改革实验区评估方案》及其指标体系,课程改革实验区评估活动的主要项目包括实验方案(实验目标、内容、方法、措施、组织机构、实验成果形式)、实验准备(实验区课程改革历史与经验、人员和物质条件、思想与组织发动、不同层次的人员培训、社会动员等)、实验启动(组织机构的建立和投入,实验学校、班级和实验教师的确定,正式开展教学、教材以及相应课程资源到位情况)、形成常规(形成实验工作管理机制、实验班教学以及相关活动的常规)、观念转变(课程管理者和教师的课程观、教学观、学生观、学科观等)、教学活动(教学准备、组织方式、课堂环境、学习方式、评价方法等)、学习效果(认知目标、过程与方法目标、情感目标的评价)、课程开发与管理(课程资源的开发与利用、三级课程的理解与落实、政策保证、教学管理、社会与家长的认可、教师和学生的态度和接受程度等),《方案》规定实验区的评估工作要根据这些内容及具体的指标体系分步实施、分片落实,采取自我评价与他人评价结合的方式。参见《基础教育课程改革实验区工作评估方案》,载《基础教育课程改革动态》2002 年第 1 期。

③ 包括《新课程实施的现状与对策——部分实验区评估结果的分析与思考》(《东北师大学报·哲学社会科学版》2002 年第 5 期)、《国家基础教育课程改革实验工作评估报告》(《课程教材教学研究》2002 年第 7 期)、《基础教育课程改革的成就、问题与对策——部分国家级课程改革实验区问卷调查研究》(《中国教育学刊》2003 年第 12 期)、《课程改革实验区追踪评估的最新报告》、《新课程实施与教师的感悟》《学生眼中的新课程》(《教育发展研究》2005 年第 5 期)、《义务教育新课程实施状况暨"减负"情况调研评估报告》(《基础教育课程》2005 年第 2 期)等。

的经验与成果，即时发现和聚焦高中课程实施中的关键性问题与制约因素，提供政策建议，起到了至关重要的作用。应该说，国家层面推动的系统的课程实施评价活动对课程改革政策的实施起到了"预防性、保证性、补救性和解释性"①的综合作用，不仅考察了课程政策实施的整体水平，也起到了对实施过程进行质量监控的作用，还能从总体上把握课程政策实施中的共性问题和特性问题，并提出相应的改进建议。二是各级地方教育行政机关对区域课程实施情况进行的整体监控和评价。各地区基础教育课程改革工作领导小组根据国家《基础教育课程改革实验区课程实验工作评估方案》制定本地区的评估方案，组建专业的评估小组，定期开展地方课程实施的评估工作。三是学校层面的课程改革校本评估。随着课程改革的深化，自发性的校本课程改革评估活动日益受到关注，学校开始意识到自己不仅仅只是各级各类评价活动的对象，更是重要的内部评价主体，发展基于学校、基于具体问题、面向问题解决和改进的校本评价，也成为后期课程政策评价中的重要方面。校本评价活动更注重学校课程改革的具体情境和现实问题，具有问题解决的取向。四是由专业领域学者或研究者发起的调研和评价。② 这类评价活动往

---

① 袁振国主编:《教育政策学》，江苏教育出版社 2001 年版，第 351—352 页。
② 相关的研究论文有《小学数学课程实施的个案研究》(马云鹏，2000)、《西北贫困地区农村小学社会课程实施状况的个案调查》(徐冰鸥、王嘉毅，2001)、《现状与策略:小学英语课程实施的个案探究》(谢翌，2004)、《关于高中信息技术课程实施的调查与分析》(韩忠强等，2005)、《农村中学新课程实施影响因素的个案研究》(袁志芬，2006)、《初中物理新课程实施情况调查报告》(韩琴、胡卫平等，2007)、《高中英语新课程实施现状的调查与思考》(杨欣，2008)、《基础教育课程改革:实施进程、特征分析与推进策略》(马云鹏，2009)、《吉林省部分学校高中数学新课程实施情况的调查研究》(郭民、徐建国，2009)、《对国家课程标准适应性的调查研究——以重庆市部分区县中小学为例》(于波、徐仲林，2010)、《我国各省高中校本课程建设的现状与问题》(黄晓玲、杨德军，2011)、《贵州省高中语文课程实施现状的调查与对策研究——以毕节试验区为例》(周志红、易章韦，2012)、《西南地区义务教育三级课程实施现状、问题与对策》(王标、宋乃庆，2012)等；代表性的研究生学位论文有《小学英语课程实施现状探讨》(华中师范大学，2003)、《甘肃省酒泉市活动课程实施情况的调查研究》(西北师范大学，2003)、《历史新课程实施中存在的问题及对策的研究》(东北师范大学，2003)、《基础教育新课程实施方案研究》(西南师范大学，2003)、《青海东部地区初中英语课程实施状况调查及研究》(华中师范大学，2004)、《粤北农村新课程实施个案研究》(华南师范大学，2005)、《高中数学新课程实施状况的调查研究与分析》(曲阜师范大学，2006)、《淮南市高中地理新课程实施的现状、问题及对策研究》(华东师范大学，2008)、《农村高中研究性学习实施状况研究》(湖南师范大学，2009)、《高中综合实践活动课程的现状、问题及对策研究》(西北师范大学，2012)、《高中英语新课程实施现状调查研究》(河北师范大学，2012)等。

往聚焦于课程政策实施中的特定专题、特定学科、特定区域或个案,具有较强的学术研究取向,对政策实施中特定现象或问题的分析往往更具针对性和解释力。

从上述的分析可见,贯穿于课程政策运作过程各个阶段的课程政策评价,不仅是"识别政策运作中的关键问题和需要"的重要手段,更为重要的是,通过评价所形成的有关政策现实的认识能够帮助我们"提升或改进改革实践"。① 特别是随着课程政策的运作进入常规化发展的阶段,政策评价的实践发展功能应该更加得到强化,立足于具体问题的解决,使评价不再只是一种简单的价值判定,而能够产生切实的实践影响,真正成为"推进改革实践发展和更新的系统、持续和长效的机制"②。

---

① Chinapah V. & Miron G. *Evaluating Education Programmes and Projects: Holistic and Practical Considerations*. United Nations Educational, Scientific and Cultural Organization,1990,29.

② Brainard E. A. *A Hands-on Guide to School Program Evaluation*, Phi Delta Kappa Educational Foundation,1996,1.

```
政府课程改革实验推进整体规划          课程政策实施之前的
                                    政策调研与评估活动

        ┌─────────────────────────────────────┐
        │   大纲修订中    政策实    纲要和标准   │
        │   的理念渗透    验动员    的系列解读   │
        │                                       │
        │            基础教育改革              │
        │            实验工作会议              │
        └─────────────────────────────────────┘

    ┌──────────────────────────────────────────────┐
    │  国家和地方的集中培                各级实验工作的机构  │
    │  训和骨干培训以及学    实施准     和人员安排：领导小  │
    │  校内部的校本培训      备工作     组、专业指导小组、  │
    │                                  学科指导小组等    │
    │  国家专项、地方      各级课程                      │
    │  和学校经费配套      改革实施     社会宣传和资源准备  │
    │                     计划制定                      │
    └──────────────────────────────────────────────┘

                 课程改革实验试点阶段

各级教育行
政机关的政         国家级实验区学校课程
策和管理支持       改革实验试点工作展开        课程改革实验实
                                            施情况调研和评估
各级教研单
位、师训机         省级实验区学校课程改
构、大学课         革实验试点工作展开          课程设置实验方案
程研究中心                                   和课程标准使用情
的指导和专                                   况的调研和全面修订
业支持、校         省级课程改革实验
本教研制度         区学校的大幅度扩张          课程改革实验实
                                            施情况调研和评估
社会各界、家
长、社区的配       课程改革实验推广阶段        课程改革实验实
合和参与、外                                 施情况调研和评估
部社会环境和
舆论导向影响       课程改革的全面实施          课程标准使用情
                                            况调研和全面修订
                 课程改革的继续推进
```

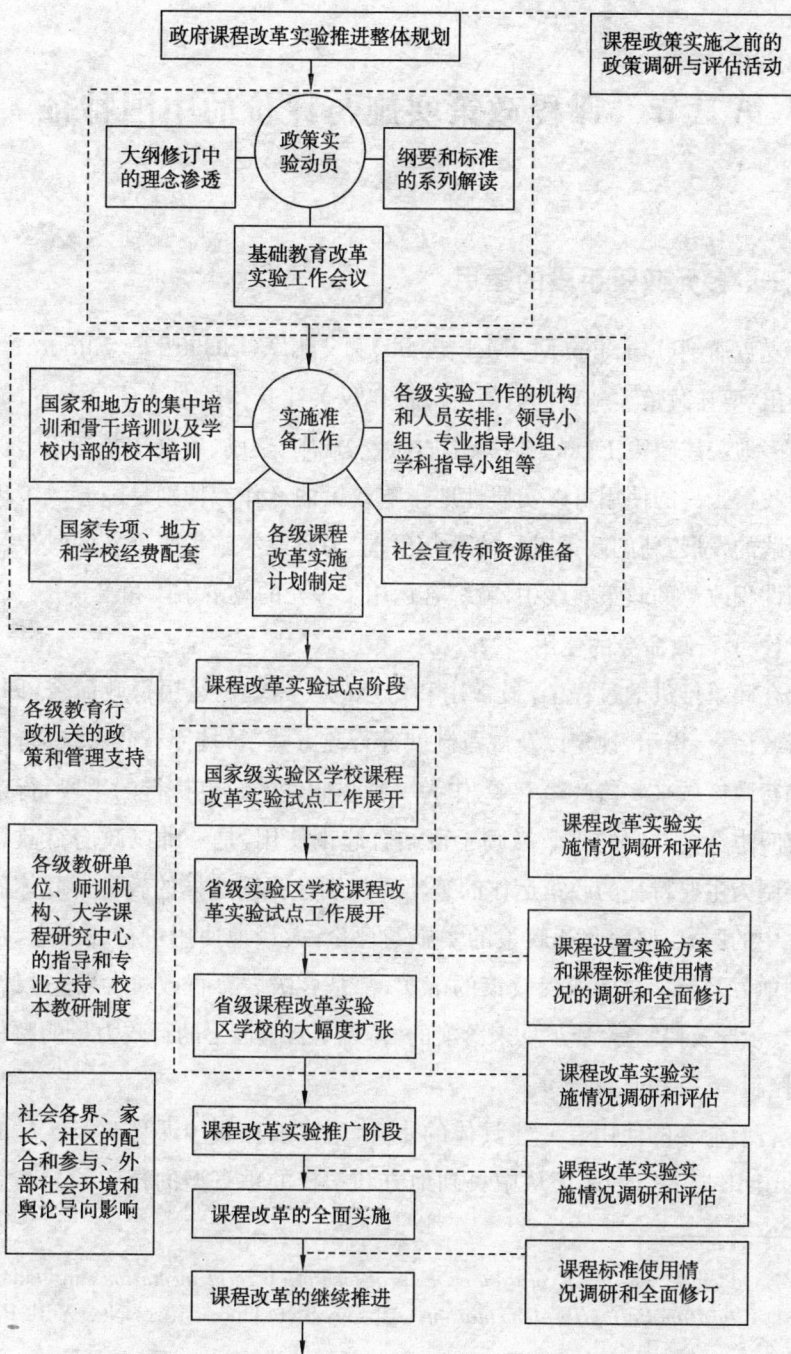

图 5—2 我国课程政策实施过程及其评价的基本流程

第二节　课程政策实施与评价的中国特征

一、多元政策手段的运用

麦克唐纳(Lorraine M. McDonnell)和艾尔摩(Richard F. Elmore)等人曾指出"要让政策实施更为有效不应该仅仅关注具体的改革项目本身,而应该更多地关注政策工具的选择,比如命令、规则、奖励、资金支持等"[1],认为不同政策工具的使用可以实质性地影响政策的运作。特别是随着政策理论与实践的发展,新的政策工具的不断出现,为政策实施带来了新的气象。在我国课程改革的政策实践中,就综合运用了多元的政策手段和工具。

(一)行政命令的使用

在政策推进的过程中,最常用和传统的工具就是运用行政命令,即"采用行政命令、指示、规定以及规章制度等行政方式","按照行政系统、行政层次和行政区域来实施政策"。[2] 作为一种强制性的政策执行的手段,行政命令有时也会同一定的行政激励手段结合起来使用,是一种以政府行政管理与控制为主要特征的政策运作的策略。特别在我国这样的教育行政体制相对集中的国家,课程改革政策的实施与评价,大量地使用了行政命令,从中央到地方乃至学校的课程政策的落实,都是各级教育行政机关"透过计划、组织、领导及控制等活动"[3]来落实的,体现了自上而下的行政力量的整体领导、控制、支持和监督。

行政命令的使用有一些具体的表现。首先,在我国课程政策实施和评价的组织结构上,形成了从中央到地方和学校的垂直型的行政领导与管理

---

① Odden A. R. *The Evolution of Education Policy Implementation*, in Odden A. R. ed. *Education Policy Implementation*. Albany: State University of New York Press, 1991,8.

② 张骏生主编:《公共政策的有效执行》,清华大学出版社 2006 年版,第 96 页。

③ 吴志宏:《教育行政学》,人民教育出版社 2000 年版,第 144 页。

的结构。教育部和地方各级教育行政机关对课程政策的实施与评价进行逐级管理，各级教育行政机关对上一级教育行政机关负责并接受其领导。这样的行政结构为课程政策运作中行政命令的通行奠定了组织基础。其次，我国课程政策的实施与评价，是以各级教育行政机关有关政策运作的整体规划为依托的，这些规划不仅为课程政策的实施与评价制定了严格的时间表、确定了具体的工作目标与要求，还对经费、人员、培训、技术支持等问题做出了规定，体现了政策运作中行政规范的要求。在我国，上级教育行政机关下达的课程政策实施与评价的任务，就是重要的政治（行政）任务，需要依靠行政力量强制推行。再次，政策运作过程中行政人员的大量参与，并通过不同层级的代理机关对政策实施的全程进行监控，也体现了行政主导的性质。教育部和地方各级教育行政机关的工作人员作为课程改革领导小组和指导小组的主要成员，无论在课程改革实验工作的试点和推广中，还是在对课程标准使用情况和课程实施运作水平的评估调研中，都起到了主要的领导与推动作用。

总的来说，在我国课程政策的实施与评价中，行政型的政策实施模式（行政权力的强制推行）仍然是主要的政策运作方式。它在保证政令启动和落实上具有一定的威慑作用，提高了政策运作的效率，但也潜藏着重重危机。行政命令的强制性所带来的非常规发展、生搬硬套或形式主义等问题，很容易对实际的课程教学产生破坏性的影响，阻碍课程政策真正有效地落实。

（二）诱导说服的手段

我国课程政策的实施和评价，还特别注重诱导和说服的政策手段的运用，具体表现为两个方面。一是在政策运作的过程中，非常强调通过各种正式和非正式的渠道进行正面的政策宣传，营造支持改革的舆论环境。通过信息沟通、反复强化、舆论引导和口号宣传等方式促成对课程政策的理解和支持。比如政策实施过程中动员大量资源进行反复的和持续的政策宣传和解释、政策口号的运用（"为了每一位学生的发展"）、政策评价中积极的评价导向（强化改革成果与成功经验）等，都是运用非强制性的诱导和说服的手段，在潜移默化间促成趋向新政策的态度与价值观的显现。二是在政策运作过程中，通过短期的资源转移与倾斜，诱导不同主体的政策行为。一方面,通过专项基金或项目支持来诱导政策行动,吸引大量的专业人员参与到政策指导、咨询和培训的活动中;另一方面,通过改革评价奖励的机制促使资源的转移来诱导政策行动,比如各级教育行政机构在政策运作过程中将实施新课程作为组织和个体评价的重要方面,促使人们不同程度地参与到政策实施的过程中。可以说,诱导说服作为行政命令的补充,是通过非强制性的方式来促使政策运作的重要手段,在我国课程政策的运作中发挥了重要的作用。

(三) 能力建构的策略

作为一种新型的政策工具,能力建构强调的是"为未来的政策运作提供资源和能力的准备"①,即通过实质性地提升政策实践主体的政策运作能力和综合素质,为政策的持续推进和有效落实提供内涵性的保障。由于新课程改革对教育行政人员、教育研究与培训人员、一线教师都提出了新的能力要求,因此,在我国课程政策的实践中,也开始强调运用能力建构的手段推进政策的长效运作。

一方面,在我国课程政策的实施过程中,开展了不同层次的有关课程改革的培训(分别面向教育行政与管理人员、教育培训与研发人员以及学科教师)。通过通识培训、学科培训和专题培训,帮助政策参与主体确立课程意识、理解新的课程观念,同时发展新的课程能力,如综合实践活动、研究性学习、地方和校本课程开发、教学实践革新、校本教研、校本评价等,这些都是课程改革中提出的新的能力要求,也是能力建构的重要方面。另一方面,我国课程政策的运作,还特别强调依托大学和教研机构中的专业力量为地方和学校的课程改革提供参与式的咨询、指导与评价。无论是教育部在各大学设立的课程研究中心,还是地方各级教育行政机关成立的实验专家指导小组和学科实验指导小组,抑或是自发的专业参与,大量的专业人员直接参与到地方和学校的课程改革实施与评价的过程中,共同探索课程改革中的重点和难点问题,在协助教师的专业成长的同时,也推动了自身的专业发展,成为课程政策运作中重要的能力建构的方式。除此以外,由于课程政策的实践运作更多地还是依靠地方和学校教师的自主探索,因此,新课程改革

---

① Hong M. I. *New Direction in Education Policy Implementation：Confronting Complexity*. State University of New York Press,2006,13.

中特别强调地方和学校的自主革新,通过学校自身经验的积累和相互之间的学习,在自下而上的实践中促成能力的发展,这也成为我国课程政策运作中重要的能力建构的方式。

应该说,综合运用多元的政策手段,通过不同的政策杠杆,来推动政策行动的做法,不仅是对课程政策运作过程复杂性的回应,更是新时期我国课程政策推进的新特征,打破了权力强制的行政型政策推行的传统,而强调技术的、政治的和文化的策略的综合应用,全方位地保障政策的有效落实。

二、地方自治空间的扩张

在我国课程政策实施和评价的过程中,除了中央对课程运作进行整体领导和管理以外,地方的课程权力也得到了实质性的扩张。一方面,三级课程管理体制的改革促使课程管理权限从教育部转移到省(自治区、直辖市)、市、县(市、区)等地方教育行政机关,并开始积极倡导校本管理;另一方面,地方各级教育行政机关作为课程政策实施与评价中联结上级教育行政机关和基层学校的中间机构,拥有相当程度的自治权,对课程政策的落实起到了关键性的作用。总的来说,地方权力的自治具体表现为以下几个方面。

一是课程资源配置的权力空间。所谓资源配置的权力不仅包括经费的筹措和使用,也包括其他人力和物力资源的供给。一方面,"集中管理或分级管理的背后",始终"蕴含着一个教育财政的问题",[1]即谁来承担相应的改革经费。随着课程权力被下放到地方,在课程政策落实的过程中,主要的财政负担也相应下移。另一方面,实际的课程政策运作所需要的主要人力和物资,也需要依靠地方各级教育行政机关落实,如课程改革的领导机构和管理人员、地方和学校的培训、咨询与指导,以及各类辅助性资源的供给等。也就是说,中央不再统一包揽政策实施的相关事宜,而是通过分级管理的机制,让地方在课程资源的供给和分配上承担主要责任。这固然有助于提升政策实施的效率和地方适应性,但同时也给地方课程政策的落实带来了财政困难,间接造成了区域性的不平衡。

二是对课程政策认知和解释的权力空间。应该说,地方落实课程改革

---

① 吴志宏:《教育行政学》,人民教育出版社 2000 年版,第 66—67 页。

政策的过程实质上是课程政策进行实践转化的过程，是基于地方情境对课程政策的再认知、再决策和再规划的过程。地方各级教育行政机关和学校对政策实施的规划往往是建立在自身对课程政策的认知和需要的基础之上的，一定程度上反映了地方或学校的政策立场，而各地课程政策的实施推进往往都有自己的方案、工作方式和实施策略，这就构成了课程改革政策实施中的自治空间。这种空间的存在固然有助于地方或学校结合本地（校）实际对课程改革的实施进行创造性的阐发，但是，也涉及几个关键性的问题。一是地方各级政策实施主体对于政策的认同程度。由于各地（校）的先决条件、发展水平以及政策实施主体固有经验和能力的差异，人们面对同样的新课程政策的适应性是不同的，而在不同的政策实践的体验中人们对课程改革政策的认同程度也各不相同，这就使得人们在课程政策实施的过程中不可避免地具有预设的倾向性和选择性。二是地方各级政策实施主体对于政策的理解程度，即是否能够对政策进行清晰而准确的解读。从我国课程政策实施的过程来看，教育部组织的集中培训非常有限，特别是随着省级实验区的扩张，更多的培训主要由各地的教育行政机关和学校自行组织，培训活动的参差不齐和培训主体的多样化，必然会带来差异性的政策解读，甚至会出现误读和曲解的问题，进而带来"执行中的观念误导和行为偏差"的问题。①

三是地方课程决策的权力空间。第八次课程改革实现了三级课程管理的体制，除了国家课程在整个课程体系中占主导地位以外，进一步拓展了地方和学校的课程权力，使得地方和学校拥有了开发、实施和管理地方和校本课程的自主权。地方一级的课程管理享有地方课程决策的权力，在落实国家课程计划的前提下，开发地方课程并制定学校地方课程实施意见，还要通过各级下属教育行政机关指导学校国家、地方课程的实施和校本课程的开发；学校在课程管理中的主要权限，则是确保国家课程和地方课程在学校的实施，并合理开发校本课程，对学校的课程实施状况做出自我监控，保证办学质量的稳定和提升。应该说，我国第八次课程改革政策实施与评价的过程极大地拓展了地方权力的空间，可以说实现了"强有力的中央指导"与"地

---

① 周彬：《教育政策过程中的个体选择》，选自袁振国主编《中国教育政策评论》，教育科学出版社 2001 年版，第 344 页。

方自治"的共存,①但是这种自治空间的存在,也对地方教育行政机关和学校提出了更高的能力要求。

三、政策在实践中的生成

从我国课程政策实施与评价的过程来看,课程政策运作的又一大特征还在于课程政策在实践中的生成和累积,即课程政策的实施与评价并不是对既定政策文本的生硬执行,也不是从中央到地方命令的简单传达,整个课程政策实践的过程是一个渐进和创造的过程,这种特质在整个政策实施与评价的活动中体现得淋漓尽致。

一方面,新的课程政策的理念和主张"是通过知识蔓延和决策积累的方式起着缓慢的影响的"②,是在政策宣传、舆论引导、文本解说、专业培训、行政支持等一系列行为的反复强化中不断实现的话语累积。政策实施的过程不是某种意见的瞬间强加与即刻接纳,而是在实践中逐步确认政策的方向及其内涵的。在这个过程中,一系列的有关课程政策的可行性论证、实验验证、系统评价和意见征集,既是推进课程政策实践的活动,也促使初始的政策文本不断地在实践中进行调整。

另一方面,课程政策实践的具体方法与策略不是由政策预先规定的,而是在现有的课程基础之上进行适应性解读和创造性改造的结果。我国课程政策实施所遵循的"先实验后推广"的政策推进模式,就体现了政策实践是逐步累积的过程;学科教师对于改革政策的实践落实也并不是在一般培训会议上形成的,而更多的是在日常教学的尝试和实践中发展的;同样,有关课程实施中具体方法、策略和技术运用也是在实践探索中习得的或发现的,而不是被告知的。正是在这个意义上,我们说,课程政策的实施与评价并"不是保证某种相对而言已知的和已定的事情","而是产生于人们曾经经历

---

① 〔美〕W. L. 博伊德、C. L. 克莱科:《地方教育当局、学校董事会与学校委员会》,朱科蓉译,选自〔瑞典〕T. 胡森、〔德〕T. N. 波斯尔斯韦特主编《教育大百科全书》第 1 卷,张斌贤等译,西南师范大学出版社 2006 年版,第 110 页。
② 〔美〕W. L. 博伊德、D. N. 普兰克:《教育政策研究:概述》,李晓强译,选自〔瑞典〕T. 胡森、〔德〕T. N. 波斯尔斯韦特主编《教育大百科全书》第 1 卷,张斌贤等译,西南师范大学出版社 2006 年版,第 423 页。

过的和现在理解的，是一种创造性和对待即将发生的东西的意图"，①是在实践中不断成型的。

再一方面，真正意义上的课程改革的实践，"不仅仅是有关知识、认知和技能的变化"②，最为关键的还是人们在情感、态度、信念和价值观上的转变。手段与方法上的模仿与学习相对简单，而在真正意义上发展认同与支持改革政策的情感、态度信念与价值观却是一个长期累积的过程。这种实质性的转变必须建立在改革实施者对日常教学生活的实践超越上，是对固有的先见观念和习惯的突破；除此以外，这种转变也不能仅仅停留于个体水平，还需要通过群体间的相互激发，培育积极的"实践性团体"③，形成有利于政策推进的组织氛围和实践模式。因为，"只有当人的视野超越了信息和个体的简单性，认识到学习、知识、判断、社团、组织与制度的复杂性时，预见中的变革才会出现或者取得实际成果"④。从这个意义上而言，真正意义上的课程政策的实践是个体和群体能力发展的累进过程，必然通过实践的长期累积而达到质变的飞跃，绝没有捷径可循。

---

① 〔加拿大〕迈克尔·富兰：《变革的力量——透视教育改革》，中央教育科学研究所、加拿大多伦国际学院译，科学教育出版社 2004 年版，第 38 页。

② Hargreaves A. *Emotional Geographies of Teaching*, in *Teachers College Record*. 2001, vol. 103, no. 6：1056—1088.

③ "实践性团体"指的是具有以下三种要素特征的团体，一是一个知识领域，界定了一系列问题的范围；二是一群对这个知识领域非常关注的人；三是由这些人所创造且在这个领域内有效运转的共同的实践模式。其实，课程改革政策的实施过程正是一群对课程系列问题具有特殊关注的群体形成趋同的实践模式的过程。一般而言，在课程改革政策的实施过程中，改革实施主体所形成的组织氛围和实践模式将对每个改革实施者之于改革的情感、态度、信念和价值观产生根本的影响，一个积极并对改革具有支持性的团体实践模式将对改革的成败具有决定性的作用。因为它在一定程度上决定了改革参与者的心理能力的建构和根本的价值取向，而这些对于课程改革政策的实施都是关键性的要素，是一项政策得以长久实施和实际落实的根本。因此，在我国课程改革政策的实践过程中，特别需要建立有利于政策推进的积极的"实践性团体"，形成一种支持改革的组织氛围，激发和培训新的信念，引导有效的共同实践，调动组织成员对改革工作的热情，并以知识分享和实际运用促成知识的不断增值。参见〔加拿大〕迈克尔·富兰：《变革的力量——深度变革》，中央教育科学研究所、加拿大多伦国际学院译，教育科学出版社 2004 年版，第 63—64 页。

④ 〔加拿大〕迈克尔·富兰：《变革的力量——深度变革》，中央教育科学研究所、加拿大多伦国际学院译，教育科学出版社 2004 年版，第 63—64 页。

第三节 我国课程政策实施与评价的现实问题

一、课程政策实施过程的现实问题

（一）政策实施中政策认知的混乱

在我国课程政策实施的过程中，不仅在理论界，同时也在实践领域，出现过诸多关于课程改革政策的混乱的认知，给课程政策的理论认同和实践探索带来了危机，暴露出我国课程政策理论建构薄弱和实践导向能力不足的问题。

首先，在课程改革政策的实施过程中，理论界有关课程改革政策主张的争论一直存在，否定和质疑的声音也不绝于耳。应该说，一项改革政策的实施有不同的声音、有批判和反思是必要且重要的，它们可以对课程政策的实施过程起到警示和反省的作用，甚至可以帮助厘清课程政策中存在的容易混淆的观念。但是，如果这些对政策的探讨缺乏一定的理论支撑，是有失偏颇的全盘否定和盲目批判，那么这种"讨论"本身就是值得商榷的，其科学性是值得质疑的，它给政策认知所带来的混乱更是不可小觑。从课程改革政策的实验试点开始，就有一些研究者指出课程改革政策的基本导向是一股"轻视知识的教育思潮"；到后来发展为对课程改革政策理论基础和工作方式的全面推翻，认为新课程改革是"脱离国情""不问国情论"的典型代表，是"以否定传统与激进革命为基础的推倒重建"，是试图窃取20世纪80年代以来我国课改成果的"两股道"；并就新课程在理论建构中吸取建构主义、后现代主义的相关理论观念等问题提出批判，指称新课程改革是"充当西方教育理论的试验田"，是"光靠别人思考"的西方现行教育体系的舶来品，甚至将课程改革的基本理念同马克思主义的认识论和全面发展学说对立起来，试图取消课程改革政策理论基础的合法性，进而全面否定课程改革。这些对课程改革政策的绝对化和极端化的解读给课程改革的理论认知和实践引领带来了极大的混乱和恐慌。① 其实，只要稍加分析，就会发现在相关批判性文章中，有很多观点根本是对课程政策缺乏实质性理解的结果。比如将新课程改革对学生知识技能、过程方法、情感态度价值观等三维目标的强调看作是忽视知识、轻视知识的具体表现，全然不顾新课程强调学生的基础学力和发展性学力的整合；又比如，根据新课程改革对应试教育种种弊端的批判来判定课程改革必然是对传统的全然割裂，不顾及课程改革在现实中的继承性和发展性；再比如，把课程改革对主动参与、亲身实践、独立思考、合作探究等教学手段的更新看作是对传统教学方法的全盘否定和排斥，把改革看作是单纯意义上方法与手段的变迁，却避而不谈具体方法背后从"对象式"走向"建构式"的教与学思想方式的变革，更是对课程改革的形式主义解读。由此可见，对课程政策理念和内涵进行根本性的歪曲或片面性的解读，其所带来的严重后果是，不仅掩盖了政策运作中那些真正需要进行建构性思考和迫切需要解决的现实问题，更是给政策实践带来了方向上的错误引导。同样，随着高中新课程的逐步推开和公众的日益关注，有关高中课程改革中诸多认识上的冲突与矛盾也开始显现出来。首先就是高中教育何去何从的问题，涉及高中教育以及课程改革的目标与定位的争议。高中教育的目标定位（课程改革的方向）究竟是"大学预科"的精英教育还是"保障每一个学生卓越发展"的大众基础教育，是服务于高考升学的大学预热还是面向个体个性和终身发展的普及而综合的教育，是尽早地分流和分层还是在共

---

① 纵观我国课程改革的政策实施过程，理论界对课程改革的政策主张进行批判与否定的，有一系列的代表性文章，主要有王策三、刘硕、王本陆等人的《关于基础教育课程改革的几点思考》（载《北京师范大学学报》〈社会科学版〉2003 年第 1 期）、《认真对待"轻视知识"的教育思潮——再评由"应试教育"向素质教育转轨提法的讨论》（载《北京大学教育评论》2004 年第 6 期）、《留下一点反思的历史记录》（载《北京师范大学教育学报》2005 年第 2 期）、《中国基础教育必须推倒重建吗》（载《当代教育科学》2006 年第 4 期）、《论中国国情与课程改革》（载《北京师范大学学报》〈社会科学版〉2006 年第 4 期）、《关于课程改革"方向"的争议》（载《教育学报》2006 年第 4 期）、《当前课程与教学改革理论之争》（载《基础教育外语教学研究》2006 年第 8 期）、《当前我国中小学课程与教学改革的理论争鸣》（载《河北教育》2006 年第 11 期）等。

同基础之上增加选择性,在学术界出现了广泛的争论。① 这些讨论不仅从现实的角度反思高中教育同高等教育的关系、教育同社会经济政治文化再生产的关系,也激发人们从教育本体的角度反思高中教育关于培育人和发展人的本体价值。在这一价值选择问题上的认识不清和混乱,将会从根本上影响高中课程改革的定位与立场。正是由于对高中课程改革的基本定位存在争议,在课程政策实施的过程中,也衍生出一系列有关改革具体问题的认识分歧,如关于高中课程体系的"领域—科目—模块"结构的落实、关于学科模块与内容安排的科学化论证、关于选修课与必修课的学分配置、关于学分制度的具体实现、关于课程的基础性与选择性的关系、关于课程标准与考试

---

① 2011 年 9 月以来,清华大学谢维和教授在《中国教育报》上发表系列文章,提出将高中教育作为高等教育预科的观点,激起了学术界有关高中教育定位的大讨论。随后中国教育报刊社组织"高中教育改革与发展系列谈",邀请大学专家学者、校长和教师围绕高中教育改革与发展问题,展开了一系列的讨论,并在 2012 年 5 月 12 号举办了"新时期高中教育定位与发展研讨会"等一系列学术活动。关于高中教育定位的争论直接指向高中课程改革、高中办学体制改革和高考制度的改革,引发了理论和实践界在高中定位上的分歧和反思,在教育专业杂志上随之出现了一系列的讨论文章。可参考文献包括:《中国教育报》"高中教育改革与发展系列谈"相关文章,如谢维和《从基础教育到大学预科——谈新时期高中教育的定位及其选择》(2011 年 9 月 29 日)、《从教育的间断性与连续性看高中改革》(2012 年 3 月 2 日),霍益萍《高中:基础＋选择》,刘沪《高中要与大学接轨》(2012 年 3 月 9 日),项贤明《高中课改宜尊重高中的特殊性》,柳袁照《高中教育定位调整需要系统思维》(2012 年 3 月 16 日),刘次林《高中教育要往哪里走》,綦春霞《高中的衔接与选择路在何方》(2012 年 4 月 6 日),刘永和《大学预备基础上的高中多样化建设》(2012 年 4 月 13 日),阎凤桥《高中定位有哪些准则》,毛杰《升学预备型高中亟待与大学衔接》(2012 年 4 月 20 日),杨帆《对高中教育定位的反思性追问》(2012 年 4 月 27 日),袁桂林《关注高中横向定位问题——对促进高中学校类型多样的思考》(2012 年 5 月 11 日)等;其他期刊论文可参考——朱益明:《新形势下我国普通高中教育改革的思考》,载《教育理论与实践》2009 年第 3 期;霍益萍、黄向阳、李家成:《多样、开放、灵活:普通高中教育体系的构建》,载《教育发展研究》2009 年第 18 期;王本中、刘晨元《对高中教育几个基本问题的思考》,载《中国教育学刊》2009 年第 7 期;冯建军:《论高中教育机会的差异性公平》,载《华中师范大学学报》(人文社会科学版)2010 年第 5 期;程斯辉、汪睿:《论高中教育的复杂性及其对高中教育改革的要求》,载《教育学报》2011 年第 4 期;关松林:《刍议我国普通高中课程改革》,载《中国教育学刊》2011 年第 12 期;李德显、陆海霞:《高中阶段义务教育究竟离我们还有多远》,载《中国人民大学教育学刊》2012 年第 6 期;胡惠闵、周坤亮:《关注高中课程改革的根本性问题——钟启泉教授访谈》,载《全球教育展望》2012 年第 11 期;沈伟、曲琳:《我国普通高中课程改革的反思——杭州师范大学张华教授访谈》,载《全球教育展望》2012 年第 12 期;等等。

大纲的冲突、关于学业综合评价与高考选拔制度的内在冲突、关于新课程要素落实与课程实施条件不匹配等问题，在理论和实践领域都出现了不同的理解、判断与意见，甚至是争议。我们说，这些伴随着课程政策实施所出现的认知上的混乱或争议，具有双重的属性。一方面，这些现象是政策实施过程中必然出现的理论和观念不断澄清与反思的过程，体现了政策实施的参与主体不断参与政策过程的自我意识和能量的阐发过程，是认识从混沌到清晰的必经之路；另一方面，这些混乱的认知在本质上预示着深刻的危机，也就是我国课程改革政策在实施中存在基础性和根本性的硬伤，即有关改革的基本道路及其理论基础的模糊性。正是由于缺少改革运作在基本前提上的共识，各种持有不同价值依据和理论依托的参差不齐的观念才大行其道，混淆视听，干扰实践，给课程改革的具体实践带来灾难性的挑战与问题。

其次，受理论界对课程政策混淆性认知的影响，实践领域也曾出现一系列对课程政策的简单化和形式化的认知。一是"新瓶装旧酒"的简单化认识，也就是选择并放大新课程政策中同现有的理念与实践相似的部分，进而将课程政策的整体简化或等同为现有的理念与实践，主观地认定政策内容是我们所熟悉的"旧"的内容，而忽略新政策中人们感到相对生疏、复杂和更为根本性的要素，其直接结果就是让政策实施者选择性地执行那些容易和熟悉的改革策略，并止步于此，从而限制人们对课程改革政策的深入探索。但实际的情况是，"新的政策理念往往并不像我们想象中的那样熟悉"①。二是对课程政策的形式化认知，也就对政策的理解更多地"聚焦在政策的浅层形式上而忽略了深层次的理念与结构"②。比如，在教学变革中，实践领域更容易把改革的焦点放在具体教学手段和方法的变迁上，而遗忘了它们仅仅只是实现教学变革的媒介，过度关注手段或形式本身很可能会使得我们的实践停留在浅层的水平，而忽略了根本性的理念和价值观的转变。实践领域对课程政策的片面化或浅层化的解读，会直接导致课程政策实践中的虚假繁荣和形式主义，关注表层的变革而忽略政策的实质性内涵。

①② Hong M. I. *New Directions in Education Policy Implementation*: *Confronting Complexity*. Albany：State University of New York Press,2006,55.

政策认知的混乱,体现出我国课程政策理论建构中的两个突出性问题。第一个问题就是理论研究的薄弱性。一方面,正是因为课程和政策理论研究水平的有限,现有课程政策在理论建构上仍然缺乏足够严谨的逻辑体系,同时又缺少足够清晰而有力的理论解释,致使许多对课程改革政策的误解和歪曲大行其道,课程政策的主张及其实践缺少安身立命的根本,大部分还停留在经验性、常规性的初级研讨层次,缺少系统的研究基础和科学论证的支撑。另一方面,则反映出我国理论研究领域研究人员认识水平的欠缺,由于缺乏基本的课程与政策研究的理论素养,在课程政策解析中出现了大量缺乏理论依据和逻辑框架,甚至是批斗性、谩骂性的文章,不仅缺乏问题解决的建构性思考,更难以将其定义为理论或学术探讨。从这个层面上而言,我国亟待加强课程和政策领域的理论研究,在夯实课程政策理论建构的基础、提高政策自身的清晰度和理论解释力的同时,逐步提升我国教育理论工作者的理论水平和专业素养,能够就课程政策展开具有一定学术水准的理论争鸣,维护专业工作者应该具备的基本的学术责任和道德目标。第二个问题则是课程政策实践导向能力不足的问题。课程政策的理论建构不仅是为我们"提供一套有关课程概念和课程问题的框架",更是要"据此分析课程现象、建议课程实施方案、勾画课程改革策略"[①],实际地指导课程改革的实施和评价活动。但是,我国课程政策的理论建构缺乏足够的实践导向性,对于"课程实践活动的批判、描述、解释、预测和引导的作用"不大,[②] 很少能够对课程政策实施中的具体问题进行系统的、针对性的指导。从这个层面上而言,为了预防实践领域对于政策的随意性的解读与运作,我们需要运用专业的力量,对实践领域的政策认知进行阶梯式的跟进,将抽象的课程政策分解为实践中具体的认知与实践的层级,逐步从浅层的政策方法和策略的习得转移到实质性的政策核心理念与价值观的认同。

(二) 支持性工作机制的匮乏

课程政策是否能够得到有效的实施,不仅取决于清晰和合理的政策认知,更取决于全面而持续的政策支持。在我国,课程政策的实施采取从中央

———————————

①② 钟启泉:《开发新时代的学校课程:关于我国课程改革政策与策略的若干思考》,载《全球教育展望》2001年第1期。

到地方的分级管理的模式,虽然在原则上符合责权匹配的原则,但是由于缺乏有效的工作制度与规范,给实际的课程政策的运作带来了诸多问题。

第一,就是课程政策实施过程中责权的混乱和权力交叉的问题。一方面,各级教育行政机关对上级教育主管部门负责,受其领导和管辖;但是另一方面,由于地方课程政策推进的财政支持主要来源于地方政府,地方教育行政机构的政策行动很大程度上又受制于地方政府的管理。这种交叉的权力关系带来的责任下放和责任推诿,使得课程改革政策的实施中存在着大量无人监管、无人负责的地带,迫使课程政策的实际运作陷入困境。

第二,就是课程政策实施过程中经费投入的保障机制的缺失。一是对于那些中小学公用经费严重不足、没有条件进行课改工作投入、财政确实困难的地区和学校,中央并没有特殊的制度安排和政策性支持。像"青海省湟中县、宁夏灵武县等边远地区在经费十分困难的情况下需要自筹资金开展新课程的培训工作"[①]。二是中央要求各地政府和教育行政机关依照国家专项进行课程改革的专项经费配套,但是并没设置具体的工作规范或强制性的措施,有很多地方并未能依照《纲要》要求进行财政配套。特别是随着课程改革实验范围的扩大,"省级以下的实验区课改经费投入明显不足,个别实验区地方财政甚至对课改工作没有投入"[②],使得课程政策的实施难以落实。这种"有政策"而"无制度"的"空头政策"的问题,在我国课程政策实施的过程中广泛存在。中央只有政策上的原则规定,却没有具体的制度保障,使得中央和各级地方政府之间出现了政策分离与脱节。三是缺乏课程改革经费投入与使用情况的监管机制。一方面,缺少常规性的财政预算开支而是采取临时性拨款或一次性拨款的策略,使得课程改革实施的政策经费支持无法得到持续性的保障;另一方面,缺乏有效地对改革经费使用情况和成效的追踪管理,缺乏经费使用的计划性和针对性,也存在着经费使用的随意性和无效性的问题。四是缺乏课程改革经费的整体协调机制。以县为主的教育财政体制,客观上造成了地方各级教育行政机关各扫门前雪,加剧了不同地区课程改革政策投入与支持的不平衡,带来了课程政策实施水平的参

---

① 《国家基础教育课程改革实验工作进展顺利》,载《基础教育改革动态》2002 年第 8 期。

② 教育部新课程实施与实施过程评价课题组:《课程改革实验区追踪评估的最新报告》,载《教育发展研究》2005 年第 5 期。

差不齐。

　　第三,缺乏有效的课程资源开发与供给的保障机制,致使课程资源投入出现不平衡与不规范的问题。课程资源不仅包括课程实施所需要的设施、设备、器材、环境、场地等条件性资源,如图书馆、操场、实验室、校园网络、多媒体、视听设备、实验器材等教学需要的基本器材和教具,还包括课程要素性资源,如课程教学的辅助性材料、教学音像资源、课件、案例、图书等。前者为课程实施提供外部条件,是一些硬件资源;后者为课程实施提供实质性的素材,主要是一些软件资源。在具体的课程资源的供给中,暴露出一些显著的问题。一是课程硬件资源供给的不平衡,有些地区和学校的基本条件严重不足,而条件优越的地区则无限度地加强硬件资源的更新。二是过度强调硬件资源的投入而忽略课程要素性资源的开发与供给,注重外在的"面子工程"而导致资源投入的结构性不合理,走向"营养"过剩的极端。三是缺乏灵活的课程资源供给制度,简单划一的资源供给模式,无法根据不同地区、学校和学科教师的需求进行针对性资源支持,导致了实质上的资源供给的不足或浪费。四是缺少专业的和高质量的要素性课程资源的供给,课程资源开发主体的混乱与责任下放,使得要素性课程资源的开发成为商业化和教师个体性的行为,缺少官方的有效组织、专业机构的集中研发和系统的研究积累,造成课程要素性资源开发与供给的质量低下,无法真正反映课程改革的主张与内涵,反而限制了实践工作者对于课程政策的有效解读和实施。最直接地可以从课程改革实验教材的研制、出版和审议的工作来看,义务教育阶段的新课程实验教材的编制与出版几乎与《基础教育课程改革指导纲要(试行)》和各科课程标准(实验稿)的研制同时进行。在 2001 年 9 月国家级基础教育课程改革实验区启动之时,20 个学科(小学 7 科,中学 13 科)49 种新课程实验教材的 1—3 册就已经出版并审议通过开始在实验区试用;而且随着改革的实验推广,更多版本的教材也在当年审议通过并投入实验和使用。普通高中新课程标准实验教材的编写是在《普通高中课程方案(实验)》和学科课程标准(实验稿)颁布之后启动的。2003 年 4 月,教育部基础教育教材审定工作办公室发布了《关于受理普通高中课程标准实验教材编写立项的通知》,共有 78 家教材出版单位报送了 15 个学科的普通高中课程标准实验教材共计 168 套,经高中教材编写方案审议会议审议,于 2003 年

7月核准67套教材的编写工作。这些被核准立项的教材方案,根据教育部基础教育教材审定工作办公室《关于2004年春季送审教材的通知》(教基材室〔2003〕288号)的要求,在2004年2月18日前就要将教材送审,审定后的教材于2004年7月印刷出版,以保证新课程实验区的课前到书。① 也就是说,在课程改革推进的初期,无论是义务教育阶段还是普通高中的新课标实验教材,都是在非常紧迫的时间要求下承担课程教材的研制,虽然一些教材编写委员会实力雄厚,吸收了包括国家课程标准组负责人、学科专家、教育学专家、心理学专家、特级教师、出版社负责人在内的来自不同领域的成员,并"力求体现"课程纲要、课程方案与课程标准的主旨,但是,显而易见的是,这种仓促的教材开发机制,使得课程教材研制的严谨性、规范性和研究支撑大打折扣。部分实验教材在实践使用中遭受了各种各样的质疑,很大程度上也反映了教材开发中缺少规范的研究、科学的论证和充分的实验检验的弊端。课程教材已然如此,更不用说其他教学辅助性资源开发与供给上的不规范问题。一般的出版企业单位实际上并没有能够承担教材及其周边教辅资源系统研究与开发的专业能力,但却在经济利益的驱使下蜂拥而至,给课程资源的供给带来了诸多弊端。

第四,缺乏严谨的工作规范和科学规划,课程政策实施中的专业引领与指导的有效性和持续性不足。在课程改革政策实施的启动阶段,专业的培训与指导主要采取骨干培训和集中研讨的形式,聚焦于通识问题,对于人们建立有关课程改革的基本认识是有益的;但是随着改革实践的推进,培训与指导的重心应该转向实际的实施问题,转向实地的校本参与,通过对实践中具体问题的解决和应对来帮助改革实施主体把握课程政策的内涵。然而,我国课程政策实施的专业支持与指导,却并没有随着改革实践的推进而做出适应性的发展,出现了很多不专业和不规范的做法。其一,课程改革培训和专业指导中存在着重理论轻实践的偏向,无法将理论与实践建立有机的联系。其二,培训方式的相对单一,无法适应改革实践中问题解决的实际需

---

① 艾真:《全日制普通高中新课程标准实验教材编写正式启动》,载《信息技术教育》2003年第10期;教育部基础教育教材审定工作办公室:《关于2004年春季送审教材的通知》(教基材室〔2003〕288号),载《中华人民共和国教育部公报》2005年第Z2期。

求。其三，缺乏专业的规划和有效的分层，各级各类课程改革培训存在同质性、重复性和形式化的问题，造成了资源、时间和精力的浪费和重复劳动。其四，专业资源分布的不平衡，使得课程政策实施中的专业支持具有偏好性和随机性，造成实质性的专业支持的不足。一方面，专业资源的稀缺性和竞争性，使得那些优势地区或学校更有可能获得更多的专业引领与指导，而那些弱势的地区或学校并没有获得足够的专业支持，多了些"锦上添花"，而少了些"雪中送炭"；另一方面，在课程政策实施的专业支持与指导中，存在着大量的简单与随意的组织形式，缺少常规性和稳固的专业联系，缺少针对性的专业积累与研究，缺少严谨、细致而系统的专业支持，这些都在很大程度上影响了专业支持的针对性和有效性。

第五，缺乏有效的政策实施规划或预案，加剧了课程政策实施中的放任自流和信息变异的问题。一般来说，课程改革政策的实施规划是用来直接指导实践的可操作性的行动计划，应该具备三个基本的特征：一是实施规划不应是笼统的工作原则或方针，而应该涉及改革实施的特定目标和方法，并提供经过精心评估的多种备选的行动方案；二是实施规划的设计往往具有时间上的延展性，从确定进行改革实施的需求开始，到实施活动真正的投入使用，实施规划不仅要对整个实施过程进行规划、设计、提供支持性服务，更要对改革实施的现实和实施过程中的变化有所预测；三是有效的实施规划的运作必须建立规划主体和实施主体之间的联系机制与监督机制，具体地协调实施工作中可能出现的各种问题。① 但是综观我国课程政策的实施规划，一方面，从中央到省、市、区、学校的改革实施计划如出一辙，很多省份在发布本地区课程改革实施计划时甚至是直接转引教育部的通知，实施计划的抽象和笼统，根本无法针对特定地区与学校展开应对性的政策实施；另一方面，大部分的实施计划是笼统的时间表或工作列表，鲜有针对改革实施中的特定变量设计的具体而细致的行动计划，更不要说发展有关改革实施的

---

① 〔加拿大〕J. P. 法雷利：《教育规划：历史》，覃壮才、刘水云译，见〔瑞典〕T. 胡森、〔德〕T. N. 波斯尔斯韦特主编《教育大百科全书》第 1 卷，张斌贤等译，西南师范大学出版社 2006 年版，第 431—443 页。

"预案"或情景性"脚本"。① 课程政策实施中行政力量对改革实施过程缺乏清晰的构想和整体的预见，而将主要的实施责任转嫁给基层的实践工作者，一定程度上反映出我国课程政策运作中鲜明的"政策制定和政策执行的行政二分法的立场"②，造成了政策实施的碎片化和分割性，无法对政策实施提供有效的行政支持和系统的问题应对机制。

应该说，随着课程改革进入常态化的发展阶段，有关改革政策实施的管理和支持工作更应该步入正轨。特别要针对我国课程改革政策实施过程中存在的大量的模糊政策和随意性的行政行为进行整改，建立起切实可行的工作机制，明确管理和服务的职能，加强我国教育行政管理的工作规范与专业水准，为政策实施提供强有力的制度支撑。

(三) 政策实施的实际效力不足

这里所指的课程政策实施的实际效力不足，主要包括两个方面：一是指课程改革实验工作的效力不足，具体表现为改革实验推进的仓促性，以及实验反馈和经验推广机制的匮乏，使得改革实验工作的经验先导和实施指导的效用不明显；二是指课程改革实施推进的持续力不足，表现为改革进入全面实施阶段之后，各级教育行政机关的行政支持逐渐减弱，政策的稳定性和持续性受到了挑战。在我国，虽然不存在政权更迭所带来的政策变更的问题，但是，由于很大程度上受到关键领导人和行政权威的影响，我国政策运作也存在周期较短、政策关注点变更较快的问题，这些现实都影响着我国课程政策实施的实际效力和深度。

首先，从课程改革的实验试点来看，存在着实验推广的速度过快、实验先导作用不足的问题。从 2001 年开始启动的国家级实验区的工作来看，相

---

① 课程改革政策实施中的"预案"和"脚本"的制定是政策实施计划开发中的具体方法，指的是通过预先构想政策实施的过程，对实施过程中的各种先决性因素和可能出现的问题进行构思，并以此作为提供实施建议和制定行动指南的基础。一般而言，由实施计划制定人员对政策实施的过程和实施后的基本形态进行预期和描述，形成有关改革实施的"脚本"，并依据这一"脚本"收集改革实施所需要的各种条件和各类问题，提供有关政策实施过程的工作线索。政策实施预案和脚本的制定一方面有助于改革实施的管理者形成有关改革实施的整体预期和构思，另一方面也可以依据这些构思和预期为政策实施提供切实可行的建议。参见〔美〕弗朗西斯·C.福勒：《教育政策学导论》，许庆豫译，江苏教育出版社 2007 年版，第 259—260 页。

② 邓旭：《教育政策执行的四重路径》，载《江西教育科研》2007 年第 5 期。

应的工作准备、管理支持、跟踪评估和经验反馈等系列工作是相对规范的。教育部不仅组织召开了实验区课程改革的启动工作会议,对各项工作做出了全面部署,还投入了大量的培训力量,并先后于 2001 年和 2003 年对国家级实验区的实验工作进行跟踪评估,针对课程实施方案和课程标准的修订展开了大规模的调研。除此以外,更是在 2002 年和 2003 年分别召开两次全国电视电话工作会议,组织全国性的实验区经验交流会,总结经验,探讨和解决实验运作中的问题,并出版了反映课程改革实验区工作的丛书。但是,国家级实验区工作的相对严谨和规范并没有在制度上得到落实,后续的课程改革实验工作并没有可遵循的工作规范,导致了后期实验工作的随意性和冒进式的发展。仅仅在两年之间,实验区数量就成倍增长,到 2003 年秋季已经比原计划的 35% 超出了 22 个百分点,到 2004 年秋,实验推进的范围更是达到全国 90% 以上的县市。这种跨越式发展给课程改革实验工作带来了很多隐患。一是实验的性质发生了转变。改革实验的意义原本在于通过先期实践验证改革方案、提供修正意见、树立示范和指导典型。然而,由于推进速度过快,新课程还没能在实验区获得全面落实,就匆匆扩张到全国范围,改革实验工作充其量不过是新课程分步推进的一个过渡阶段,并没能从根本上发挥方案验证、修订、示范、培训和辐射的作用。具体来说,实验区各科课程标准的修订并没有按原计划在改革全面推进以前完成,而是一直推迟到 2007 年底。此外,从中央到地方并没有形成完备的实践经验总结、反馈和交流的有效机制,那些后续实施新课程的区域和学校,并没能从先期进行实验的学校那里获得有效的信息,更不要说实验示范的作用。从这个意义上而言,实验区的工作和一般地区的改革实施工作并没有实质性的差别。二是实验工作中未被解决的问题被不断地扩大化。由于实验推进的速度过快,使得原本可以在实验阶段得到有效解决的问题进一步扩大化,迫使一些还不成熟的课程实施策略、方法被重复而广泛地使用,造成了资源和精力的浪费。三是仓促的政策推进的方式,给地方、学校和教师造成了工作能力和情绪上的负担。大部分的教师仅仅是在暑期接受了新课改的集中培训,在有关改革的认识还未成形,对新课程标准、教材根本不熟悉的情况下,就被要求立即进入新课程,运用新的教学理念和方法实施教学。从学校和区域层面而言,由于进入新课改的学校数量逐年递增,不仅师资和硬件条件无法保障,更缺乏规范和合理的专业支持和指导。课程改革政策的实施推进缺乏时间上的缓冲,忽视改革循序渐进的规律,让改革实践工作者措手不及,显示出一种急功近利的心态,也引来了实践工作者的诸多不满和质疑。① 我国课程政策实验推广中的冒进主义,一方面固然反映了课程政策实施工作中缺乏严格的工作规范和制度约束;另一方面,也反映出我国政策周期短、政策变更性强的特点,需要在一定的时间限度内最大范围地推广特定政策,说明尚未形成保障政策持续和稳定发展的常规机制,政策活动仍然受限于政府内在的行政性或政治性因素,因而具有较强的易变形和随意性。

其次,从课程改革政策的全面推进来看,也出现了很多不规范的政策运作行为,使得我国课程政策运作的持续性和稳定性受到挑战。一方面,义务教育新课程改革在全国推广以后,中央也停止了专项的经费拨款,课程改革不再成为常规经费预算中的一部分。不仅如此,中央层面的专业培训、研讨和指导的活动也开始减少,更多的责任被下放到地方,但是在责任下放的同时并没有严格的工作机制来确保地方和学校对课程改革进行持续的投入和支持。因此,在我国这样行政依赖性很强的国家,作为一种风向标,地方和学校的行政重心会随着中央行政聚焦点的转移而转移,行政支持的逐级消退,使得课程政策的实施因为没有行政上的持续支持而逐渐萎缩。另一方面,则是课程政策实施过程中课程政策文本的连贯性和稳定性的问题。2007 年 3 月教育部启动了第二轮的各科课程标准的修订,重组了课程标准修订小组,在吸纳少量的原编制组成员的基础上,由课程标准的修订组组长

---

① 由于普通高中课程改革面临更多复杂的问题,新课程的实验推进相较于义务教育新课程的时间跨度更大,为了加强实验区的联系和经验沟通,建立了实验省(自治区、直辖市)的联席会议制度,定期召开会议,研究实验过程中的问题和解决问题的措施,各个省(自治区、直辖市)之间也通过相互走访和调研了解其他省(自治区、直辖市)的实验情况,起到了积极的作用。但是随着实验省(自治区、直辖市)的拓展,普通高中课程改革同样存在着实验区经验储备和问题解决能力不足的问题,先期实验的省(自治区、直辖市)未能发挥足够的改革借鉴和支持作用,也未能从实验的初始阶段就启动针对课程方案与课程标准的修订工作。参见:《切实加强对高中新课程实验工作的指导——教育部基础教育司负责人谈高中课程改革》,载《基础教育课程》2005 年第 7 期;董洪丹:《海南省普通高中课程改革实验工作调研报告》,载《教育科学论坛》2006 年第 12 期;董洪丹、卢志、李维明等:《四川省普通高中新课程实施情况调研报告》,载《教育科学论坛》2011 年第 3 期。

负责重新召集标准修订人员，大规模地调整了课程标准修订人员的构成。众所周知，标准的修订工作并不仅仅是一个技术性的活动，它在目标设定、内容组织和安排上更体现了一种特殊的专业意见和利益的表达，而人员的变更所带来的理念与观点的差异性，虽然能够为标准修订带来新的意见，但是这种变化能否保证改革方案在原有基础上的连贯性和继承性，保证一定时期内政策理念的稳定性与持续性，防止政策内在逻辑的矛盾和实践上的混乱，是值得商榷的。① 再一方面，我国课程政策在实施推进的过程中，还缺乏强有力的专业监督和问责机制的规范。在我国，课程改革政策的实施一旦进入实践领域，就很大程度上依托地方、学校的"自治"水平，很难随时发现"政策运行中的偏差状态"②，无法及时应对"政策部分被执行、政策被曲解、政策截留、政策宣传不力、政策被象征性执行、政策生搬硬套等消极政策变异"的情况，③由于缺少同课程改革政策相一致的持续的专业监督和问责机制，课程政策在地方和学校层面的制度化推进很难获得制度上的保障。

课程政策的实施是复杂而多变的，要确保课程政策实施得到有效的运作，一方面，迫切需要我们明确不同级别不同类型教育机构、组织和个体的工作责任、义务和权力，同时建立对政策实施过程的监督与问责的机制，全面加强政策实施的综合管理，有效地确保课程改革政策得到持续和稳定的

207

---

① 以小学科学课程标准的修订为例，修订小组的成员一半以上都是各个科学研究领域的专家，他们虽然具有相关学科的研究专长，但并不深谙小学科学的课程与教学规律；另外，修订小组还重新启动了很多重复性的研究工作，比如对世界各国科学课程标准的研究和整理等，这类工作其实早在课程标准研发阶段就已经有了前期研究，这恰恰体现了临时性团队的重复劳动和资源浪费。除此以外，在修订的理念上，修订工作很明显地受到专家组成员"做中学"研究偏好的影响。虽然不同学科课程标准修订工作的情况不同，但是可以看出，课程标准的修订工作其实变成了一个课程标准的再开发过程，这个再开发的过程不可避免地体现修订小组中关键人物的观点和认识取向，甚至会改变原有课程方案的原则与方向，一定程度上对改革政策方案的连贯性和持续性提出了挑战。我们说一定时期内课程政策应该保持足够的稳定性和持续性，应该保证政策内部的连贯性和继承性，以帮助实践领域形成稳定的行动方式，否则，变幻莫测的课程政策不但会造成实践上的混乱，也会使得人们对政策失去足够的信任与投入。

② 钱再见主编：《公共政策学新编》，华东师范大学出版社 2006 年版，第 191 页。

③ 陈玉云：《教育政策变异之我见——关于政策执行与政策实现的讨论》，载《教育理论与实践》2005 年第 11 期。

推进。另一方面,则要对课程政策的运作进行有效而充足的时间管理。一是在课程政策推进过程中给予充分的缓冲期、适应期和生成期,谨防急功近利的改革心态。众所周知,"同按部就班的工作相比,表现新的行为方式需要花费更多的时间"①,无论是宏观层面的实验试点、经验总结和推广,还是微观层面的教师研讨、问题解决和课堂反思,都需要有充足而必要的时间,任何冒进式和赶超式的工作方式,都会适得其反。二是依据新课程的具体要求重组学校教育教学工作的时间格局。因为,如果一味地使用过去的时间系统来安排新课程实施或者是同时兼顾两套系统,在学校这种"时间限制性最强、最富有时间规划意识的组织"②中,新课程计划几乎是无法落实的,所以,"我们必须要做到丢掉昨天的任务而腾出时间、精力和资源从事新的工作,如果我们想抓住机会,就必须做到:放弃一些,才能获得一些"③,给予课程改革政策以充分的时间和空间的支持。

（四）实施主体的能力建构不足

课程改革政策的实施从本质上而言是一个能力建构的问题,也就是不同类型的政策实施主体是否具备完成预期工作所必需的理念、态度、才干和技能的问题。虽然能力建构的问题也在课程政策实施过程中受到关注,但是仍存在一些显著的误区。

一是能力建构的重心聚焦于学校教师,而忽略了其他政策实施主体的能力建设。我们说,教师固然是课程政策实施中的关键力量,但是,一项课程改革政策的成功或失败,往往是来自"学校课堂、地方教育行政当局、政策

---

① 〔美〕弗朗西斯·C.福勒:《教育政策学导论》,许庆豫译,江苏教育出版社 2007 年版,第 262 页。

② Schlechty P. *Schools for the Twenty First Century: Leadership Imperatives for Educational Reform*. San Francisco, CA: Jossey—Bass, 1990, 72. 转引自〔英〕路易斯·斯托尔、〔加拿大〕迪安·芬克:《未来的学校:变革的目标与路径》,柳国辉译,北京大学出版社 2010 年版,第 147 页。

③ Drucker P. *The Age of Discontinuity*. New York: Harper and Row, 1969, 193. 转引自〔英〕路易斯·斯托尔、〔加拿大〕迪安·芬克:《未来的学校:变革的目标与路径》,柳国辉译,北京大学出版社 2010 年版,第 146 页。

研发团队、社会公众等各种力量的相互作用"①。如果仅仅把能力建构的焦点放在教师身上，很容易造成其他课程政策实施主体的角色定位的不清晰，而将课程政策实施的责任全部转嫁给教师，产生"实践的责任伦理不彰"②的问题。因此，面对课程改革中新的课程要素的出现，除了强调教师在校本教研、课程开发、教学改革、资源管理等方面综合能力的提升以外，还需要重新思考教育专业研究人员、各级教育行政管理人员、学校校长、一般公众和公共媒体的新的角色能力，以适应新课程政策运作的现实要求。比如，要特别强调教育专业研究人员在专业咨询和指导中的理论和实践整合的能力、问题解决的能力等，发展公共媒体在政策推进中的专业媒体素养和建构性的舆论导向能力，强调一般公众政策参与的民主意识、理性态度和议政能力等。除此以外，在我国课程改革政策实施的能力建构中，特别要关注地方和学校层面各级教育行政管理人员的能力发展。众所周知，随着三级课程管理体系的建立，课程政策实施的主要职责被放权到地方和学校，地方各级教育行政管理人员、学校中高层领导作为政策实施的重要的中间环节，迫切需要发展新的课程综合管理与服务支持的能力。通过强化课程管理人员的专业能力，转变传统的监管和控制的管理模式，提升行政引导与服务的管理功能，对于课程管理人员来说，需要新的能力建构。一方面，需要具备专业的课程整体规划、课程开发、课程管理和课程决策的能力，而不是简单地发布命令、传达命令和实施控制；另一方面，还需要具备"同时管理诸多处于亚层次上的改革"的能力，③能够合理和有效地协调各种资源与条件的支持；再一方面，还要能够有效地推动所在辖区或学校管理人员和教师的能力发展。基于以上的分析，我国现有的面向课程政策实施主体的能力建构活动显然还力不从心，能力建构的对象范围仍相对狭窄，还未能针对不同主体的实际需求提供连贯的、个性化的和针对性的服务。

二是现有的能力建构活动更多地聚焦于认知和行为层面的能力增进，

---

① Fullan M. *The New Meaning of Educational Change* (4th ed.). New York: Teachers College Press, 2007, 105.

② 黄宗显：《教改十年的省思与展望》，载《教育研究月刊》2003 年第 10 期。

③〔加拿大〕迈克尔·富兰：《变革的力量（续集）》，中央教育科学研究所、加拿大多伦国际学院译，教育科学出版社 2004 年版，第 81 页。

而较少关注情感、信念等心理层面的能力建构。一方面，认知和行为能力的增进决定了我们是否具备承担改革中的新任务、解决改革中出现的难以预料的新问题的能力，决定了我们承担课程改革政策实施任务的外显水平；另一方面，有关改革的情感和信念等心理能力的增进则决定了政策实施主体参与改革和进行自主地能力建构的意愿与态度，反映了人们主动参与政策实施的内隐水平。在我国课程改革政策实施的能力建构中，首先需要唤起政策实施主体进行能力建构的自主需要和意识，以个体意识到自身的不足和需求为起点，发展不同形式的能力发展的模式。在获得政策认知和行动能力发展的同时，也发展面向改革的积极的、建构性的态度，从情感上的被动接受转化为个体的信念与价值选择。因为，没有情感、信念与价值认同的基础，课程政策的实施主体很容易在改革的现实中左右摇摆，或面对"改革实施所带来的焦虑感、沮丧感和失望感"①而无力承担。从这个意义上而言，我们要拓展能力建构的范畴，关注实施主体对于政策的情感上的认同和积极信念的建构，这是课程政策得以持续化和制度化运作的重要机制。

二、课程政策评价活动的现实问题

（一）自上而下制约性评价的主导

在我国课程政策的评价活动中，由中央和地方教育行政机构主导的自上而下的评价仍然是主流。这类主流性的评价活动有一些显著的特征。一是具有较强的行政导向，着重于管理决策层对改革的整体把握，而聚焦关键问题和实际问题的解决能力不强。二是具有明显的审查性质，是一种"不断寻找证明我们高效且正确地做事的证据"②的检查性活动，是优势权威审查改革运作业绩表现的控制手段，人为地造成评价活动中"受评价者"和"评价者"的地位分野，产生一种压制性力量，强化了评价作为一种外在的监督和控制的手段，弱化了评价活动所应发挥的积极反馈和实践发展的功能。诚

---

① Hargreaves A. ed. *Rethinking Education Change with Heart and Mind*. Alexandar, VA: ASCD,1997,8.

② Apple M. W. *Education, Markets, and an Audit Culture*, in *Critical Quarterly*. 2005, vol. 47 no. 1—2:14.

然，行政权力的主导在政策评价中是举足轻重的，作为政策流动的重要支持力量，它们在组织机构设置、人员动员、资源供给、权责分配等方面发挥了无可替代的作用。然而，令人担忧的是行政权力在政策评价活动中的扩大化可能带来的负面影响。最直接的是导致政策评价成为自上而下的检查与审核，将评价活动简化为行政事务性活动。更危险的是，会进一步异化教育行政机关和其他政策行动主体间的关系，从一种协作关系变为一种从属服从关系，造成地方和学校层面评价的主体性缺失，这对于政策运作是十分有害的。

随着政策评价活动的发展，应该从根本上削弱评价活动的政治性功能，转变单一的政策评价的模式，强调政策参与主体在评价活动中的集体性对话和意见的折中，而不是某一种主流意见或权威力量的绝对支配。这就意味着政策评价活动要从审查、制约的主从关系发展到平等对话的约定性关系。也就是说，评价活动不是特定的人或者组织对他者的判定，评价活动更多的是针对特定情境和问题分析基础上的"多元分析、多主体的协商，逐步达成共识基础上的改进"[1]，是"帮助改革的参与者了解改革问题的复杂性，而不在于寻找特定问题的简单答案"[2]的过程。从这个意义上而言，我们迫切需要建立更为健全和完善的课程政策评价体系，发展从中央到地方、学校的不同层面、不同类型的评价活动，拓展课程政策评价的渠道和评价主体，特别要强调基于地方和学校情境的解释性评价活动，鼓励更多的基于具体问题、具体情境，能够促成改革实践发展和问题解决的评价活动，使政策评价成为增进对课程政策的认识与理解、改进课程政策实践的长效机制和重要依据。

（二）政策评价中工作规范的缺失

虽然我国课程改革政策评价已经开始关注手段与流程的科学化与规范化，但是尚未形成系统的工作规范和常规化的工作机制，阻碍着评价活动的精细化发展。一方面，我们尚未建立系统的能够适应不同指向和需要的评

① 刘志军：《课程评价的现状、问题与展望》，载《课程·教材·教法》2007 年第 1 期。
② Worthen B. R. Sanders J. R. & Fitzpatrick J. L. *Program Evaluation*: *Alternative Approaches and Practical Guidelines*. New York：Longman，1997，105.

价活动的具体工作标准、方法与流程指南，这就使得实际的政策评价活动缺乏基本的规范引领。当然，这里的工作规范并不是指"量化的、有细分的指标、有指标权重的评价指标体系"①，而是关于评价活动的基本依据，比如评价团队的选择与组织、评价方法的组合、评价的具体流程、评价的实际组织和责权分配等。这些依据不应该仅流于经验或主观判断，而需要具备充分的论证依据。另一方面，当前的课程政策评价还缺乏有效的工作常规和专业的工作机制。不仅各级各类的政策评价活动在组织建构上缺乏常规建制，通常由教育行政部门直接委托或临时组建，缺乏长效性和稳定性，而且在评价活动的具体组织上，也没有形成相对固定的工作常规，评价活动的展开并无规律可循。这些缺陷都使得评价活动的质量和效果受到影响，体现出当前我国课程改革政策评价的内在不足。因此，迫切需要确立不同层级的政府或非政府的政策评价的常设机构或机动队伍，形成一定的工作常规或机制，以保障官方和非官方的政策评价在组织建制上的合法化。除此以外，值得一提的是，我国课程改革政策评价还缺乏有效的评价结果的公开、反馈和使用的机制。一般而言，课程政策评价活动的主要意义，并不在于对改革活动做出某种判定，而是"改进课程本身"②，也就是为课程及其运作的改进作决策。这就必然涉及评价结果的分享、反馈和使用的问题。评价结果应该如何公开、如何有针对性地反馈、选择何种方式进行反馈、如何组织进一步的讨论与协商、制定调整或推进政策实践的后续行动计划等，这些都需要具体的工作建制。而在我国，课程政策评价活动往往更多地停留于评价结论的获得而缺少必要的结果公开、反馈和使用的环节，这是值得我们关注和反思的一个问题。

为了推进课程政策评价的科学化和规范化的发展，需要系统建构课程政策评价的规范体系，在机构设置、人员选择、方法应用、流程安排、组织运作和职权分配等各个方面确立具体的工作依据，来推动未来政策评价的专业化发展。

---

① 刘志军：《课程评价的现状、问题与展望》，载《课程·教材·教法》2007年第1期。
② 王伟廉编著：《课程研究领域的探索》，四川教育出版社1988年版，第175页。

表 5—4　课程政策实施与评价的中国经验与特征

课程政策实施与评价的逻辑程序		中国课程政策实施与评价的政策行动主体	中国课程政策实施与评价的运作经验	中国课程政策实施与评价的权力关系特征	中国课程政策实施与评价的现实问题	中国课程政策运作的改进建议
课程政策的实施	政策的实施与动员	各级教育行政机关、各级课程改革领导小组和专家工作组、课程纲要和标准研发小组、大学课程研究中心成员、教研机构人员、师训机构人员、学校校长、学校行政人员和教师、公共媒体等	·制定课程改革实施的整体规划 ·各级改革领导小组和专家工作组的建立 ·政策实验的动员和宣传（纲要和标准的解读、专业培训和政策宣传等） ·国家和地方专项拨款和资源的供给	行政权力的主导性与政策参与主体权力自治的整合： （1）多元政策手段的运用：行政命令的政策推进，非强制性的政策诱导与说服、能力建构的策略 （2）地方自治空间的扩张：课程资源配置的权力、课程政策认知与解释的权力、地方课程决策的自治空间 （3）政策在实践中的生成：政策理念发展性、政策运作方法与策略的生成性、政策实践过程的累积性与渐进性	（1）理论领域和实践领域政策认知的混乱：理论研究的薄弱性和实践导向的能力不足 （2）实施过程中支持性工作机制的匮乏：责权的混乱和权力交叉、经费投入保障机制的缺乏、课程资源供给的不平衡与不规范、专业引领与指导的有效性和持续性不足、缺乏有效的政策实施预案 （3）政策实施的实际效力不足：政策实验推进的仓促、实验先导与指导效用不足；政策实施推进的持续力与稳定性不足，政策周期短、变更性快；缺乏有效的实施监督和问责机制 （4）政策实施主体的能力建构不足：能力建构对象的有限性、心理能力建构不足	（1）加强课程政策的理论建构和实践导向 （2）建立政策实施工作的具体规范，明确政策管理与服务的职能 （3）加强政策实施的综合管理，保证政策运作的稳定性和持续性；进行有效和充足的时间管理 （4）加强不同政策实施主体的能力建构，关注认知、行为和心理多层面的能力建构
	政策实施实际运作（实验试点与实施推广）	各级教育行政机关、各级课程改革领导小组和专家工作组、实验区学校及其教师、各类专业支持力量（大学课程研究中心成员、教研机构人员、师范院校和师训机构人员等）、教材编写和出版单位、社会各界人士、家长、公众媒体等	·国家级实验区实验试点、省级实验区的推进 ·课程改革实验推广和全面实施 ·全国电视电话工作会议和全国性的经验交流会和研讨会等 ·考试评价制度等改革配套措施的改革（初中毕业和高中招生制度改革、高考制度改革等） ·教育部行政工作会议和政策文本对课程改革的持续推进			
	政策实施的制度化					

214

课程政策实施与评价的逻辑程序		中国课程政策实施与评价的政策行动主体	中国课程政策实施与评价的运作经验	中国课程政策实施与评价的权力关系特征	中国课程政策实施与评价的现实问题	中国课程政策运作的改进建议
课程政策的评价活动	评价的准备、实施与评价结果反馈	新课程实施与实施过程评价课题组及评估小组(各级教育行政领导、大学校长、国家督学、大学课程研究中心代表、实验区代表、媒体记者、教师代表、教材审查委员会代表等)、"基础教育课程标准评价研究"项目组、各科课程标准编制小组、各科课程标准修订小组(学科领域专家学者、院士、一线教研人员、教师代表、出版社人员)、省市区县级实验区课程改革领导小组及其评估人员、学校校本评估人员、研究机构中的专业研究人员、教师、学生、家长、社会公众与媒体等	·课程政策概念化过程中的课程问题诊断性评价:九年义务教育课程方案实施状况调查 ·课程政策审议过程中的形成性评价:政策方案的可行性论证和意见征集 ·新课程实施与实施过程评价项目组组织的 3 次课程改革实施情况的调研和评估 ·地方层面和学校层面的各类评价活动 ·专业研究人员自发的评价研究 ·课程标准评价研究项目组和课程标准修订工作组组织的 2 次各科课程标准使用情况及其修订的评估		(1)自上而下的制约性评价的主导:行政导向、审查性质、制约性的主从关系 (2)政策评价中工作规范的缺失:评价机构设置、人员选择、方法应用、流程安排、组织运作、职权分配、评价结构的公开和反馈与使用等	(1)削弱评价的政治性功能,强化问题解决的功能,提倡多层次的评价活动,鼓励基于地方和学校的解释性评价 (2)构建课程政策评价的规范体系,确保政策评价结果的有效反馈与使用

第六章

意义的建构：课程政策过程的再理解

"我们都希望生活在这样一个政治体系中：任何人在政策制定中都能够平等发表看法；许多分散的利益主体为公共问题提出解决方案；讨论、辩论和决策是开放的，所有人都可以介入；政策制定通过民主方式进行；政策贯彻过程合理、公平且富于同情心。"[1]为了追寻政策运作的这种民主化和科学化的理想，人们发展了关于政策过程的基本流程和结构，"规范教育政策价值主体在控制教育资源和获得自身利益过程中的活动顺序、范围和方式"[2]，期望通过确保政策运作在流程和结构上的规范性，来实现政策过程运作实质上的合法性和有效性。因此，一个民主和科学的政策运作过程，首先是从合理的政策运作流程和结构开始的。为了实现从"经验型"向"科学型"[3]的转变，我国新课程改革的政策运作过程，也严格遵循课程政策过程的一般逻辑程序和结构特征，在政策运作过程的规范性上做出了重大的努力。然而，正如我们所反复强调的，课程政策在形式和结构上的规范性，固然有助于实现政策过程的公开公正，提高政策过程的效率和合法化水平，但是，外在手段和形式上的完备并不能保证政策过程实质上的民主性与科学性。因为任何特定的工作流程或组织结构都要在具体的政策环境中发生作用，反映出其特定的行为意义和特征，表现为具体而复杂的价值判断、选择、协商和建构的过程。因此，我们对课程政策过程的分析就不能仅仅停留于那些外在的技术性程序或结构，而必须深入政策过程赖以存在的社会、政治、经济和

---

① 〔美〕托马斯·R.戴伊：《理解公共政策》，彭勃等译，华夏出版社 2004 年版，第 14 页。

② 刘复兴：《教育政策价值分析的三维模式》，载《教育研究》2002 年第 4 期。

③ 黄忠敬：《我国基础教育课程政策：历史、特点与趋势》，载《课程·教材·教法》2003 年第 5 期。

文化的环境，挖掘课程政策过程的内部意义，以及在这个过程中所表现出来的特定的权力关系和文化特征。正是在这个意义上，本书对课程政策过程的分析非常注重将政策过程的原生态进行还原，探讨在一般性的流程与结构的背后，我国课程政策概念化、审议、实施与评价过程所表现出的独特的本土经验、特征与问题。

然而，值得一提的是，按照课程政策过程的一般逻辑框架对政策过程进行解析确实为我们提供了清晰的思路，帮助我们提炼各个阶段课程政策运作的要素与特征，但是，这种把政策过程进行阶段性划分的阐释"对于理解政策过程作为一个完整的领域是有害的"[①]。因此，为了把课程政策过程理解为"流动的、动态的、互动的，以及同政策参与者的当下状态相关的符号性表征"[②]，我们还需要超越课程政策过程中概念化、审议、实施与评价的具体阶段，从一个整合的、连续性的政策过程研究的视角入手，探讨课程政策过程作为一个整体的意义和内涵。

第一节　课程政策过程的理论建构：多维的视角

一、课程政策过程：一个不断情境化的过程

课程政策并不仅仅是一系列的指令或者意图，政策也不可能总是停留于静止不变的文本状态。从课程政策运作的过程来看，"政策不论在何种环境中都应该忠于政策本身"[③]的情况是不可能发生的。政策运作的过程，更多的是在实践中的调试、发展以及实践创生的过程，是一个不断情境化的演进过程。（见图 6—1）

---

① ② Shields M. C. *Metaphor*, *Model*, *and Museum*：*Reflections on the Art of Educational Policy Making*, in *Journal of Educational Thought*. 1995,29(3):238.

③ S. J. Ball *Education Policy and Social Class*：*the Selected Works of Stephen J. Ball*. London, New York：Routledge, 2006, 16.

参与主体
(People)

政策　　　　　　　　　　　　场境
(Policy)　　　　　　　　　　　(Place)

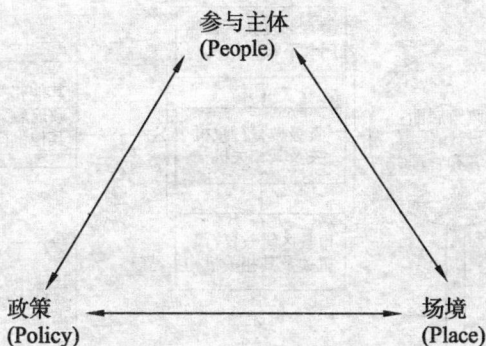

图 6-1　课程政策情境化过程的主要维度

资料来源：Hong M. I. *New Direction in Education Policy Implementation*：*Confronting Complexity*. State University of New York Press，2006，12.

一方面，课程政策的运作要经历从中央到地方、学校乃至课堂等不同政策空间的变迁，从而实现政策实践的情境化改造与再建构；另一方面，不同政策参与主体发展的关于课程政策的情境化认知与理解，也促使课程政策在运作过程中不断地发生变化。接下来，我们就从课程政策过程中实践空间的变迁和政策参与主体的认知变迁这两个维度对课程政策过程的情境化过程进行解析，了解课程政策过程是如何在实践中不断生成与演化的。

（一）课程政策实践的情境化：空间变迁中课程政策的再建构

1. 空间变迁带来政策的变更性

传统的观点认为，课程政策一经制定便确立下来，便与课程政策的实施进行严格区分，前者旨在确立政策的文本或达成政策共识，后者则是对政策文本的精确执行和达成预期的目标。然而，现实的情况是，实践中的课程政策并不是一成不变的，课程政策的实践空间是不断变迁的，在具体的政策情境中，对政策文本的理解、对政策所要解决的问题的聚焦，以及政策实施资源和条件的供给、政策的评价和监督等活动都要具体地反映政策空间的现实和需求。（见图 6-2）

教育部及其下属部门和下设专门机构

省级教育行政机关及其相关机构

市县区级教育行政机关及其相关机构

其他相关部门：各级政府教育系统以外的其他部门和系统

体制政策层面：政策设计者、决策者和管理者

中央

地方

学校

课堂

其他相关组织和人员：教材编写者、出版机构、各类研究机构及其成员

学校校长

中层管理者

学校组织层面：学校管理者、教师等

其他相关组织和人员：公众、家长、社区成员、公共组织等

学科组组长、领袖教师、教师群体

教师、学生

课堂科目层面：学科教师、学生等

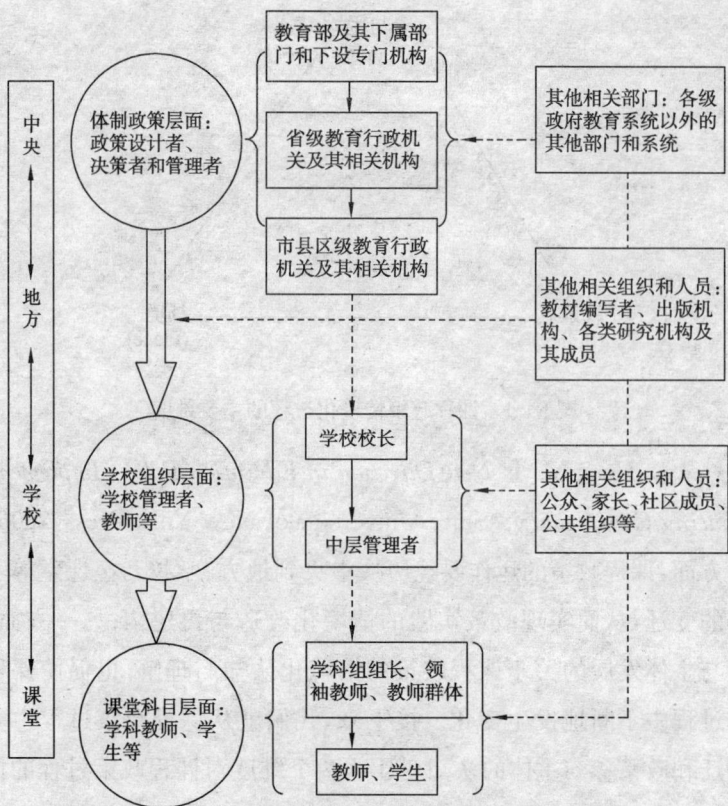

图6—2 空间变迁：中国课程政策实践的情境化

以往我们将政策实践的重点放在体制政策的层面,关注的是中央和地方的教育行政机构、政策制定者或管理者通过行政手段对政策进行落实。这个过程更多地强调文本的政策如何强制性地转化为政策行动,简单地假定政策实践在任何空间和时间中都是同一的。但是,随着课程政策在中央、地方、学校乃至课堂中的推进,我们发现,课程政策实践所依托的具体情境是千差万别的,不同地区、组织或课堂所面临的问题、所拥有的资源与条件、所依托的组织结构与文化、所具备的政策管理与行动能力是不同的。一方面,不同情境中的课程政策参与主体要主动地适应政策要求,具体地规划和安排本地区的课程政策的运作;另一方面,课程政策也反过来要适应各地区的实际情况,"结合具体情境做出整合和建构"[1],进行适应性的调整。因此,

---

[1] 〔英〕斯蒂芬·J.鲍尔:《教育改革——批判和后结构主义的视角》,侯定凯译,华东师范大学出版社 2002 年版,第 34 页。

从这个意义上而言,完全忠实于政策原型的课程政策实践是不存在的,课程政策实践的过程是课程政策运作的具体情境与政策方案之间的互动过程,是一个创造性和建设性的活动。

2. 空间变迁带来政策的具体化

特定的课程政策总是期望对课程实践产生影响,并最终带来学校课程或课堂教学中的相应变化。随着课程政策进入到越来越微观的学校和课堂的层面,政策实践就不再能够通过统一的控制和设计来实现了。正如达林·哈蒙(Linda Darling－Hammond)所说的,"实际在学校和课堂中运行的政策更多地同其所依托的具体情境中所运作的知识、信念、资源、组织、氛围和动机相互关联,而不是同文本政策所最初表现的政策制定者的意图相关"①。因此,要解决实际的课程问题,对实践产生具体的影响,政策实践必然要经历政策的具体化和本地化改造。

克莱因(M. Frances Klein)在古德莱德(John I. Goodlad)等人的研究基础上,曾经提出了课程决策的二维框架。这个框架按照课程决策同学生的亲疏关系区分了七个不同层面的课程决策水平,并依据课程要素提出了九个方面的课程决策的对象(见表6－1)。

表6－1　课程决策的框架

		课程决策的对象								
		课程 目标	课程 内容	课程 资源	课程 活动	教学 策略	课程 评价	课程 分组	时间 安排	空间 设置
课程 决策 不同 层面	学术(academic)									
	社会(societal)									
	正式(formal)									
	组织(institutional)									
	教学(instructional)									
	操作(operational)									
	体验(experiential)									

---

① Darling－Hammond L. *Policy and Change：Getting Beyond Bureaucracy*, in Hargreaves A. eds. *Extending Educational Change. Netherlands：Springer*,2005,366.

资料来源：Klein M. F. ed. *The Politics of Curriculum Decision Making：Issues in Centralizing the Curriculum.* Albany：State University of New York Press，1991，25—31.

在这七个层次中，学术层面、社会层面和正式层面的课程决策就是我们通常所说的体制政策层面的课程政策，是由专家学者、社会组织和国家行政机关提出的正式的课程政策，决定了一个国家或地区相对统一的课程行动的规范与准则。组织层面的课程决策就是学校管理者和教师群体关于学校课程的各个方面的决定。而最后三个层次的课程决策则关系到具体的课堂教学层面。教学层面的课程决策就是学科教师关于课程设计和实施方面的决定；操作层面的课程决策指的是在实际的课程运作中，基于师生互动所生成的实际的课程决策，是基于现场的、在具体的教学过程中形成的；体验层次的课程决策是由学生所决定的，是学生依据自己的判断决定他们在多大程度上参与、投入并影响课程，并最终改变课堂教学的形态与效果。

应该说，七个层次的课程决策向我们展示了课程政策不同的实践空间，随着课程政策进入实质性的领域，课程政策实践也经历着从宏观到微观、从抽象到具体的演化过程，课程决策变得越来越具体、直观甚至是私人化。正是在这个意义上，课程政策的过程是开放的和动态的，实践中的课程政策不再是文本政策的翻版，而是在具体时空中对课程现实与课程关系进行创造性反思与改造的产物。当然，课程政策在实践情境中的变更与具体化，并不是没有边界的，也并不意味着政策实践就势必要取消文本政策所预设的政策目标或意图。课程政策在实践中的变更与具体化，一定是在可接受的政策预期范畴之内，依据需要对政策文本进行的创造性的改造和因地制宜的调整，其根本目的仍在于更好地引导政策行动以达成政策目标。

（二）课程政策认知的情境化："因人而异"的课程政策建构

任何课程政策的运作都涉及认知的问题，"认知从其内在本质而言，是一项社会实践性的活动，是受不同群体及其所处情境的相互影响而被概念化的"①。换句话说，完全统一的政策认知是不现实也不存在的，由于政策参与主体及其所处环境的不同，具体的政策认知也成为情境化的产物。这些

---

① Hong M. I. *New Direction in Education Policy Implementation：Confronting Complexity.* State University of New York Press，2006，63.

因"人"而异的政策认知不仅决定了不同政策主体对政策理解的程度与水平，也直接影响着政策主体的政策行动，并重构课程政策在实践中的内涵与形态。

1. 个体化的政策认知对课程政策的情境化建构

传统的认知研究一直注重认知活动的个体，认为认知活动依赖于认知主体，强调认知是一种基于个体知识与经验的高度个人化的意义建构的活动。从这个角度来解释课程政策认知的情境化，可以发现一些令人信服的证据。

众所周知，不同政策主体对于课程政策的认知首先是建立在其先前的知识和经验基础之上的。"新的知识和信息往往根据个体所具备的先前知识进行的解释和加工"[1]，个体的先前知识与经验不仅"反映了其看待世界以及建构意义的方法"[2]，也为个体提供了处理、组织和解释特定事物的特定方式。这种特定的认知方式皮亚杰(Jean Piaget)称之为"图式"(Schema)，是个体用来发展认识的既定的认知结构，通过同化与顺应两种机制（将新的知识整合到既定知识框架之中和改变现有的知识框架）来发展新的认识。海德格尔(Martin Heidegger)称之为"前结构"(Pre-structure)，也就是个体理解在开始之前，心理上已经具备的认知定式，受其先前的认识、文化、经验和习惯的影响。也就是说，不管是政策研发者、专家学者、教育行政人员、教师群体、一般公众，还是其他社会人员，他们在对课程政策所提出的理念、标准、技能和规范进行理解与解读之前，已经发展了特定的有关课程、教学和政策的先前观念或相关经验。无论这种先前观念或先前经验自身存在何种局限或偏颇，政策参与主体对课程政策的认知都会竭力把新的刺激同个体原有的知识框架和经验相整合，寻找其中相似和雷同点，体现出各自的文化偏好、思维方式、行为习惯和认识水平。

依照上述的分析，我们说课程政策的认知过程是一个情境化的过程，反映了个体在认识基础和水平上的根本差异。个体运用其先前知识和经验同政策环境相互作用对政策进行的建构，必然会因为认知主体的差别而在实

---

① Hong M. I. *New Direction in Education Policy Implementation: Confronting Complexity*. State University of New York Press, 2006, 49.

② 陈向明：《质的研究方法与社会科学研究》，教育科学出版社 2000 年版，第 392 页。

践中构建出迥然相异的政策理解，是因"人"而异的。同时，基于个体先前知识和经验系统的不完备，个体化的政策认知也不可能是完全客观的或一致的，往往会存在局限甚至偏见，这也解释了为什么在理论和实践领域会出现对课程政策的误读或曲解。

2. 社会化的政策认知同课程政策的情境化建构

毋庸置疑，作为一种个体化的知识建构活动，个体的先前知识与经验固然对于政策认知的实践发展具有重要意义，但是认知也并非一个纯粹的私人化的活动。社会认知（social cognition）的观点认为，认知更多地受到个体所处的社会情境、组织环境和人际互动等综合性的社会因素的交互干预，是一种社会化的建构活动。

一方面，不同的政策参与主体对课程政策的认知是在特定的政策环境、制度条件、工作传统与文化氛围的基础上发展起来的。不同地域或组织的教育现实不同，推进和落实课程政策所能提供的资源、条件和工作机制也各不相同，这些不同的社会基础会促使人们产生对政策的不同预期、态度和信念，从而影响其政策认知的程度与水平。另一方面，不同的政策参与主体如专家、行政官员、教师等，往往从属于特定的组织或"专业共同体"，个体的政策认知与实践很大程度上会从属于特定组织的认识偏好。再一方面，作为一种社会建构活动，个体的政策认知还同时受到社会人际互动的影响，各种发生在组织内部或外部的正式或非正式的社会交往，如团队会议与研讨、专业培训活动、办公室或午休的闲谈，以及私下的交流等，都会对政策在实践中的建构产生积极或消极的干扰。

因此，课程政策在实践中的情境化建构，需要"超越信息和个体的简单性，认识到学习、知识、社团、组织与制度的复杂性"[1]。从这个层面上来看，政策认知是一种社会化的活动，不仅受"个体所处组织的结构、工作机制、专业团队、社会网络和传统的限制，并在一定社会条件下反映了特定社群的共同行动或信念"[2]。个体基于其所处的政策认知的社会基础的差异，而发展出差异性的政策认知，改变着政策在实践中的形态，在这个意义上，政策的

---

① 〔加拿大〕迈克尔·富兰：《变革的力量——深度变革》，中央教育科学研究所、加拿大多伦国际学院译，科学教育出版社 2004 年版，第 63—64 页。

② Hong M. I. *New Direction in Education Policy Implementation：Confronting Complexit*. State University of New York Press，2006，57.

实践建构是因"人"而异的。

3. 分布式的政策认知同课程政策的情境化建构

无论是个体化的认知观关注认知活动中个体间先见结构的差异，还是社会化的认知观强调认知所依托的社会与组织情境的影响，都无法独立地用来说明认知活动的内在机制。因此，在 20 世纪 80 年代中期，认知心理学领域提出了分布式认知（distributed cognition）的概念，作为理解所有领域认知现象的一种新框架。

分布式认知认为认知分布在由多个个体（actors）、认知工具（媒介）（artifacts）和认知情境（环境）（situation）所构成的复杂的互动网络之中，这个网络或者系统包括了所有参与认知的事物，认知就具体地分布于个体内、个体间、媒介、环境、文化、社会和时间之中。① 因此，认知活动是个体通过一定的物理环境和社会文化媒介通过同他人的合作与互动，在综合要素共同努力下而产生的结果。按照分布式认知的观点，认知活动的分析单元并不是个体、情境或其他任何一种单一的认知活动要素，而是构成认知活动的互动系统或参与认知加工的各要素之间的功能性关系。也就是说，分布式认知关心的是各种要素之间如何相互依赖，以及认知如何在主体、媒介及环境之间分布，并在互动中实现认知的产生与发展。

用分布式认知的分析框架来分析课程政策在实践中的建构，就不会分离地或单向地去探讨个体知识和经验或组织（社会）情境对政策演化的影响，因为认知并不是单因素或多因素累加作用的结果，而是在复杂系统中各要素互动的活动，所关注的是整个认知系统各要素之间的关系和整个系统的活动，即政策实践情境、工具和政策实践的不同主体之间的相互塑造。比如，在具体的课堂教学中，教师有关课程政策理解的变化，不仅会涉及教师个体的倾向与经验，还会关系到教师个体与同伴教师、指导教师或专家的对话与交往，同时也会与学校课程资源、教学规范、人员配置或其他学校既定的结构或安排产生相互影响。此外，在教学中不同程度或水平上对政策工具或媒介的使用（如新的教学组织方式或评价工具）也会很大程度上调整个体的政策认知。不仅如此，在具体教学活动中，学生对教学活动的参与程度

———————————

① 周国梅、傅小兰：《分布式认知——一种新的认知观点》，载《心理科学进展》2002 年第 2 期。

或反馈情况也会即时地塑造着教师的行为并影响相应的政策认知,等等。由此可见,政策认知的要素并不是独立发挥作用的,它们之间相互交互而不断地改变并重新塑造具体的政策情境,为政策认知的变迁与政策行动的发展提供基础。也就是说,实践中的政策认知是个体与他者、与媒介、与情境互动的过程,它们之间不是彼此限制或单向的影响,而是相互作用、互为因果。"任何地方发生的任何变化自身最终要受到变化结果的影响而发生改变"①,在实践中相互塑造,互为变化的条件。

因此,分布式认知的视角并不是取消了个体化认知或社会化认知的意义,而是进一步发展了有关政策在实践中生成与演化机制的认识,即政策认知的情境化建构并不是个体或组织社会环境单向发生作用的结果,而是随着政策实践中的各种因素的交互作用而不断实现重组。从这个意义上而言,不仅不同政策参与主体对政策意义的建构因"人"而异,即便是同一主体,在实际的政策运作中,他们有关政策的解读与认识也会随着认知要素的变迁而发生变化。

二、课程政策过程:一个赋权增能的过程

我们说,课程政策并不是单纯意义上公开的文本陈述和行动准则,也并不只是课程计划、课程标准、课程教材等具体课程文件的变化,这些仅仅是课程政策的外显形态。从课程政策本体形态来看,课程政策主要是有关课程的一系列的决策,而课程的决策则主要是"与权力的运用和分配有关的"②。因此,课程政策从本质上而言是有关课程决定的权力与利益关系的体现或协调的产物。这就意味着,课程政策的运作过程,实质上是不同政策主体运用和控制课程决策权力的过程,是在不同的政策主体之间进行"课程权力的分配、再分配或重新分配的过程"③。换句话说,课程政策过程的运作并不仅仅是课程组织结构或技术手段的变革,课程政策过程的运作更是一个对现有课程体系内部的权力关系和结构属性进行重新塑造,从根本上改变政策参与主体之间的身份和关系结构的过程。一般而言,课程体系内部

---

① 周国梅、傅小兰:《分布式认知——一种新的认知观点》,载《心理科学进展》2002年第2期。

②③ 伍建全、王桂林:《课程政策取向的本质和特点》,载《教育探索》2006年第4期。

的权力和利益的重新分配以及新的身份关系的构建，必然涉及能力建设的问题，直接关系到权力分配后不同政策参与主体是否能够适应并承担新的权力角色的问题。在我国新课程改革政策运作的过程中，课程权力的重新分配和课程能力的建设这两方面都得到了充分的体现。因此，在这一部分，我们就从赋权和增能两个维度来探讨课程政策过程的内在意义。

（一）课程政策过程中的赋权

在我国，长期以来，集中统一的课程决策体制，决定了统一的大纲、统一的教材和统一的课程的局面，地方、学校和教师作为政治制度的附属物，只是国家课程忠实的执行者或服从者，并没有课程自治的传统。但是，随着政治民主化进程的推进，这种"大一统"的相对集权的课程管理制度，已经越来越不能满足课程发展的现实，也无法适应地方和学校的需要，开始暴露出越来越多的弊端。因此，在基础教育新课程改革的政策实践中，提出要实现在国家、地方和学校之间的课程权力分享，"让各级组织及课程相关人员享有一定的课程权力，尤其是下级组织（地方、学校）"，通过赋予不同层面政策参与主体以相应的课程权力，更好地调动不同政策参与主体"进行课程改革的主动性和积极性"。① 从整个课程政策运作的过程来看，赋权不仅面向教育领域的专业人士，还指向了地方各级教育行政机关，以及学校层面的一线管理者、教师乃至学生。

首先，是课程政策运作中指向教育领域专业人士的赋权。综观我国课程政策的过程，无论在课程政策的概念化、审议，还是在课程政策的实施与评价活动中，专业人士在课程政策的运作过程中扮演了积极的领导性的角色，成为除了行政权威以外至关重要的课程决定力量，被赋予了重要的课程权力。他们不仅参与到中央层面的课程决策，也参与到地方各级教育行政机构的课程决策，甚至也进入到具体的学校和课堂，协助教研人员和教师共同进行同课程与教学相关的决策。一方面，专业人士的课程权力，是依靠外在行政力量的支持而获得的，他们依托特定的组织或机构直接参与课程决策和课程政策运作的全过程，这种课程权力是显性的；另一方面，专业人士的课程权力，还有一部分则是依靠其专业技能、职业地位和社会传统而获得的。由于我国向来有尊重权威的社会传统，因此专业人士很容易由于因为

225

① 胡东芳：《课程政策：问题与思路》，载《教育理论与实践》2002 年第 6 期。

他们的专业影响力而获得外部的信任和依赖，在参与并引领课程改革的政策过程中感受到强烈的领导意识、自我价值和效能感，这就形成了专业人士隐性的课程权力。

其次，是课程政策运作中面向地方和学校各级教育行政机关及其管理人员的赋权。三级课程管理体制倡导权力下放、分级管理，也就是让地方和学校获得课程管理的自主权，希望通过国家、地区和学校共同建设课程，使得课程体系更加具有开放性和适应性，满足不同地方和学校的需求。应该说，面向地方和学校的赋权并不仅仅是简单地增加一些地方和学校职权的问题，而是涉及地方和学校管理结构和功能的调整。一方面，三级的课程管理结构使得地方和学校获得了更多的课程权力，比如课程开发、课程教材的编写和审定、课程质量的全面监控、考试评价制度的改革等；与此同时，也意味着地方和学校在课程资源配置、课程实施、绩效监控、课程革新等方面负有更多的责任。也就是说，地方和学校各级教育行政管理部门不再只是被动地进行政策执行的最后环节，而要成为具有自主管理和自主创新能力的推动政策发展的重要链条，在政策运作中实际地管理和决定本区域的课程事宜。另一方面，对地方和学校的赋权还意味着促成课程管理职能的转变，中央、地方和学校各级课程管理职能部门之间不是层级式的服从与控制的行政管理关系，而应该是提供"服务"和"引导"的层级相连的职能体。

再次，课程政策运作中至关重要的是对学校教师的赋权。在我国，教师从来都不是以一个权力行使者的身份出现的，特别是在长期的课程与教学相分离的二元论的干预下，"教师所关心的是如何将既定的课程材料忠实地传递给学生"[1]，他们的课程意识和课程权力在服从式的行政管理和控制型的权力关系中逐渐地被消解殆尽。然而，众所周知，课程的专业权力乃是教师职业的天然权力。教师在其专业领域内依据其专业智慧执行专业任务，以维持其专业品质不受非专业的外界干预的状态，是教师职业不可侵犯和剥夺的根本权力。因此，新课程政策提出教师的课程权力，对于教师专业身份的解放和权力的自觉具有重要的意义。新课程改革的政策对教师的赋权主要体现为两个方面。一是教师自主决定和安排课堂教学的权力，具体包

[1] 杨全明：《革新的课程实践者——教师参与课程变革研究》，上海科技教育出版社2003年，第113页。

括教师对新课程标准进行创造性解读和重新建构的权力,教师对课程内容进行自主安排的权力,教师对课程资源进行合理选择、开发和整合运用的权力、教师进行个性化的课程教学设计的权力,以及教师自主开发和使用校本课程的权力等,表现为教师有权对课堂教学实施有效的控制并产生影响。二是教师参与学校管理和决策的权力,具体包括教师参与校本教研的权力、教师参与学校管理与决策的权力等,表现为教师能够广泛地参与学校事务,成为学校管理与决策的重要主体,凸显教师在学校中的专业地位。总而言之,新课程政策对教师的赋权,意在使教师"在课程改革中感受到强烈的领导权,体会到自己的力量,使教师在学校中扮演更加积极的角色"[①]。应该说,外在的教师赋权固然重要,但是教师在工作中表现出来的自主的态度与信心,以及"在工作中感受到自己的效力"所获得的内在权力,[②]才是教师赋权中更为重要的。教师群体通过赋权不断寻找曾经丢失的专业自信、专业抱负和专业自觉意识,对于全面提升我国教师队伍的专业能量,将课程改革推向新的高地具有关键性的意义。

此外,值得一提的是,新课程政策的运作还强调了对学生的赋权。对学生的赋权主要表现为两个方面,一是重塑师生关系,确立了学生在课程学习活动中的主体地位。传统的课程教学中教师是绝对权威,学生处于从属地位,是课程教学的对象性存在。新课程政策提出了"平等中的首席"的概念,指出"教师不是传统的向学生传授知识的权威角色,而是学生的辅导者、学习环境的设计者、意义建构的合作者和促进者",[③]试图通过构建平等、和谐、民主的师生关系,彰显学生在学习活动中的主体地位。而学生的这种主体地位,却是他们在长期的学习活动中被剥夺了的身份。二是赋予学生自主参与和建构课程学习活动的权力。传统的课程教学以教师、教材和课堂为中心,强调学科知识的传授,学习活动是被限制和预先安排的,学生只能是被动的知识接受者。但是,新课程改革的学习过程则强调学生"学"的中心,强调学生在学习过程中的自主参与、合作探究、体验与发现,这就使得学习

---

①② 卢乃桂:《课程改革、水平与教师:中国大陆及香港地区的经验》,载《中国教育:研究与评论》第4辑。

③〔美〕约翰·D.布兰思富特编著:《人是如何学习的——大脑、心理、经验及学校》,程可拉等译,华东师范大学出版社2002年版,第268—270页。

活动成为一个生成性的过程,学生因此获得了与教师和同伴一起开发课程、参与课程和建构课程的权力。可以说,新课程改革从学生发展和学生学习的角度关照课程与教学的改革,本身就是对"成人"式的改革霸权的一种挑战,是关注课程体系中的"失语者"和"失权者"的一种尝试,旨在重新焕发学校教育服务于儿童成长与发展的本体价值。

应该说,课程政策过程中的赋权行为,不仅仅是简单的权力下放,不是国家少管一些,地方和学校多管一些的问题。赋权的目的,一方面,在于从根本上改变政策参与主体间的关系结构,重新确立政策参与主体的身份,发掘政策参与主体的权力意识,体会并意识到自身所应具备的天然的课程权力。另一方面,则在于通过权力的再分配,确立更为平等与民主的权力关系,提升政策过程的开放性和科学性,加强不同政策参与主体之间的理解和对话。特别在我国,"专业和官僚已经控制教育系统一百多年了,家长和外行已经接受了专家的权威,学校工作人员已经习惯接受上级安排好的一切"①。在这样的背景下,不同政策参与主体的课程自治权力被潜在地剥夺了。人们所习以为常的现实的课程权力关系,并不是一种合理的或是理所应当的权力关系,而恰恰是长久以来剥夺并消解政策参与主体所应拥有的自治权力的结果。因此,在这个意义上,我们更应该将政策过程中的赋权看作是一种重新唤起并归还课程工作者专业权力的过程,而不是简单地将赋权过程看作是一个新课程提出要求的过程。

(二) 课程政策过程中的增能

一般而言,权力的背后总是伴随着相应工作职责,这就必然和能力建设紧密相联。"任何改革都会威胁到人们有关自身能力的认知,让人们感觉到自己不够高效或者不够有价值","特别是当人们相应的技能已经成为一种常规的时候,变化就更加让人们感觉到自身的不足和不安全"②。但是,问题在于,如果仅仅让新的课程要素去适应旧有的能力,而不去发展新的课程能力,那么就很可能在课程政策的实际运作中用新瓶装旧酒,导致政策运作中的形式主义。因此,赋权的同时也意味着能力的更新。

① 张娜:《教育分权的限度分析》,载《教育发展研究》2005 年第 6 期。

② Evans R. *The Human Side of School Change*. San Francisco: Jossey-Bass,1996, 32—34.

我们这里所说的增能是多维的，并不是单纯的技术能力的增长或是"一次性"的能力迁越。能力的自新应该包括技术能力、文化能力、心理情意能力等各个方面能力的建构和发展，是一种可持续的和累积性的能力增进的过程。

首先，就是课程政策参与主体的技术能力的增长。所谓技术能力，就是政策参与主体的课程政策认知和行为的能力，是面对新任务、新问题时的问题解决的能力。我们说，不同的政策参与主体，所要发展的技术能力是各不相同的，依照他们的先前知识、经验和学习习惯，具体的学习方式和能力发展的途径也是不同的。比如，教师群体的技术能力的更新，就应该从传统的学科知识与操作技能的单一训练走向复合型的认知与行为水平的提升，包括教师的科学文化素养、教育学知识、学科素养、教学实践技能等方面的综合，这种复合式的发展能促使教师的专业身份更具有不可替代性。专家学者的技术能力的更新则可以包括理论建构的能力、实践改造的能力、实践性语言运用的能力等。各级教育行政管理者则需要增强课程开发、课程实践指导、课程质量监控、课程综合服务的能力。总之，在新课程政策运作的过程中，每一个人都是学习者，能力发展应该成为每一个政策参与主体的共同任务。

其次，就是课程政策参与主体的文化能力的增长。所谓文化能力其实就是政策参与主体对于自身角色的识别和定位的能力。在课程政策运作的过程中，不同的政策参与主体往往扮演着多重的角色。比如，教师不仅仅是国家课程的履行者，也同时是校本课程的开发者和学校公共事务的参与者；课程政策的研发者或决策者不仅仅只是政策过程的管理者，也同时是政策实施过程的专业支持者和服务者。但是，更多的时候，政策参与主体更容易强化他们某一种特定的身份或角色，而忽略了角色的多重性与复杂性。我们说，刻意地强化某一种角色身份而忽略或遗忘其他的社会角色，会造成课程政策实践中人为的责任空缺，不仅会给课程政策的运作带来困难，更会造成课程政策运作过程中的假性赋权。所以，课程政策参与主体对于自身角色的识别与定位是一种重要的文化能力或社会责任，只有在明晰了自身的社会角色的前提下，才能够有强烈的责任伦理的产生，来履行自己的角色职责，这是课程政策运作过程中不同政策参与主体亟待加强的能力。

再次，就是课程政策参与主体的心理情意能力的增长。课程政策的变革往往涉及对人们既存的知识和经验的根本性变革，它对日常课程实践的理念、行为习惯和思维定式提出挑战，"要求人们接受要失去某些东西的现实，体验一种不确定感"，必然"会刺激人们的抵触情绪"。① 课程政策的参与主体很容易在面临困难或低谷的时候，选择放弃、逃避、抵制、失去信念或畏惧退缩，这是非常自然的反应，但也同样是政策运作中的危险信号。从这个意义上而言，要想促成政策参与主体对政策过程深刻而持久的支持，就必须超越经验主义和实用主义层次的政策参与，通过从根本上认同政策观念背后所隐含的信条、理论假设和价值观，真正转变政策参与主体的认知、行为、信念、态度与价值观。通过心理情意上的成熟与发展，来面对课程政策运作过程中的各种问题、困难与矛盾。很多时候，直面困难、容忍问题、从矛盾中发现生机，也是政策参与主体参与课程政策过程的一种重要能力。

课程政策运作中的赋权与增能，一方面，受到了市场机制下高效管理的价值观的影响，"更加强调基于现场的管理"②、强调地方和学校的自主权限、重视政策运作过程的流程性规范、重视人员队伍的专业化发展、强调管理能力的提升等，集中地反映了市场机制中自由竞争和资源优化配置的理念，反映了对质量和效能的追求。另一方面，课程政策运作中的赋权和增能，也实际地体现了教育工作者的发展性诉求，在唤起不同政策参与主体的政策参与意识和权力意识的同时，促成政策参与主体的综合能力的提升，从而获得对政策过程的拥有感和主体意识，有效地推进课程政策的实践。

三、课程政策过程：一个话语斗争的过程

"失败的改革者的尸体在历史的墓地中随处可见，他们的失败并不仅仅因为改革过程中存在重重的反对力量，更多的问题来源于他们对权力及其影响的过于简单和错误的认识。"③从这个意义上而言，课程改革的政策过程从来都"不可能是政治中立"的，并不像人们所描绘的那样，"仅仅是一个技

---

① 〔加拿大〕迈克尔·富兰：《变革的力量——深度变革》，中央教育科学研究所、加拿大多伦国际学院译，教育科学出版社 2004 年版，第 46 页。

② 〔英〕斯蒂芬·J. 鲍尔：《教育改革——批判和后结构主义的视角》，侯定凯译，华东师范大学出版社 2002 年版，第 8 页。

③ Bowe R. , S. J. Ball & Gold A. *Reforming Education and Changing Schools*. London，NewYork：Routledge，1992，140.

术改造或是寻求共识的过程"。① 作为一个权力和利益的重新分配的过程，课程改革的政策过程必然会改变固有个体和群体间的关系结构；加之一定时期的改革政策往往会"追求或保护某种特定利益"②，这就使得不同个体或群体之间的冲突和斗争成为一种必然。那么，各种不同力量之间的相互冲突和彼此制约主要通过什么方式来表达呢？我们说，话语可以被看作是不同个体或群体参与社会交往的主要媒介，政治精英的偏好、行政力量的主导、利益团体的控制、强势的专业话语、制度化力量的影响和社会舆论的干扰等，主要通过隐含在不同个体或群体背后的话语交锋来实现，服从、妥协或相互对抗，借以表达说话者的不同的立场、价值观和世界观。"话语"的概念来源于米歇尔·福柯(Michel Foucault)有关权力和知识之间关系的论述。在福柯那里，"所有社会现象都是依照一定的符号和规则建立起来的符号构建物"，"人们言谈时的话语、观点和立场"，往往反映了其背后的制度性基础和预先设定的权力关系。③ 因此，在这个意义上，话语是权力的一种具体的表现形式。在福柯看来，"知识在社会中要受到各种权力关系的控制，什么被允许，什么被禁止，源于社会中的权威、规则、等级和学科系统，一种文化必然产生出一种人们认识事物的方式，并导致相应的话语被生产出来"④。因此，"话语是与能说出来的、想出来的东西有关，也是与谁能说、什么时候说、在哪里说以及权威性的依据是什么有关"⑤。正是在这个意义上，我们说话语包含了含义、社会关系、主观意义、权力关系，并建构了思维活动的某些潜在价值。因此，要了解课程政策运作过程中不同个体或群体间的权力关系与利益冲突，只有弄清楚了谁在说话，说了什么，说的依据和原因是什么，我们才能够尝试去理解各种冲突和斗争背后所负载的复杂的情感体验、心理交锋和潜在价值。因此，在这里，我们将课程改革的政策过程理解为一个话语斗争的过程，通过解读不同形态的话语关系，以此加深对课程政策过程

---

① Bowe R. , S. J. Ball & Gold A. *Reforming Education and Changing Schools*. London，NewYork：Routledge，1992，141.

② 刘复兴：《教育政策活动中的价值问题》，载《北京师范大学学报》（人文社科版）2002 年第 3 期。

③④ 杨春芳：《福柯话语理论的文化解读》，载《安康师专学报》2005 年第 8 期。

⑤〔英〕斯蒂芬·鲍尔：《政治与教育政策制定：政策社会学探索》，王玉秋、孙益译，华东师范大学出版社 2003 年版，第 15 页。

本质的认识。

萨巴蒂尔（Paul A. Sabatier）曾在《政策过程理论》中指出，"支持者们会聚焦一组图景，而他们的反对者则聚焦一组不同的图景"①。课程改革的政策过程实质上就是不同的政策图景相互交锋的过程，斗争的结果决定了哪些观点、立场和态度能够被人们关注，影响甚至主导主流的政策话语。而不同政策图景之间的交锋，"决不是简单的权力不对称的结果"，也就是说，课程政策的实践是在"主流力量、抵制力量和混沌力量的相互交锋中诞生的"。② 一方面，各种力量（支持、反对和中间力量）的强弱反映了现有的权力关系和利益格局；另一方面，各种力量的彼此消长也会不断影响新的权力关系和利益格局的形成，引导课程改革政策运作的实际方向。从这个意义上而言，话语斗争和交锋渗透于政策过程的始终，并转化着权力关系的强弱格局。因此，我们需要对课程政策运作中的各种力量关系进行敏锐的察觉，以保障课程改革政策获得持续而健康的发展。

（一）行政话语与专业话语的牵扯

在我国课程政策的运作中，行政话语（以政府行政机关为主导的行政权力）的独树一帜是毋庸置疑的。政府主导和行政推动所带来的天然的权力，使得行政话语对于公共话语（以一般公众为代表公共意见的权力集合）和专业话语（以理论和实践领域的专业力量为代表的权力集合）具有重要的影响力。行政话语所强调的价值观、世界观、意识形态，形成了一种广泛的"集体潜意识"，厘定了我国教育领域政策问题的主要性质。正如唐纳德（James Donald）所说，"教育的重建暗含着政府如何通过'真理'和'知识'这类的教育产品去运用或强硬行使其权力"③，显示了行政主导话语在政策运作中的权力优先地位。而行政话语的这种强制力量，也正是迪尔凯姆（Emile Durkheim）所说的强制性的集体选择，④反映了社会主流价值选择的结果。

---

① 〔美〕保罗·A. 萨巴蒂尔：《政策过程理论》，彭宗超等译，生活·读书·新知三联书店 2004 年版，第 132 页。

②③ 〔英〕斯蒂芬·J. 鲍尔：《教育改革——批判和后结构主义的视角》，侯定凯译，华东师范大学出版社 2002 年版，第 20、14 页。

④ 迪尔凯姆指出，一种现象之所以能够成为普遍社会现象，主要是因为其具有强制性，从而成为集体性的现象。通过集体选择这种形式，运用集体选择的价值观影响每个个人，从而产生广泛的社会影响力。参见刘复兴：《教育政策的价值分析》，教育科学出版社 2003 年版，第 23—24 页。

然而,为了弥合行政话语独占性的弊端,在我国课程政策的运作过程中,出现了行政话语的主动让位,通过在政策运作的权力格局中引入专业话语的力量,以推进政策过程的民主性和科学性。应该说,正是在行政力量的推动下,专业话语的权力得到了扩张,具备了直接参与政策过程的机会,也间接促成了专业话语力量的成长。从这个意义上而言,两者实质上建构了一种合作共存的权力伙伴关系。

但是,在我国课程政策的运作过程中,行政话语与专业话语之间还存在着更微妙的关系,除了相互依附与合作以外,他们之间还存在着彼此的制约和斗争。一方面,在课程政策运作的实际推进中,专业话语关于政策持续运作的专业判断或需求,往往需要通过行政话语的确认来得到实现,这就使得专业话语从根本上依附并受限于行政话语,行政话语由于拥有体制内的绝对权威,可以用行政手段来决定支持、放弃或者背离专业话语的选择,而专业话语却并没有任何强制性的手段来迫使行政话语服从。从这个意义上而言,专业话语之于政策专业发展的需求和行政话语之于政策行政管理之间的内在矛盾,使得这两种权力话语之间存在着既需要相互扶持,又因为内在的制约与限制而相互冲突的关系。另一方面,专业话语(理论和实践的专业话语)在政策运作的过程中也不是完全无力的,特别在课程政策的实践过程中,在地方、学校和课堂的微观层面,专业力量也在服从和限制的同时,进行能动的对抗和选择,他们依据自身的专业立场或现实条件,对课程政策进行现实的改造,体现出专业自治的权力,也是挑战行政话语权力的具体表现。

（二）公共话语与专业话语的对峙

在我国,信赖权威和专业判断的传统,使得课程政策运作中的公共话语很多时候是同专业话语保持一致的。但是,由于受到特定"社会规范的制约",公众对于课程政策及其运作往往也会受到其"内在主观理念"和"外在客观条件"的影响,[1]产生与专业话语截然相左的判断,形成公共话语与专业话语之间的对峙。

在我国课程政策运作的过程中,公共话语和专业话语的对峙表现为公众对课程改革政策的批评与质疑。其中一个典型的案例,就是 2004 年 7 月《扬子晚报》题目为《南京高考之痛》的一篇报道所引发的轩然大波。这场全

---

① 邓旭:《制度规约下的我国教育政策执行》,载《教育理论与实践》2008 年第 1 期。

民性的教育大讨论，发生在课程改革政策全面推进之前，在媒体的推波助澜下，家长和社会对学校系统的课程改革施加压力，把高考"失利"的矛头指向了素质教育以及新课程的实施，使得学校系统迫于公共压力而被迫"变节"①，同公共话语的权力进行妥协。在这场对峙中，公共话语的强势、对新课程改革的挑战以及对专业话语的压制，反映了社会中根深蒂固的应试教育的思维模式，在"考试与学校教育完全合流"②的现实中，家长和社会以升学求学生发展的选择显得既残酷又决绝，不断地将课程改革重新拉回到既有的社会现实和制度条件之下，进行现实的妥协。在这个过程中，公共话语作为非理智的习惯势力与文化制度的代言人，制约着专业话语中试图反叛与斗争的力量。而整个对峙过程中专业话语力量的妥协与被动，则体现出那些消解和戕害我国教育生命力和竞争力的陈旧的观念形态、内化了的社会期望、破坏性的习惯性思维和行为方式的强大与弥漫，它们不仅"深深植根于千百年形成的民族文化传统的土壤之中"③，还继续弥漫于当下的社会系统和学校体系之中，使得专业话语的革新变得举步维艰。应该说，公共话语通过形成舆论压力来参与课程政策过程的实际运作，体现了一种公共权力的诉求，是公众力量试图在社会事务中产生影响的内在需要，向我们提出了"由谁来管理学校的问题"④。这种行动本身是值得肯定的，很大程度上体现了公众民主参与社会事务的意识觉醒。但是，公共力量作为课程政策运作中重要的社会与制度基础，除了要具备参与社会事务的意识以外，更应该从其所赋有的社会责任出发，反思并提升其社会参与的实质性能力，通过理

---

① 这里的"变节"指的是南京市教育局迫于社会舆论重新做出了针对高中学生进行星期六补课的决定，对外叫做加强星期六辅导，增加高考应试的准备，作为对家长和社会公众关于南京高中生高考录取率低，学生学业负担和强度不如农村学校紧张，造成高考考试成绩低下的回应。这反映了公共舆论对教育实践领域产生的迅速和强有力的破坏力，使得教育行政领域不得不做出有违素质教育理念的决定，以安抚公众对于高考成绩不理想所带来的不满。参见廖金英、谢太平：《对非理性舆论根源和舆论引导原则的思考——以南京高考舆论为例》，载《新闻界》2005 年第 1 期。

② 张行涛：《必要的乌托邦——考选世界的社会学研究》，北京师范大学出版社 2003 年版，第 227 页。

③ 傅维利、刘民：《文化变迁与教育发展》，四川教育出版社 1988 年版，第 227 页。

④〔美〕托马斯·R. 戴伊：《理解公共政策》，彭勃等译，华夏出版社 2004 年版，第 113 页。

性的决策和行动,发挥其在社会变革中的建构性作用。

（三）专业话语与专业话语的斗争

从课程政策运作的现实来看,专业话语的内部,也并不是一个绝对的统一体,由于专业力量内部是由不同专业成员及其所代表的专业立场所形成的,因此专业话语的内部也充满了不同观念与力量的交锋与妥协。特别是随着课程政策进入实践领域,更多现实的考验和具体的问题纷至沓来,进一步促成了专业话语的内部分裂和斗争。

首先,在对课程改革政策理念和内涵的理解与认同上,不同的专业力量存在着激烈的内部斗争,在义务教育中小学和普通高中课程改革中都存在着有关基本道路与政策认知的激烈论争(参见第五章第三节)。在具体的争论中,既有鲜明的改革政策的支持派,也有坚决的反对派对课程改革政策的否定与批判,同时也存在着中立与调和的观点。专业话语的这种内部斗争,体现了不同专业力量在维护自身专业权威性和价值理念的优势立场上的能动反应,也是争夺专业权力的具体表现,不同的专业力量都试图能够影响课程改革政策的主流价值选择,以防止被"边缘化"。

其次,在对课程政策具体内容与要素的设计上,不同的专业话语也产生了观点的交锋与妥协。比如课程纲要研发小组的成员对于综合课程、综合实践活动课程、改革的地方差异等一系列问题都存在争论;学科课程标准研发小组对学科课程的指导思想的确认、内容的选择和组织、新的课程要素设计等方面也存在诸多分歧。这些不同的意见或观点体现了课程政策研发过程中,学科专家、课程专家、教学专家等不同类型专业力量在基本立场和思维方式上的差别。从这个意义上而言,最终课程政策共识的达成并不是建立在完全一致的认识基础之上的,而是不同的意见如何在政策文本的不同方面寻找到合理的平衡点和共存的基础。

再次,在对课程政策实施效果的反馈与评价方面,不同的专业力量也存在着不同的态度。有对课程政策实施中的现实问题持积极或宽容态度的专业力量,也有对课程政策实施进行强硬反对的声音。以数学新课程标准的实施和修订为例,2005年两会以及十届人大三次会议期间,先后有北京大学姜伯驹院士和四川大学副校长刘应明召集了一批专家学者依照数学新课程标准在实践中所遭遇的问题进行组织提案,认为数学新课程存在严重的问题,存在方向性错误,要求修订或者停止现行的数学课程标准的实施。从表面上来看,提案是对数学新课程标准在实践中所出现的问题的批判与反思,但是,从实质上而言,提案其实是不同力量或专业观念努力争取主导话语权的表现,是数学家从其专业话语的视角出发强调科学数学的学科标准,而反对新课程标准所倡导的"大众数学"的数学观的过程。这个话语斗争的过程,实质上体现了不同专业力量关于教育要培养什么样的人、哪些知识是有价值的、应该如何组织课程与教学等基本的教育观、知识观和课程教学观方面的差异。可以看到,2007年教育部启动第二轮各科课程标准的修订,重组了课程标准修订小组的成员。课程标准修订小组成员的更换,从本质上而言,反映了一种专业话语斗争的结果,体现了专业话语中优势话语权力关系的变更。新的课程标准修订小组的成员代表着课程改革政策修订中新生的专业话语力量,通过课程标准修订来表达专业力量内在的价值取向和政策立场。

此外,在实际的课程政策的实施过程中,实践层面的专业力量对于课程政策的态度也并不是统一的,不仅在不同的地区,即便是同一学校的不同教师,其观点、态度与行动也是千差万别的。其中既有课程改革政策的积极的抵制者,以鼓吹应试教育或因循守旧为专业追求,也有对课程改革政策持警觉与观望态度的防御性的实践主体,也有那些对课程改革政策进行选择性执行的实用主义者,也同时存在着对课程改革政策进行积极支持与行动的改革者,以及那些机会主义分子——行应试教育之实而乔装成素质教育典型之流。这些不同的专业力量,根据其所持的专业观念和行动的差异,代表了不同的实践话语取向,在课程政策实践的过程中相互影响,并依靠其力量的强弱而占得一席之地。

应该说,在实际的课程政策的运作过程中,不仅仅只是行政话语与专业话语、公共话语与专业话语、专业话语与专业话语之间存在着斗争、对峙与矛盾。行政话语内部的权力斗争与更迭所带来的政策的变迁与转向,公共话语内部相互分裂,行政话语、专业话语与公共话语之间的相互制约和协同影响,以及各种中间力量的中和与建构,共同构建了课程政策过程中不同话语力量的权力格局。因此,我们不仅仅要看到课程政策过程中的一致性和协同的力量,更要认识到课程政策的过程还是一个复杂而现实的话语斗争的过程。有的时候,过分强调一致性并不见得是一种理性的态度,虚假的认同感或同一性往往容易隐藏不同个体或群体潜在的观念和利益的冲突,让我们忽略政策过程实质上的复杂性。因此，一种现实的对待课程政策过程的态度是，充分地意识到课程政策过程中非理性的权力斗争与权力关系变迁的现实存在，对课程政策过程运作中的差异性、复杂性和变更性进行深刻的体察，发展出在"预期的或非预期的千变万化中能够生存下去的能力"①。

为了更好地理解课程政策过程中不同的话语力量，我们还需要妥善地思考几个问题。第一，是谁在说话的问题。这个问题表明了谁具有表达话语的权力。在课程政策的运作中，并不是所有人的所有意见和观念都能被充分表达，即便被表达了也不一定能够获得足够的关注，想表达的和能被表达的并不是对等的。第二，是表达了什么的问题。话语的内涵体现了说话者的立场和价值偏好，决定了话语斗争的实质性内容。只有对话语背后的实质性内涵进行深入挖掘和探讨，才能帮助我们发现政策运作中种种冲突和问题的根源。第三，话语表达的时间和场所的选择往往具有特定的缘由或目的，也应该成为我们关注的话题。第四，话语表达的方式，或是服从特定的权力，或是对抗特定的权力，或是寻求新的利益关系格局，决定着话语对课程政策过程的现实导向。第五，要思考话语的依据，也就是为什么由特定主体在此时此地以这种特定方式来表达的问题，可以反映出话语斗争背后的权威性关系或是现实条件。总而言之，对这些问题的反思应该可以帮助我们了解课程政策过程中不同话语的内在意义、所蕴含的社会关系、权力或利益格局，甚至包括话语主体的主观价值、意念和情感上的特征，从而深化对课程政策过程的把握。

对课程政策过程的意义建构，其目的并不在于寻求有关课程政策过程的完整解读或是提供课程政策运作的完美处方，其根本作用还在于"通过分享洞察力，来更多地认识到自由选择的潜能"②，从而充分理解课程政策过程的现实复杂性和潜在可能性，为因地制宜地优化我国课程政策的实践提供认识基础。

---

①〔加拿大〕迈克尔·富兰：《变革的力量——透视教育改革》，中央教育科学研究所、加拿大多伦国际学院译，科学教育出版社 2004 年版，第 11 页。

②〔美〕保罗·A. 萨巴蒂尔：《政策过程理论》，彭宗超等译，生活·读书·新知三联书店 2004 年版，第 31 页。

第二节　课程政策过程的实践优化:可能的未来

"哲学家们只是以各种方式解释世界,而问题是要改造世界"。① 对我国课程政策过程的系统分析,正是希望把课程政策过程研究的一般经验同具体的情境和本土特质相整合,通过呈现对政策过程的多维解释来深化对整个过程运作本质的认识,以此提供政策过程实践的理论基础。从这个层面来看,通过理论的透析来提供优化政策实践的可能路径,正是研究的潜在价值所在。

一、从基础的政策研究到全面的理论建设

霍尔姆斯(Brain Holmes)和麦克莱恩(Martin Mclean)曾指出,"课程决策是一个专业化、封闭型和职业化较强的事物"②。一方面,课程政策要反映一国社会、政治、经济、文化的现实要求;另一方面,课程政策又要兼顾学科逻辑和人的发展的双重原则。从这个意义上而言,要确保课程政策过程的科学化与严谨性,必须加强课程政策过程的基础性研究。正如那格尔(Stuart S. Nagel)在强调教育政策基础性研究的重要性时所说的,"必须加强教育政策的基础性研究,如果我们不深化对政策过程的认识,提高和改进教育效果是无捷径可走的,仅仅对政策过程的认识程度不深这一点,就使我们远远缺乏那种可以对可能激发新政策出笼的一些变化做出英明预见的能力,缺乏那种能自信地对某个建议付诸实施将会有何种成果做出预料的能力,缺乏对政策过程进行及时调整修正的能力"③。

应该说,为了彰显课程政策过程的科学性,我国新课程改革的政策运作从一开始就特别强调理论研究与应用研究的重要性。通过课程教学的基础

---

① 〔英〕米切尔·黑尧:《现代国家的政策过程》,赵成根译,中国青年出版社 2004 年版,第 24 页。

② 吕立杰:《课程政策制定过程的特征与本质》,载《课程·教材·教法》2007 年第 8 期。

③ 〔美〕斯图亚特·S. 那格尔编著:《政策研究百科全书》,林明等译,科学技术文献出版社 1990 年版,第 458 页。

理论研究、国际比较研究、课程教学改革的经验研究、课程教学改革现状调研、学科研究、认知心理与学习心理研究以及社会需求分析等，"澄清基础教育课程和教学理论的发展趋势，探讨基础教育课程改革的基本理论问题，明确我国基础教育课程改革的基本理念"①，构建课程政策的完整体系。不仅如此，在课程政策实际运作的各个阶段，一些重要的决策与行动也有相应的理论或应用研究做支撑，一改课程政策运作中经验型、零散性、无系统性和就事论事的工作方式。尽管如此，我国课程政策运作的基础性研究仍然刚刚起步，其理论建构的水平与层次仍有非常大的发展空间。

一方面，我国现有的课程政策研究存在着理论基础薄弱和方法基础薄弱两个方面的问题。理论基础的薄弱表现在我国课程政策研究缺乏逻辑上的严谨性，很多研究并没有规范的理论依据，具有较强的"时政性"的特点，着重于对时兴的政策热点问题进行评析，行文又有较大的随意性，"许多研究都还只停留在一般性的政策评论阶段"②，有着相当比例的政治宣誓性、口号性、介绍性、报导式、建议性和经验总结性的研究。方法基础的薄弱表现为政策研究的方法相对单一和研究方法使用上的缺乏规范。我国的课程政策研究更多地运用文献分析、历史分析、比较研究和实证调研等较为传统的研究方法，缺少理论建构性的研究和跨学科的综合性分析，一定程度上限制了研究视野，也导致了研究结论的单一与无力。

另一方面，我国现有的课程政策研究存在结构性的失衡。偏好"客观"的描述性分析而非"主观"的解释性分析，强调获得有关政策问题及其过程的一般性认识而无法真正发展对政策问题的深度建构，更是缺少对政策的反思与批判性，缺乏理论解释的深度。偏重"面"上的结构性分析而非"点"上的细节性探讨，忽略从细节入手真实地追踪课程政策现象及其过程的内在机理与关系，使得政策研究过度执着于形式与结构的规范，而忽略了政策在具体情境中运作的内在价值与意义。研究的这种结构性偏好，反映了政策研究中思维方式上的桎梏，很大地限制了我国课程政策研究的问题空间与学科建构水平。

---

① 朱慕菊主编：《走进新课程：与课程实施者对话》，北京师范大学出版社 2002 年版，第 6 页。

② 卢乃桂、柯政：《教育政策研究的类别、特征和启示》，载《比较教育研究》2007 年第 2 期。

再一方面,我国现有的课程政策研究的应用性和实践转化的能力不强。真正具有实践取向的基础性政策研究很少,课程政策的一般性研究具有较强的辅助决策的作用,但是在辅助政策实践上,却缺少针对性的研究,使得政策理论研究与实际运用之间仍然存在较大的鸿沟。托马斯·C.谢林(Thomas C. Schelling)曾指出,"理论研究和实际运用从来都是不能截然分开的,只有深入(或醉心于)实际问题的研究,纯理论工作才显得有意义。而且理论研究的成果也只有依赖于实际运用才能得到验证"①。从这个意义上而言,我国课程政策的基础性研究,要特别强调理论与实践的有效整合的问题,形成理论思辨研究及其应用性发展之间的有效张力。

由此可见,我国课程政策研究仍然存在着诸多的问题,关于课程改革及其政策实践缺少扎实的理论基础和研究支撑,很多既有的研究也都是浅尝辄止,很少有专业的判断而更多见的是意见的堆积,迫切需要进行全面的理论建构,发展系统的、多维的、细致和深入的课程研究体系。一是要加强课程学科自身的发展,特别是在课程研究中拓展课程政策研究的领域,有机地联系课程理论研究、课程政策研究与课程实践研究的不同领域。二是对课程政策进行全面而深入的研究,探讨课程政策的外在形态与技术的同时,也关注课程政策的内在过程、运作机制、生产规范与价值、潜在的文化伦理或道德意义;对课程政策所涉及的基本要素进行探讨,为课程政策的实际运作提供全方位的研究支撑。三是加强课程政策研究的理论深度和规范,提升研究的严谨性与科学性,减少那些缺乏理论基础或规范的纯粹的经验性讨论。四是要强调课程政策研究的实践取向,从天上回归到地下,为不同政策参与主体提供问题解决的方法论基础和现实切入点。第五是要加强研究主体的专业使命感和能力,明晰课程政策研究的主要工作范畴,形成必要的专业自觉和自律,这无论对于课程领域的科学化发展还是课程政策过程的优化,都显得至关重要。

二、主体的权力意识自觉和工作制度保障

从新课程改革政策运作的过程来看,我国教育领域正在积极地推进民主化的进程,包括吸引多样化的政策主体参与政策过程的运作,强调政策运

---

① 胡东芳:《我国课程改革政策制定的理论障碍及其消除》,载《教育发展研究》2007年第9B期。

作不同阶段的广泛参与基础等，都是有意识地对政策运作中权力过于集中、官僚主义和一言堂式的决策传统的更正。但是，现实地讲，我国课程政策运作中的精英控制的色彩仍非常显著，民主参与还面临着多元主体的权力意识自觉和参与渠道的现实可能等多方面的限制。

首先，在我国新课程改革政策的运作中，行政力量和专家力量成为重要的决策主体。一方面党政联合确保了行政力量在政策运作中的绝对权威和推动力；另一方面，通过引入专业人士的力量，提升了政策过程的专业性和科学性。在这样的格局中，专业力量通过"与官僚组成同盟"，"同教学职业和公众分离开来"，造成"潜在的分裂的危险"。① 从这个意义上而言，处于行政架构范畴内部的有限民主，并没能从根本上改变精英控制的政治格局，教师群体、分化的具有不同利益诉求和处于不同社会阶层的民众、各种类型的利益团体或社会群体在课程政策过程中的参与水平仍非常低下，在政策过程运作的重要阶段长期的不在场。

其次，新课程改革政策鼓励课程分权，强调地方和学校的课程自治，试图通过管理体制的改革减少组织层级关系牵制所造成的资源内耗，促成不同层面政策主体的权力自觉。然而，从现实的课程政策运作过程来看，传统的科层管理体系下的领导与被领导的等级关系仍然占有重要的市场，特别是地方和学校层面的课程管理，在权力分配上更多的是实行管理权上的统一和事权上的下放，也就是下属机构或部门仅仅拥有执行职责的义务。在这样的前提下，课程政策的运作仍然是一种外部的责任附加，基层的学校和教师仍然在课程改革的过程中疲于应付上级教育行政管理部门的监督性的检查与评估，而无法真正实现责权的统一与实质性的自我治理。

因此，我国课程政策运作要在真正意义上实现民主参与和权力自治，有必要妥善地考虑以下两个方面的问题。一是激发多元政策主体的政治参与和权力表达的自觉，确立平等的政策主体观。要"认识到、尊重并给予他人的观点以平等的权力"，"意识到人类发展不能用一种观念或功能来塑造他人的生活"，"尊重彼此的共享的智力和选择的权力"，②打破行政管理体系中

① 〔英〕J. D. 尼斯比特：《基于政策的研究》(*Policy Oriented Research*)，见〔瑞典〕T. 胡森、〔德〕波斯尔思韦特主编《国际教育百科全书》第 7 卷，中央教育科学研究所比较教育研究室编译，贵州教育出版社 1991 年版，第 237—238 页。

② Scheffler I. *On the Education of Policymakers*, in *Harvard Educational Review*. 1984,54(2):155.

的官僚控制和等级监督的体系,注重不同政策主体间的互动和制衡。然而,要确立相对平等的政策主体观,首先需要依靠不同政策主体的权力自觉来激发。一方面,是长期处于权威地位的政策主体的权力自觉,这种自觉就是一种自我意识和自我批判的态度,能够主动地反思自我权力意识及其运用上的不当,识别自身所欠缺的工作能力;另一方面,是长期处于被领导地位的政策主体(如教师群体、一般教育行政人员、公众或其他社会团体等)的权力自觉,即意识并要求行使正当的课程权力,如知情权、参与权、发表意见权、提出建议权、自主裁决和管理等方面的权力。通过改变长期以来形成的"边缘化"和"被动性"的受动者地位,明晰自身在课程政策过程中的主体权力。二是为政策主体的民主参与和权力行使提供实质性的制度保障。政策主体能否获得权力意识的自觉往往要依托具体的组织环境和工作制度条件的转型。因此,要唤起政策主体的权力意识,并不能仅仅停留于意识层面,还要积极地进行组织制度的构建。一方面是政策主体对政策运作中新的主体角色的认同,不仅要明晰自身的角色职责,还要澄清同他人的角色关系,更要对政策过程的全貌有所把握;另一方面是进行规范的工作制度的建设,让政策主体具备参与政策活动的基本依据,确保其权力的行使和职责的履行,如保障民主参政议政的信息公开、沟通和反馈的机制,规范的政策论证的制度,权力监督的机制,问责制度等。没有相应的工作制度的保障,没有系统可行的工作机制的规范,课程政策过程的民主化与科学化发展就只能停留在象征意义和政治价值的层次,流于空谈。没有政策主体的权力自觉和自我承诺,没有强有力的工作制度上的支撑与保障,任何政策的运作都不可能是长久和有效的。

三、从针锋相对到理性而健康的专业对话

课程改革的政策过程总是伴随着各种各样的意见表达,或质疑否定、或支持肯定、或观望中立,各种不同的观点在政策的实际运作中相互交锋,共同形成了有关政策运作的舆论环境。其中,来自专业领域的学术讨论在整个舆论环境的构建中占有绝对重要地位。特别在我国,实践领域向来拥有尊重权威、尊重学术意见的传统,在一定意义上,专业的学术讨论往往在标明政策认识的基本走向,引导公众的问题聚焦,指导政策实践上具有直接的影响作用,这些都使得我国课程政策运作中专业性的学术论争显得至关重要。

综观我国课程改革的政策过程,新课程政策激发了学术领域各种各样

的讨论,对有关课程改革的价值取向、理论基础、基本策略、实施与评价中的诸多问题等,都展开了广泛的讨论,贯穿于课程政策运作过程的始终。一般而言,公开公正的学术讨论对于厘清问题实质、及早解决课程政策中存在的问题和矛盾、优化课程政策的实践,是具有建构性意义的。反之,如果学术讨论缺乏一定的规范和秩序,缺乏基本的理解和尊重,那么所谓的讨论不仅于学术不利,也于政策实践不利。我国当前课程政策过程中的学术对话,存在着一些显著的问题。一是缺乏"学术"意味。依托学术之名,进行经验性和情绪性判断的讨论广泛存在。因为,详细对课程政策的原则、理念与特征进行探讨比"轻率地非难"和"对对手落井下石"要困难得多。[①] 所以,我们特别要谨慎地对待学术讨论,不能简单地将学术作为斗争的武器,而是真正以学术的见解作为辩论的依据和基础。二是缺乏对话意识。"学术讨论"中偏执己见、妄自尊大、以己度人的现象层出不穷,失去讨论所必要的信任和尊重的前提。我们说,在课程政策的运作中,每个人都希望获得他人的尊重和认可,得到积极的心理暗示,这是支撑人们进行持续变革的心理保障。同样,在学术讨论中,我们也要看到这种需求,来促进彼此的理解与信任,我们可以拥有不同的见解或观念,但是却需要"具备广阔的视野和融通意识,千万不能偏于一隅,自说自话"[②]。三是简单的归因和僵化的成败观。武断地将政策运作中的现实问题进行简单的归因,将问题直接归结为政策本身的失当,甚或以此作为判断课程改革政策运作成败的依据,这既是非常简单的思维路径也是遇事推诿的拙劣手段。众所周知,课程改革的政策目标是多重的,课程改革的政策运作也会带来诸多的预期与非预期的结果,课程改革的政策实践更是通过潜移默化的方式逐步累积和生成的。从这个角度而言,在学术研究的领域,我们有必要对课程政策过程进行全面而审慎的关照,用一种发展与宽容的态度,去保护和提供政策发展的良性环境,而不是通过简单的归因或"非此即彼"的简单逻辑,做出不负责任的判断,造成资源与人力的大量浪费。四是学术研究与讨论中的学术规范问题。缺乏理论依据、缺乏方法基础、随意的行文规范、罗列的观点和草率的结论,是我国学术

---

① 吕立杰:《课程政策制定过程的特征与本质》,载《课程·教材·教法》2007年第8期。

② 吴永军:《我国基础教育新课程改革理论基础研究述评》,载《教育理论与实践》2008年第12期。

领域令人担忧的现实。这不仅不利于课程领域的理论发展，也不利于课程的实践探索。学术界如何对此进行深刻的反思，全面提升学术工作者的职业素养与职业道德修为，变得日益迫切。

由此可见，我国学术研究领域迫切需要建立理性而健康的学术对话氛围，构建良好的课程政策运作的专业舆论环境，有以下几个问题值得特别关注。其一是发展问题辨别的专业能力，将论争的焦点放在真正需要辨明的政策问题上。学术讨论中最常见的错误就是将"真实的问题进行基本扭曲"①，致使对问题的讨论建立在错误假设或信念的基础之上，将精力花费在人为错误造成的"假"问题上，把焦点投注在细枝末节、犄角旮旯的问题上。参与学术对话的研究工作者需要发展基本的问题识别和反思的能力，辨明那些推进"教育理论的发展或教育实践的改善迫切需要去解释与解决的问题"②，为改革中每一项具体设计与行动提供严密的研究依据。其二，要提高学术讨论的理论水平和研究水准，规范学术讨论的基本研究标准。其三，则要提升学术研究者的专业道德和社会责任感，共同致力于理性而健康的专业舆论环境的建设。

四、政策运作中公共媒介的社会舆论建设

课程改革政策运作中另一个重要的舆论力量来自大众媒体的公共影响力。公共媒体所聚焦的问题往往会成为一般公众关注和讨论的主要问题，一定程度上，公共媒体在决定"民众将要和能够知道什么，将要思考和将要谈论什么"③等问题上具有绝对的发言权。由于媒体对问题的选择和判断往往带有其自身的价值取向，它们向公众呈现的意见与观点，往往也会影响民众对政策问题的看法。一旦公共领域的舆论氛围得以形成，那么这些态度和观点将会产生广泛的影响力，甚至直接对教育行政领域、专业学术领域和学校实践领域产生现实的压力，影响相应的政策实践行为。从这个层面上而言，课程政策公共舆论环境的建设对于课程政策过程具有至关重要的作用。

从整体上看，我国课程政策过程中公共舆论环境的建设仍存在显著的问题。一是公共媒介缺乏构建公共舆论环境的准确的问题意识和专业的审

① 宋锦洲编著：《公共政策：概念、模型与应用》，东华大学出版社2005年版，第94页。
② 吴康宁：《教育研究应研究什么样的"问题"——兼谈"真"问题的判断标准》，载《教育研究》2002年第11期。
③〔英〕托马斯·R.戴伊：《自上而下的政策制定》，鞠方安、吴忧译，人民大学出版社2001年版，第134页。

议能力。在对课程政策进行的公开讨论中,媒体对于那些关系课程政策发展以及课程文化建构的关键性问题,比如"什么是以人为本、以学生发展为本的教育""基础教育的基本理念和原则应该是什么""基础教育要培养什么样的人""什么是真正的素质教育""何种教育能够符合社会价值选择的基本判断""如何对现有课程教学体系进行理性的反思"等关系国计民生和教育发展的根本性问题,鲜有深入的探讨,但是对于课程教学中属于教师专业自律、专业自治与判断,不需要全民讨论的问题,却津津乐道、横加干涉,反映了公共媒体尚未具备进行问题识别和筛选的专业媒体能力,使得公共讨论的重点被聚焦在边缘性和细节性的问题上,却忽略了那些真正需要辨明的政策问题,极大地干扰了课程政策的有效讨论与参与,不利于建构理性和健康的社会舆论环境。二是公共媒体在舆论建设中的哗众取宠、追求噱头的市场导向的心态,造成了公共舆论领域的虚假繁荣,课程政策的相关问题被当作媒体的新闻卖点,缺乏严肃的追究、深度的思考和媒体的社会责任。就以前面所提到的"南京高考之痛"这一由媒体引发的公共讨论为例,理性地看,"南京高考之痛"确实真实地反映了政策在运作过程中面临的考选升学的制度性制约和新的政策价值选择在方向上的冲突,就问题本身而言,如果能够就这一现象背后的问题实质进行公开的讨论,确实是一个有助于深刻认识政策运作深层次矛盾的关键性契机。但是,由于公共媒体缺乏对这一问题的把握能力,在论述上具有明显的价值导向性,无法有效地对公共舆论的发展进行建构性的引导,致使将公共舆论的矛头指向"素质教育"本身,对课程政策的实践产生了破坏性的影响。公共媒体如何在明晰自身社会责任的基础上确立自己的价值导向,而不是一味地追求市场效益或公众眼球,真正发挥其作为社会助力器的作用,是公共媒体职业素质提升所要郑重思考的问题。因为,缺乏深度的公共讨论最终带来的是公共判别力和责任感的失落,也使得公共媒体流于庸俗。三是公共媒介尚未建立完善的舆论监督和引导机制,这也是造成非理性公共舆论在政策运作中占据强势地位的重要原因。这里所说的公共舆论的引导和监督,并不是要消除非理性的或者错误的舆论,而使得公共领域只存在一致的意见,引导和监督的目的在于鼓励更多合理和积极的舆论成为公共领域的主导舆论,实现舆论和教育发展的良性互动。

因此,为了优化课程政策的过程,我们应该充分意识到加强公共舆论环境建设的重要意义,发展公共媒体的舆论建设能力,为构筑优质的公共舆论文化提供基本的工作基础。一方面,要提高公共媒体的问题意识,真正关心那些有利于教育发展、社会发展和学生发展的关键性的课程问题,关注课程政策运作中的难点和重点问题，进行负责任的讨论；另一方面，要引导并提升公共舆论的水准和层次，在课程政策的公共舆论建设中，始终坚持公众利益，鼓励开放和发展的认识观念，对政策问题进行认真而深刻的分析，引导正确和积极的公共舆论价值，而不是仅仅将讨论停留于问题表象，或是简单地服从世俗的或功利的价值选择；再一方面，优质的舆论环境的建设更是要依靠健全的信息沟通、公开与反馈的工作机制，建立课程政策运作的广泛的群众基础。总而言之，公共媒介应该充分意识到自身所应承担的社会责任，借助公共舆论的辐射效用，为课程政策的形成、推广和深化发挥积极的干预作用，从根本上构建促进政策实践推进的良性的社会舆论环境。

课程政策过程是一个充满变更性、不确定性、流动性、差异性、矛盾性和复杂性的过程，它是一个不断情境化的过程，是一个赋权增能的过程，是一个话语斗争的过程，如此种种，都是人们试图对课程政策过程的内在意义进行不断阐发与探索的努力。正如一位出色的医生不仅要提供对病症的明确的诊断，同时也要在治疗中不断地提供新的证据并修正自己的治疗一样，课程政策过程的研究也是不断地在现有认识基础上增加新的认识的可能性的过程。归根结底，没有什么研究能够对课程政策过程进行全面和完整的塑造，或是能够提供政策运作中问题解决的最佳方案，重要的是我们能否通过有关课程政策过程的持续探讨加深或改善我们之于政策过程及其实践的现实理解。因此，我们无法用某种既定的框架或模型来框定，要始终将政策过程看作是一种发展中的形式，认可它的开放性并直面其可能遭遇的重重问题。唯有如此，我们才有可能对课程政策过程进行现实的批判，不断发展出有关政策过程的更为妥帖和适切的解析，作为优化课程政策过程理论的基础。借用富兰的一句话，"成功只能是根据我们确定不断变化的问题的程序，发现通过我们采取行动出现的模式"①。因此，本书对课程政策过程的研究可以"被看作是一些假设和游戏的开局"，它不是一种断言，而是一种公开的邀约，"邀请那些对此感兴趣的人们的共同参与"②，来共同"约定下一个平台的基本性质以及把我们带到那里所需运动的性质"③。

---

① 〔加拿大〕迈克尔·富兰：《变革的力量——透视教育改革》，中央教育科学研究所、加拿大多伦国际学院译，科学教育出版社 2004 年版，第 11 页。

② S. J. Ball *Education Policy and Social Class*：*The Selected Works of Stephen J. Ball.* London，New York：Routledge，2006，54.

③ 〔美〕威廉·F. 派纳：《理解课程》（上），张华等译，教育科学出版社 2003 年版，第47 页。

参考文献

专著

1. 白月桥. 素质教育的课程构建研究. 北京:教育科学出版社,2001.

2. 陈庆云. 公共政策分析. 北京:中国经济出版社,1996.

3. 陈向明. 质的研究方法与社会科学研究. 北京:教育科学出版社, 2000.

4. 陈永明、胡东芳. 比较教育行政. 上海:华东师范大学出版社,2005.

5. 陈振明. 政策科学. 北京:中国人民大学出版社,1998.

6. 傅维利、刘民. 文化变迁与教育发展. 成都:四川教育出版社,1988.

7. 顾明远. 教育:传统与变革. 北京:人民教育出版社,2004.

8. 郭华. 静悄悄的革命——日常教学生活的社会构建. 北京:北京师范大学出版社,2003.

9. 国家教育发展研究中心. 2007年中国教育绿皮书:中国教育政策年度分析报告. 北京:教育科学出版社,2007.

10. 黄东明. 教育政策与法律. 武汉:武汉大学出版社,2007.

11. 黄净. 政策学基础知识. 哈尔滨:哈尔滨工业大学出版社,1989.

12. 黄书光. 中国基础教育改革的历史反思与前瞻. 天津:天津教育出版社,2006.

13. 胡定荣. 课程改革的文化研究. 北京:教育科学出版社,2005.

14. 姬秉新、苟正斐. 基础教育课程改革的历程与趋势. 北京:首都师范大学出版社,2003.

15. 贾馥明. 教育大辞书. 台北:文景书局,2000.

16. 金一鸣、唐玉光. 中国素质教育政策研究. 济南:山东教育出版社, 2004.

17. 兰秉浩、刁田丁. 政策学. 北京:中国统计出版社,1994.

18. 靳玉乐、黄清. 课程研究方法论. 重庆:西南师范大学出版社,2000.

247

19. 梁漱溟. 中国文化要义. 北京:学林出版社,1987.

20. 林德金、陈洪、刘珠江. 政策研究方法论. 吉林:延边大学出版社, 1989.

21. 刘复兴. 教育政策的价值分析. 北京:教育科学出版社,2003.

22. 刘力. 教育实验学. 北京:人民教育出版社,2004.

23. 吕达. 课程史论. 北京:人民教育出版社,1999.

24. 吕立杰. 国家课程设计过程研究:以我国基础教育"新课程"设计为 个案. 北京:教育科学出版社,2008.

25. 毛祖桓. 从方法论看教育学的发展. 重庆:重庆出版社,1990.

26. 宁国良. 公共利益的权威性分配. 长沙:湖南人民出版社,2005.

27. 钱再见. 公共政策学新编. 上海:华东师范大学出版社,2006.

28. 瞿葆奎. 教育学文集·中国教育改革. 北京:人民教育出版社,1991.

29. 施良方. 课程理论:课程的基础、原理与问题. 北京:教育科学出版 社,1996.

30. 石中英. 教育学的文化性格. 山西:山西教育出版社,2003.

31. 宋锦洲. 公共政策:概念、模型与应用. 上海:东华大学出版社,2005.

32. 孙绵涛. 教育政策论——具有中国特色的社会主义教育政策研究. 武汉:华中师范大学出版社,2002.

33. 汪霞. 课程改革与发展的比较研究. 南京:江苏教育出版社,2000.

34. 王满船. 公共政策制定:择优过程与机制. 北京:中国经济出版社, 2004.

35. 王伟廉. 课程研究领域的探索. 成都:四川教育出版社,1988.

36. 王福生. 政策学研究. 成都:四川人民出版社,1981.

37. 吴立明. 公共政策分析. 厦门:厦门大学出版社,2006.

38. 吴志宏. 教育行政学. 北京:人民教育出版社,2000.

39. 吴遵民. 基础教育决策论:中国基础教育政策制定与决策机制的改 革研究. 上海:华东师范大学出版社,2006.

40. 谢少华. 权力下放与课程政策变革. 广州:中山大学出版社,2002.

41. 杨全明. 革新的课程实践者——教师参与课程变革研究. 上海:上海 科技教育出版社,2003.

42. 于泽元. 课程变革与学校课程领导. 重庆:重庆大学出版社,2006.

43. 余英时. 士与中国文化. 上海：上海人民出版社，2003.

44. 袁振国. 教育政策学. 南京：江苏教育出版社，2001.

45. 袁振国. 教育政策评论. 北京：教育科学出版社，2000、2001、2004.

46. 张华. 课程流派研究. 济南：山东教育出版社，2000.

47. 张金马. 政策科学导论. 北京：中国人民大学出版社，1992.

48. 张骏生. 公共政策的有效执行. 北京：清华大学出版社，2006.

49. 张力. 教育政策的信息基础：中国、新加坡、美国教育指标系统分析. 北京：高等教育出版社，2004.

50. 张男星. 权力、理念、文化——俄罗斯现行课程改革研究. 北京：教育科学出版社，2006.

51. 张行涛. 必要的乌托邦——考选世界的社会学研究. 北京：北京师范大学出版社，2003.

52. 张中伟. 制定公共政策过程的科学化民主化问题研究. 成都：四川人民出版社，2005.

53. 郑敬高. 政策科学. 济南：山东人民出版社，2005.

54. 郑念. 政策研究——从理论到实践. 北京：社会科学文献出版社，1994.

55. 钟启泉、崔允漷、张华、朱慕菊. 为了中华民族的复兴　为了每位学生的发展——《基础教育课程改革纲要（试行）》解读. 上海：华东师范大学出版社，2008.

56. 钟启泉、李雁冰. 课程设计基础. 济南：山东教育出版社，2000.

57. 钟启泉、张华. 世界课程改革趋势研究（三卷册）. 北京：北京师范大学出版社，2005.

58. 钟启泉. 解读中国教育. 北京：教育科学出版社，2000.

59. 教育部基础教育司. 走进新课程：与课程实施者对话. 北京：北京师范大学出版社，2002.

60. 〔美〕艾伦·C. 奥恩斯坦、费朗西斯·P. 汉金斯. 课程：基础、原理和问题. 柯森译. 南京：江苏教育出版社，2002.

61. 〔美〕保罗·A. 萨巴蒂尔. 政策过程理论. 彭宗超等译. 上海：生活·读书·新知三联书店，2004.

62. 〔加拿大〕本杰明·莱文. 教育改革——从启动到成果. 项贤明、洪成文译. 北京:教育科学出版社,2004.

63. 〔挪威〕波尔·达林. 教育改革的限度. 刘承辉译. 重庆:重庆出版社,1991.

64. 〔美〕查尔斯·林德布洛姆. 决策过程. 竺乾威、胡君芳译. 上海:上海译文出版社,1988.

65. 〔美〕弗朗西斯·C.福勒. 教育政策学导论. 许庆豫译. 南京:江苏教育出版社,2007.

66. 〔德〕哈贝马斯. 公共领域的结构转型. 曹卫东等译. 上海:学林出版社,1999.

67. 〔德〕哈贝马斯. 认知与兴趣. 郭官义、李黎译. 上海:学林出版社,1999.

68. 〔美〕哈罗德·J.莱维特. 管理心理学. 张文芝等译. 北京:人民大学出版社,1995.

69. 〔美〕亨利·罗伯特. 罗伯特议事规则. 彭天鹏、孙涤译. 上海:世纪出版集团,2008.

70. 〔瑞典〕T.胡森、〔德〕T.N.波斯尔斯韦特. 教育大百科全书. 张斌贤等译. 重庆:西南师范大学出版社,2006.

71. 〔美〕吉纳·E.霍尔、雪莱·M.霍德. 实施变革:模式、原则与困境. 吴晓玲译. 杭州:浙江教育出版社,2004.

72. 〔美〕加布里埃尔·A.阿尔蒙德、小G.宾厄姆·鲍威尔. 比较政治学:体系、过程和政策. 曹沛霖等译. 上海:上海译文出版社,1987.

73. 〔英〕杰弗里·维克斯. 判断的艺术——政策制定研究. 陈恢钦等译. 北京:中国青年出版社,2004.

74. 〔美〕Kelly A.V. 课程理论与实践. 吕敏霞译. 北京:中国轻工业出版社,2007.

75. 〔美〕雷劳伦斯·阿瑟·克雷明. 学校的变革. 单中惠、马晓斌译. 上海:上海教育出版社,1994.

76. 〔美〕林布隆. 政策制定过程. 朱国斌译. 北京:华夏出版社,1988.

77. 〔德〕马克思、恩格斯. 马克思恩格斯选集. 中共中央马克思恩格斯列宁斯大林著作编译局编译. 北京:人民出版社,1995.

78. 〔加拿大〕迈克尔·富兰. 变革的力量——透视教育改革. 中央教育

科学研究所、加拿大多伦国际学院译. 北京:科学教育出版社,2004.

79. 〔加拿大〕迈克尔·富兰. 变革的力量——深度变革. 中央教育科学研究所、加拿大多伦国际学院译. 北京:教育科学出版社,2004.

80. 〔加拿大〕迈克尔·富兰. 变革的力量续集. 中央教育科学研究所、加拿大多伦国际学院译. 北京:科学教育出版社,2004.

81. 〔加拿大〕迈克尔·豪利特、M. 拉米什. 公共政策研究——政策循环与政策子系统. 庞诗等译. 上海:生活·读书·新知三联书店,2006.

82. 〔英〕米切尔·黑尧. 现代国家的政策过程. 赵成根译. 北京:中国青年出版社,2004.

83. 〔英〕斯蒂芬·鲍尔. 政治与教育政策制定:政策社会学探索. 王玉秋、孙益译. 上海:华东师范大学出版社,2003.

84. 〔英〕斯蒂芬·鲍尔. 教育改革——批判和后结构主义的视角. 侯定凯译. 上海:华东师范大学出版社,2002.

85. 〔美〕斯图亚特·S. 那格尔. 政策研究百科全书. 林明等译. 北京:科学技术文献出版社,1990.

86. 〔美〕坦纳等. 学校课程史. 崔允漷等译. 北京:教育科学出版社,2006.

87. 〔美〕托马斯·R. 戴伊. 自上而下的政策制定. 鞠方安、吴忧译. 北京:中国人民大学出版社,2001.

88. 〔美〕托马斯·R. 戴伊. 理解公共政策. 彭勃等译. 北京:华夏出版社,2004.

89. 〔韩〕吴锡泓. 政策学的主要理论. 金东日译. 上海:复旦大学出版社,2005.

90. 〔美〕约翰·罗尔斯. 正义论. 何怀宏等译. 北京:中国社会科学出版社,1988.

91. 〔日〕筑波大学教育系研究会. 现代教育学基础. 钟启泉译. 上海:上海教育出版社,1986.

92. 〔日〕佐藤学. 学习的快乐:走向对话. 钟启泉译. 北京:教育科学出版社,2004.

93. S. J. Ball *Politics and Policy Making in Education:Explorations in Policy Sociology*. London:Routledge,1990.

94. S. J. Ball *Class Strategies and the Education Market: The Middle Classes and Social Advantage*. London: Routledge Falmer,2003.

95. S. J. Ball *Education Policy and Social Class: the Selected Works of Stephen J. Ball*. London. New York: Routledge,2006.

96. Birklan T. A. *An Introduction to the Policy Process: Theories, Concepts, and Models of Public Policy (2nd ed.)*. Armonk, N. Y.: M. E. Sharpe,2005.

97. Bowe R. , S. J. Ball & Gold A. *Reforming Education and Changing Schools: Case Studies in Policy Sociology*. London: Routledge,1992.

98. Brainard E. A. *A Hands-on Guide to School Program Evaluation*. Phi Delta Kappa Educational Foundation,1996.

99. Bryce H. J. *Players in the Public Policy Process: Nonprofits as Social Capital and Agents*. New York: Palgrave Macmillan, 2005.

100. Buachalla S. O. *Education Policy in Twentieth Century Ireland*. Wolfhound Press,1988.

101. Chinapah V. & Miron G. *Evaluating Education Programmes and Projects: Holistic and Practical Considerations*. United Nations Educational, Scientific and Cultural Organization,1990.

102. David S. , Carter G. & O'Neil M. H. *International Perspectives on Educational Reform and Policy Implementation*. London. Washington D. C: Falmer Press,1995.

103. Ellis A. K. *Exemplars of Curriculum Theory*. N. Y: Eye on Education,2004.

104. Ellsworth E. A: *Teaching Positions: Difference, Pedagogy, and the Power of Address*. New York: Teachers College Press, 1997.

105. Evans R. *The Human Side of School Change*. San Francisco: Jossey—Bass,1996.

106. Franklin B. M., Bloch M. N. & Popkewitz T. S. *Educational Partnerships and the State: The Paradoxes of Governing Schools, Children, and Families* (1st ed.). New York: Palgrave Macmillan, 2003.

107. Fullan M. *The New Meaning of Educational Change* (4th ed.). New York: Teachers College Press, 2007.

108. Gerston L. N. *Public Policy Making: Process and Principles* (2nd ed.). Armonk, N. Y. : M. E. Sharpe, 2004.

109. Glick H. R. *The Right to Die: Policy Innovation and Its Consequences*. New York: Columbia University Press, 1992.

110. Hargreaves A. (ed.). *Rethinking Education Change with Heart and Mind*. Alexandar, VA: ASCD, 1997.

111. Hargreaves A. (eds.). *Extending Educational Change*. Netherlands: Springer, 1996.

112. Hill M. *The Policy Process: A Reader* (2nd ed.). New York: Prentice Hall/Harvester Wheat sheaf, 1997.

113. Hong M. I. *New Direction in Education Policy Implementation: Confronting Complexity*. State University of New York Press, 2006.

114. Howlett M. & Ramesh M. *Studying Public Policy: Policy Cycles and Policy Subsystems* (2nd ed.). Don Mills, Ont. : Oxford University Press, 2003.

115. Jackson P. W. (ed.). *Handbook of Research on Curriculum: A Project of the American Educational Association*. New York: Macmillan, 1992.

116. Jordan A. G. *British Politics and the Policy Process: An Arena Approach*. London, Boston: Allen & Unwin, 1987.

117. Klein M. F. (ed.). *The Politics of Curriculum Decision Making: Issues in Centralizing the Curriculum*. Albany: State University of New York Press, 1991.

118. Kingdon J. A. *Agendas, Alternatives, and Public Policies* (2nd

ed.）. New York：HarperCollins,1995.

119. Lewy A. （ed.）. *The International Encyclopedia of Curriculum.* Dergamon Press,1999.

120. Odden A. R. （ed.）. *Education Policy Implementation.* Albany：State University of New York Press,1991.

121. Silver H. *Education, Change, and the Policy Process.* London, New York：Falmer Press,1990.

122. Taylor S., Rizvi F., Lingard B. & Henry M. *Educational Policy and the Politics of Change.* London：Routledge,1997.

123. Worthen B. R., Sanders J. R. & Fitzpatrick J. L. *Program Evaluation：Alternative Approaches and Practical Guidelines.* New York：Longman,1997.

论文

1. 包蔼黎. 从哈贝马斯的三种认识兴趣看课程的本质. 现代教育科学, 2006(5).

2. 曹大为. 中国传统文化的历史定位与建构新文化的路径走向. 中国社会科学院,2006(2).

3. 陈学飞等. 理论导向的教育政策经验研究探析. 北京大学教育评论, 2007(4).

4. 陈玉云. 教育政策变异之我见——关于政策执行与政策实现的讨论. 教育理论与实践,2005(11).

5. 崔允漷. 基础教育课程改革的意义、进展及问题. 全球教育展望,2006 (1).

6. 崔允漷. 课程改革政策执行：一种分析的框架. 教育发展研究,2005 (10).

7. 崔允漷. 新课程新在何处：解读基础教育课程改革纲要（试行）. 教育发展研究,2001(9).

8. 邓旭. 教育政策执行的四重路径. 江西教育科研,2007(5).

9. 邓旭. 制度规约下的我国教育政策执行. 教育理论与实践,2008(1).

10. 付宜红、李健. 义务教育课程改革实验全面铺开. 基础教育课程杂志,2005(9).

11. 高本娟.论传统政治文化与当前政治改革.产业与科技论坛,2008(10).

12. 高天明、熊焰.探悉课程政策周期的模式:以爱尔兰为例.当代教育论坛,2008(8).

13. 高峡.当前日本义务教育的课程改革及其特点.课程·教材·教法,1999(6).

14. 国家基础教育课程改革实验区工作评估团.国家基础教育课程改革实验工作评估报告.课程教材教学研究,2002(7).

15. 郭晓明.知识与教化:课程知识观的重建.华东师范大学学报（教育科学版）,2003(6).

16. 何杰.我国基础教育课程政策的演进与特征分析.淮阴师范学院学报,2006(3).

17. 胡春梅.教育政策执行概念的分析.辽宁教育研究,2005(1).

18. 胡春梅.教育政策执行过程之四重特征.教育理论与实践,2006(7).

19. 胡东芳.从国际比较的观点看课程政策的变化趋势:简论我国课程改革的政策取向.教育发展研究,2002(5).

20. 胡东芳.课程政策:问题与思路.教育理论与实践,2002(6).

21. 胡东芳.课程政策:一个亟待关注的课程研究领域.集美大学学报,2001(9).

22. 胡东芳.论课程政策的定义、本质与载体.教育理论与实践,2001(11).

23. 胡东芳.拓展教育研究 走向教育政策分析:全国首届"教育政策分析"高级研讨会综述.教育发展研究,1999(9).

24. 胡东芳.我国课程改革政策制定的理论障碍及其消除.教育发展研究,2007(9B).

25. 胡东芳.新中国课程政策的历史回顾与理论思考.清华大学教育研究,2002(4).

26. 黄甫全.简析课程论的主要任务、研究对象和基本内容.课程·教材·教法,1997(12).

27. 黄卫平、陈文.当代中国政治发展问题研究:中国政治体制改革现状及其成因浅析. 社会科学研究,2008(2).

28. 黄忠敬. 我国基础教育课程政策：历史、特点与趋势. 课程·教材·教法,2003(5).

29. 黄忠敬. 我国教育政策制定过程之探讨. 教育理论与实践,2007(3).

30. 黄宗显. 教改十年的省思与展望. 教育研究月刊,2003(10).

31. 蒋建华. 走向政策范式的课程研究. 北京大学教育评论,2004(1).

32. 教育部北师大基础教育课程研究中心.《基础教育课程改革纲要(试行)》是怎样制定的. 课程教材教学研究,2002(7).

33. 教育部新课程实施与实施过程评价课题组. 基础教育课程改革的成就、问题与对策. 中国教育学刊,2003(12).

34. 教育部新课程实施与实施过程评价课题组. 课程改革实验区追踪评估的最新报告. 教育发展研究,2005(5).

35. 康仲德、陈铁义. 汨罗春潮逐浪高——汨罗经验在全国引起强烈反响. 人民教育,1997(2).

36. 柯政. 课程政策的执行与设计. 教育发展研究.2005(10).

37. 劳凯生. 社会转型与教育的重新定位. 比较教育研究,2002(2).

38. 李海生. 素质教育理论研究综述. 上海教育科研,1997(6).

39. 刘复兴. 教育政策活动中的价值问题. 北京师范大学学报(社会科学版),2002(3).

40. 刘复兴. 教育政策价值分析的三维模式. 教育研究,2002(4).

41. 刘复兴. 论我国教育政策范式的转变. 北京师范大学学报(社会科学版),2004(3).

42. 刘志军. 课程评价的现状、问题与展望. 课程·教材·教法,2007(1).

43. 柳斌. 加强领导,扎扎实实地推进素质教育. 课程·教材·教法,1997(11).

44. 廖金英、谢太平. 对非理性舆论根源和舆论引导原则的思考——以南京高考舆论为例. 新闻界,2005(1).

45. 卢乃桂、柯政. 教育政策研究的类别、特征和启示. 比较教育研究,2007(2).

46. 卢乃桂. 课程改革、水平与教师：中国大陆及香港地区的经验. 中国教育:研究与评论.2003(4).

47. 吕立杰、马云鹏.基础教育新课程设计中的课程审议——一种实践理性的研究方式.教育研究,2005(2).

48. 吕立杰.课程政策制定过程的特征与本质.课程·教材·教法,2007(8).

49. 马云鹏.基础教育课程发展政策的反思.教育发展研究,2000(12).

50. 彭志国.从理性、权力到官僚政治视角的转变.理论探讨,2005(5).

51. 阮思余.论新公共管理运动的核心内容.现代管理科学,2008(4).

52. 邵泽斌、张乐天.教育政策:一个结构主义的分析视角.教育理论与实践,2007(6).

53. 沈兰.课程权力再分配:校本课程政策解读.教育发展研究,1999(9).

54. 师泽生、王英.改革开放30年我国社会主义政治体制改革概览(上).探索,2008(5).

55. 数学课程标准研制小组.关于我国数学课程标准研制的初步设想.课程·教材·教法,1999(5).

56. 数学课程标准研制小组.国家数学课程标准研制工作研讨会纪要.中学数学教学参考,2000(1—2).

57. 数学课程标准研制小组.义务教育数学课程标准工作研讨会.数学通报,2004(3).

58. 孙传远.当代美国课程研究之域——当代课程问题的检视.外国中小学教育,2008(8).

59. 唐仲扬、胡宏文、梁友君、龚鹏飞、刘心洋等.大面积推行素质教育的探索——湖南汨罗市中小学教育改革12年写真.人民教育,1997(2).

60. 涂端午、陈学飞.西方教育政策研究探析.清华大学教育研究,2006(5).

61. 王钢成、张军.从理想到实践:国家素质教育政策的演进.当代教育科学,2004(20).

62. 王明宾.美国教育政策执行研究述评.江苏教育学院学报(社科版),1997(4).

257

63. 王世忠. 关于教育政策执行的涵义、特征及其功能的探讨. 湖北教育学院学报,2001(1).

64. 王晓辉. 法国当前高中课程改革述评. 课程·教材·教法,1999(7).

65. 王宇华. 综合实践活动:理想、现实与走势——华中师范大学郭元祥教授访谈. 网络科技时代,2006(2).

66. 伍建全、王桂林. 课程政策取向的本质和特点. 教育探索,2006(4).

67. 吴康宁. 教育研究应研究什么样的"问题"——兼谈"真"问题的判断标准. 教育研究,2002(11).

68. 吴永军. 我国基础教育新课程改革理论基础研究述评. 教育理论与实践,2008(12).

69. 肖远军、李春玲. 政策评价概念探析. 理论探讨,1995(2).

70. 谢少华. 澳大利亚课程改革政策变革述评. 比较教育研究,2001(10).

71. 徐国英、朱长华. 对九年义务教育语文课程标准研制的几点思考. 中学语文,2000(5).

72. 徐湘林. 中国政策科学的理论困境及其本土化出路. 公共管理学报,2004(1).

73. 杨润勇. 关于教育政策执行过程的管理问题研究——以素质教育政策执行过程为例. 当代教育科学,2007(5—6).

74. 杨春芳. 福柯话语理论的文化解读. 安康师专学报,2005(8).

75. 义务教育数学课程标准研制组. 义务教育数学课程标准工作研讨会. 数学通报,2004(3).

76. 俞吾金. 理性在现代性现象中的四个向度——从马尔库赛的"单向度的人"说起. 求是学刊,2004(7).

77. 曾荣光. 教育政策研究:议论批判的视阈. 北京大学教育评论,2007(4).

78. 曾天山. 教育政策研究刍议. 西北师范大学学报(社会科学版),1997(2).

79. 张娜. 教育分权的限度分析. 教育发展研究,2005(6).

80. 张涛. 改革开放30年中国政治体制改革成就分析. 社会主义研究,2008(4).

81. 张楚廷. 论素质教育的科学性——与《素质教育悖论》商榷. 北京师范大学学报(社会科学版),1997(3).

82. 张小明. 内部输入:解读当代中国公共政策制定的输入机制. 宁夏社会科学,2000(5).

83. 张烨. 论教育政策过程与实施中的话语展现——以素质教育政策议题为例. 教育研究与实验,2005(3).

84. 赵希宏. 30 年中国政治体制改革的历程与经验. 理论研究,2008(3).

85. 赵宗孝、刘淑红. 四 R——构建后现代课程模式的标准. 教育探索,2004(5).

86. 郑振宇. 西方公共决策程序比较. 国家行政学院学报,2003(3).

87. 钟启泉. 开发新时代的学校课程:关于我国课程改革政策与策略的若干思考. 全球教育展望,2001(1).

88. 钟启泉. 寻求课程范式的转型——中国大陆基础教育课程改革的进展与问题. 比较教育研究,2003(1).

89. 钟启泉. 中国课程改革:挑战与反思. 比较教育研究,2005(12).

90. 周长祜. 国家基础教育课程改革项目启动. 中小学图书情报世界,2000(5).

91. 周国梅、傅小兰. 分布式认知——一种新的认知观点. 心理科学进展,2002(2).

92. 朱汉国. 坚持课改精神　完善课程标准——关于《全日制义务教育历史课程标准》(实验稿)修订的若干说明. 历史教学,2004(4).

93. Apple M. W. Education, Markets, and an Audit Culture. *Critical Quarterly*, 2005,147 (1—2).

94. S. J. Ball & Bowe R. Subject Departments and the Implementation of National Curriculum Policy:An Overview of the Issues. *Journal of Curriculum Studies*, 1992,24(2).

95. Berkhout S. J. & Wielemans W. Toward Understanding Education Policy:An Integrative Approach. *Educational Policy*,1999,13(3).

96. Chisholm L. The Making of South Africa's National Curriculum

Statement. *Journal of Curriculum Studies*, 2005,37(2).

97. Fuhrman S., Clune W. H. & Elmore R. F. Research on Education Reform: Lessons on the Implementation of Policy, *Teachers College Record*, 1988,90(2).

98. Hall G. E. The Local Educational Change Process and Policy Implementation, *Curriculum Studies*, 1992,29(8).

99. Hargreaves A. Emotional Geographies of Teaching. *Teachers CollegeRecord*, 2001,103(6).

100. Macdonald D. Curriculum Change and the Post-Modern World: Is the Curriculum Reform Movement an Anachronism. *Curriculum Studies*, 2003,vol. 35.

101. Marope M. & Sack R. The Pedagogy of Education Policy Formulation: Working from Policy Assets, *Perspectives in Education*, 2007,25(1).

102. Patton C. New Directions in Education Policy Implementation: Confronting Complexity. *District Administration*, 2006,42(12).

103. Scheffler I. On the Education of Policymakers. *Harvard Educational Review*,1984,54(2).

104. Shields C. M. Metaphor, Model, and Museum: Reflections on the Art of Educational Policy Making. *Journal of Educational Thought*, 1995,29(3).

105. O'Sullivan D. The Concept of policy paradigm: Elaboration and Illumination. *Journal of Educational Thought*,1993,27(3).

106. Waks L. J. The Concept of Fundamental Educational Change, *Educational Theory*, 2007,57(3).

后 记

    本书是在我的博士学位论文《课程改革政策过程:概念化、审议、实施与评价——国际经验与本土案例》的基础上修改而成的。从 2009 年博士毕业论文的完成,到 2010 年得到教育部人文社会科学青年基金项目"课程政策变革的权力生态研究:国际比较与本土经验"的立项资助,经过进一步的研究和修订调整,最终完成了现在呈现在读者面前的这份书稿。这么一个漫长的探索过程,是我和自己的学术理想对话的过程,是通过主观化的理解对世界进行建构的过程,也是一路上收获人之为人的成长要义的过程。

    书稿的撰写和修改是在师长、同侪、家人和朋友的毫无保留的支持、信任和帮助下完成的。本书的成型,首先要感谢恩师华东师范大学钟启泉教授。先生的胆识和气魄、学养和视野、平易近人的态度、平和豁达的心境、雷厉风行的作风、对学生的关爱和寄望以及对教育的赤诚之情和兼容并包之心,一直深深地震撼和影响着我,让我反思作为一个以教育事业为己任的学术研究者所应具备的专业质素和道德使命。毕业三年来,先生的关心和鼓励也一直鞭策着我,让我在追寻教育的可能性的过程中总是持有国际的视野和本土的情怀。本书的撰写与修改,还要感谢在加拿大英属哥伦比亚大学求学期间给我重要帮助的教育学院的威廉·派纳(William F. Pinar)教授、沃特·沃纳(Walter Werner 教授)、韦恩·罗斯(Wayne Ross)教授,教育管理学院的韦伯·泰勒(Webb Taylor)教授,里约热内卢大学的伊丽莎白·马斯朵教授(Elisabeth Macedo),以及华东师范大学课程与教学系的诸位教授。

    感谢浙江大学教育学院的各位老师,他们作为我教育研究的启蒙者,一直伴随着我从学生到教师的成长之路,对我的生活、学习、工作和发展倾注了无数的心血和关注,不断地给予我鼓励和支持,让我真正感受到归属感和认同感。而正是这样的信任和支持,让我有了不断前行的力量与勇气。还有一直默默支持和鼓励我的家人，共同成长的同窗、朋友，是他们给了我自由发展的空间，让我能够不断坚守和构筑自己的教育理想，他们的保护和付出将是我终生的财富。

此书的出版还要感谢无数研究者的前期成果，以及山东教育出版社领导和责编同志的大力支持与厚爱。希望本书关于课程政策过程的探索能够引起更多专业研究者的关注，从不同的维度构建课程政策过程研究的理论框架和实践经验，探讨课程理论、课程政策与课程实践之间的内在联系，在国际课程研究的舞台上构建有系统有影响力的中国观点与态度。当然，由于研究视野与能力有限，书稿中仍存在诸多不足或错误之处，还望得到批评与指正。

屠莉娅
2009 年 5 月完成于华东师范大学
2014 年 5 月修改于浙江大学